基层新闻工作者
必备素质

刘文阁　著

民主与建设出版社
·北京·

图书在版编目 (CIP) 数据

基层新闻工作者必备素质 / 刘文阁著 . —北京：民主与建设出版社，2020.12

ISBN 978-7-5139-2600-3

Ⅰ . ①基… Ⅱ . ①刘… Ⅲ . ①新闻工作者—素质—中国 Ⅳ . ① G214

中国版本图书馆 CIP 数据核字（2021）第 016964 号

基层新闻工作者必备素质
JICENG XINWEN GONGZUOZHE BIBEI SUZHI

著　　者	刘文阁	
责任编辑	周佩芳	
封面设计	陈　姝	
出版发行	民主与建设出版社有限责任公司	
电　　话	（010）59417747　59419778	
社　　址	北京市海淀区西三环中路 10 号望海楼 E 座 7 层	
邮　　编	100142	
印　　刷	三河市长城印刷有限公司	
版　　次	2021 年 7 月第 1 版	
印　　次	2021 年 7 月第 1 次印刷	
开　　本	710 毫米 ×1000 毫米　　　1/16	
印　　张	15	
字　　数	240 千字	
书　　号	ISBN 978-7-5139-2600-3	
定　　价	59.80 元	

注：如有印、装质量问题，请与出版社联系。

谨向为本书出版给予大力支持的陈国义、陈均、钟云双、钟泽洪、潘家昌、李光明、付正国等朋友表示衷心感谢！

内容简介

《基层新闻工作者必备素质》一书以习近平新时代中国特色社会主义思想统领新闻工作，阐述新闻的起源、意义和马克思主义新闻观，系统论述新闻工作者的时代使命、职业道德、责任担当、本领淬炼和探索创新，分析阐述新闻评论、新闻导向以及新闻工作者的基本素养，探索研究融媒时代新闻工作的特征、途径、功能及作用，阐释了文字编辑和新闻记者的职责使命，列举了部分深度报道的典型案例。该书既重视新闻理论的深入论证、新闻观的正确把握、新闻工作的行动指南叙述，又重视新闻工作者的使命担当、道德规范、技能锤炼；既重视新闻报道形式特点的分析、重点要领的把握、采编原则的遵循，又重视报道方法的探索创新和经验总结。该书在借鉴国内外专家和学者们的研究成果的基础上，结合作者的工作实际，对新闻工作者的必备素质进行了全面深入的研究，力求思路清晰、结构合理、逻辑严密、语言平实和浅显易懂。希望这本书能够成为基层新闻工作者了解新闻工作者的助手，成为大多数非科班出身的基层新闻工作者从业的参考手册。

前　　言

　　干一行，爱一行，专一行。本人从事新闻工作十五余载，非科班出身，乃半路出家，故需边干边学，边学边干。干是工作所需，学为干助力。干很重要，学尤为重要。干能出成绩，学能让干出更好的成绩。正因为此，国家倡导建设学习型社会，实行终身学习。

　　把干与学有机地结合起来，方能干一行、爱一行。干与学犹如实践与认识，悟透二者的关系，平衡好二者的轻重，便能收获成功。以我个人的新闻经历来看，我是先做电视编辑，工作中，提出了与新闻业务密切相关的理论问题，比如，农村宣传思想工作面临的困境及对策，纸质新闻资源离农民有多远，基层电视新闻报道与收视矛盾初探，新闻功能与社会效应剖析，关于"三贴近"原则的实践与思考，文化与电视融合互补等问题。然后，对这些问题发表看法，阐释见解，提出意见，制定解决方案，通过这样的形式，提高理论水平。后来，因为实施县级媒体融合，我又有机会编辑报纸，又继续思考新问题，提出了"文字编辑应具备的素养和综合能力""党报评论舆论引导力提升应把握的方向""新闻媒体文化栏目潜在功能及作用""切实履行四者（党的政策主张的传播者、时代风云的记录者、社会进步的推动者、公平正义的守望者）职责"以及如何正确把握舆论导向、发挥融媒体整合优势、提高宣传工作引导服务水平、融媒体时代新闻媒体的传播方式与发展途径等理论主张。这些都是我不断学习、不断创新的内容。

　　学需要总结。总结干的方法、探索干的技艺、形成干的经验，把这些方法、技艺、经验总结起来，便能让学提升为系统理论，然后再指导干，进而达成干一行、专一行的境界。这正是我写这本书的初衷。

　　真正投入写作，困难不断涌现。由于能力所限，下笔迟迟没有进展。先是提纲写了半年，写了否定，否定了又写。写完后多次修改，形成初步的提纲。接下来，依照提纲，分章节撰写，每写完一章，又回过头来看提纲，再完善提纲、补充提纲。如此这般，断断续续，写了两年，初稿成型。便向专家请教，专家说："改一改，放一放，看一看，之后才可成为著作。""改一改"即反复改；"放一放"就是把书稿搁起来，让它"睡觉"，睡一段时间；"看一看"就是研究相同专业的别人的著作，借鉴他人的长处。然后再审视书稿，便会发现短板、弱项，然后打磨、提升。经过这些反复之后，书稿才真正有了模样。

接下来，出版付印。出版社的编辑是文字工作的专家们。他们付出了艰辛努力，他们的三审三校，调整了整体架构，规范了文字内容，丰富了作品的理论思想，为作品穿上了得体的外衣。衷心感谢他们！

本书由理论部分（约18万字）和深度报道（约6万字）两块内容组成，具体由十三章构成，即第一章，序篇；第二章，时代使命；第三章，职业道德；第四章，责任担当；第五章，本领淬炼；第六章，探索创新；第七章，新闻评论；第八章，新闻导向；第九章，基本素养；第十章，融媒时代的新媒体；第十一章，文字编辑与记者职责；第十二章，深度报道（上）；第十三章，深度报道（下）。

作者

2021 年 2 月 25 日

目　录

第一章 序篇

第一节 新闻的起源

一、新闻的起源及概念

人们为什么要了解新闻，为什么会对新生事物感兴趣？为什么要从事新闻活动？从事新闻活动的目的和意义何在？

"新闻是人们了解世界的窗口。"人们了解新闻就是了解外面的世界，了解关于外面世界的信息，包括一些新的情况和事物的变化。

新闻的起源就是新闻作为一种社会传播活动得以产生和发展的原因。对于新闻的起源，历史唯物论的观点认为："新闻起源于人类社会化的生产劳动和生活需求。"社会化的生产劳动和生活需求导致人们密切交往，互通信息，并通过信息交流认识事物，了解社会。于是产生了新闻。即是说新闻是人们交往的产物。只有在人类社会形成以后，新闻和新闻传播活动才能产生。劳动创造了人类，促进了语言和思维的产生和发展，同样劳动也创造了新闻和新闻传播活动。人类在社会性的采集、狩猎、战争、迁徙等生产劳动中，需要相互联络、传递情况、沟通信息，以便商量对策，形成统一的行动意见，这就产生了信息传播，产生了新闻传播。概括地说，新闻是人类社会性生产生活发展到一定阶段的产物。根据马克思和恩格斯"人天生是社会的动物"的观点。[①] 可以得出人具有传播活动本能的结论。因此，社会上的物质与精神之间的交往，是人类存在与发展的一种基本形态。新闻传播就是以"语言"为媒介在精神上进行交往、思想上进行交流、意见上获得一致。人类之间的交往是人类劳动与社会化的基础；也是新闻诞生的前提。但促进新

---

① 《马克思恩格斯全集》第23卷，人民出版社，第363页。

闻传播活动独立存在的基本原因是近代商品经济在全球范围内的发展。

人类的交往需求，一方面来自人类的生存与繁衍（物质生产和人类自身的生产），另一方面来自人类对美和娱乐的追求，以及因此作出的探索。新闻起源常被视为与"资产阶级新闻学"的论战课题，并在我国新闻教材中出现。一些编写新闻教科书的作者认为："资产阶级新闻学往往脱离人类的物质生产实践，把新闻的产生归结为人类的本能需要。""这种观点，脱离了人的社会存在去观察社会现象，把非本质的联系看作是本质的联系，广义地说，新闻是对新闻起源的唯心主义解释。"①

新闻概念分为广义与狭义两种，广义地说新闻除了在互联网、报纸、电视和广播等媒体上发表评论、消息外，还包括在这些媒体上发表特写、速写等通用文体；狭义地说，新闻就是用一种概括的语言文字，以叙事的方式，迅速及时地报道发生的事件，让一些人了解。新闻的一般内容包括五个方面：新闻的标题、导语、主题、背景和结论。关于新闻的定义，国内外都有不同的说法，但都大同小异。

"新闻是新近发生的，能引人兴趣的事实。"（美国：布莱尔）"新闻者，最近时间内所发生，认识一切关系社会人生的兴味，实益之事物现象也。"（中国：邵飘萍）这两种新闻的定义是对社会普遍存在的新闻、现象进行解释和界定，对新闻进行广义的定义。"新闻是最近的报道的事情。"（美国：莫特）"新闻是报道或评述最新的重要事实以影响舆论的特殊手段。"（中国：甘惜分）这两种新闻定义是把与新闻媒体传播活动有关的事物、现象作为新闻的解释和定义，属于广义的新闻界定。"新闻报道的是已发生和正在发生的事件。"（美国：约斯特）"新闻是新近发生的事实报道。"（中国：陆定一）这两种新闻的定义都是将"新闻"界限于新闻媒体报道的新闻事实，并将其作为行为的范畴进行限定，属于狭义新闻的界定。

我国《现代汉语词典》对"新闻"这个词的首次解释属于此类：报社、通讯社、广播电台、电视等报道的消息。从上述介绍中可以看出，人们在不同的视角下，从不同角度来认识新闻现象，对新闻进行不同的理解，得出不同的结论，从而产生广义、狭义等几种新闻定义。不管哪种说法，什么定

---

① 成美，童兵著.新闻理论简明教程：中央电大出版社1986年版，第24—25页。

义，都可以作为认识新闻现象的一种依据。综观国内外对新闻定义的诠释，我们就可以发现这些定义存在着很大的差异。分析结果显示，大约有两种类型的学派。一是理论学派，理论学派是指由大学和新闻研究机构专家组成的关于新闻传播学研究的结论。二是务实学派，务实学派是指一群在新闻传播界的资深编辑、记者、报业主等人所下的定义，这一派所下的新闻定义较形而下，尚奇、求怪，缺乏理论色彩。所谓"形而下"，也就是对现实世界形成以后的有形的现实世界中的问题进行研究和论述的学说，这里指对新闻的实质性研究。

二、新闻的基本特征

（一）客观性

新闻的客观性是 19 世纪主客二分思考模式的产物，在"主观性"被怀疑后逐渐兴起，并因此成为新闻报道甚至新闻教育理念的主要来源。新闻的客观性有两种含义：一是主观符合客观，报道的内容和报道对象之间的相关性、一致性；二是一种平衡的、全面的认知形式。在对真实新闻实践活动的评价中，人们习惯将这两个方面作为一种天经地义的评价标准。

作为一种社会道德观念和新闻报道行为规范，客观性通过新闻记者的亲身实践而得以建立。在当前美国主流新闻理论和实践中，客观性既复杂又广泛，也是由特定的美国历史社会条件以及美国新闻市场调节者和社会阶层间的关系所推动产生的。概言之，它具有下列不同的含义：

第一，客观性通常被认为是规范的理念，也是新闻行业应该追求的一个理想的目标。反过来，这些目标也可以被分为若干部分，其中包括记者所持的立场、采取的方法以及故事自身的特征。准确性、真实性、完整性和相关性是新闻行业最重要的概念。即记者必须说真话。

第二，记者工作要坚持采取超然、公正、独立的工作态度，避免记者受不同党派政治偏见、个人政治倾向或其他利益集团等因素影响。

第三，在报道存在争议问题的时候，客观报道应该在提出各方面的观点时公正、不偏颇且平衡。这些观点暗示了一种认识：把事实和价值分离、观察者和被观测者之间的分离是有可能的。同时，客观性还包括一整套的新闻采访和报道的"统一技术标准"。这一标准不仅会随着时间的推移而不断地发展和改变，而且会在不同的媒体中有所差异。

新闻的客观性，是指根据事物本来面目如实地报道新闻的特性，包括内容和形式两个方面。内容的"客观"，指新闻报道中的事实是客观存在的事实、人物或事件。形式上的"客观"，指新闻中所显现的倾向性，是通过它所报道的事实中的逻辑力量来实现的，作者用"客观陈述"的方法进行。

客观报道起源于19世纪30年代美国新闻界，当时正处于政党报纸转向廉价报纸（或便士报）的转变时期，美国大多数报纸开始摆脱对政治集团的政治和经济上的依附，把新闻当作普通民众的消费品进入市场，独立运营。在这个情况下，美国报业逐步发展，形成了一套新闻专业的理念，其中包括客观报道原则。其发展逻辑就是，要赢得利润必须发行大量的报纸言论，而要发行大量的报纸言论，必须超越党派，在保持中立状态的情况下赢得大量读者，因此客观报道也应运而生。尤其是1848年由《太阳报》等六家报社出资成立的"海港新闻社"（后改称为美联社），旨在使自己的新闻可以被各种不同立场的报社采用，从而减少成本。为此要求记者必须采取中立的、平衡的客观写作方式报道新闻。

新闻的客观问题来自于西方哲学的客观性，而西方哲学中的客观性来源于传统西方哲学的主观二分思维方式。因此，要弄清新闻客观问题的本质和内涵，必须对客观报道进行一番哲学的考察。柏拉图认为，人的感觉所认识到的事情是相对的、变化的，因此不是真实存在，相反的是只有理性认识到的概念是绝对的、永恒的存在，才是真正的存在的。这一观点认为，柏拉图看到了主体对立的现象，不相信感性认知所提供的对象是真实存在的，因此他要求从理性的主体出发，追求真实存在的现象。近代西方哲学将主体视野转向客体。笛卡尔的"我思故我在"一词确立了主体认识的存在，肯定了主体在认识过程中的积极作用。康德和黑格尔显然延续着客主二分思维的传统。康德将思维与存在割裂开来，黑格尔则提出了以实践为中介的思维与存在同一观，并对康德的不可知论进行了深刻的批判和反思。

具有划时代历史意义的观点是，马克思建立并兴起了一种既相互对峙又统一的"主体"和"客体"，认为在本质上，"主体"本身并非一个人的一种抽象主体性质，而是一种社会关系的最大总和"客体"，也不是非具有历史的任何自然物，而是被现代人类社会活动所不断改造的自然世界的一部分。

很明显，新闻的客观性就是客主二分思考模式的产物，在 19 世纪时，它日益受到质疑，并因此成为新闻报道甚至新闻教育理念的产物。

如何保持新闻的客观性？第一，在选择为报道提供信息和评论的个人时，记者必须寻找适当的新闻来源：这些人应该具有相关资格，必须是相关机构的公众代表，或者是直接参与新闻事件的人，或者是新闻事件的直接目击者。第二，新闻记者应避免煽情，要遵循正直、善良的品位规范。第三，客观性要求记者尽量把所见到的事实和记者自身的观点和好恶分离开来；观点和评论只限于特定体裁，如专栏、特写和纪录片等。第四，直接报道应尽可能描述事实或意见，如果是观点，也应该尽量采用有关人士或"权威知情者"的意见。第五，记者对他或她作为一个新闻叙述者的角色进行低调处置，客观介绍。这正是写新闻的一种标准。

（二）真实性

真实性是新闻的生命所在。事实就是它的根源，也是令人信服的根据。真实，就是真正的事实，所写人物、时间、地点和事情的发展过程是不能被虚构的。准确，就是所有的事实，包括详细内容都是准确的。如果消息不真实或有误，不仅会降低新闻的价值、失信于民，而且会损害党和政府以及人民的利益。新闻传播的作用是通过新闻事实来把握世界和人类的生活本质，因此新闻必须是客观的、真实的，这是新闻工作人员必须遵守的基本规律。真实是新闻的最本质规定，也是新闻独特性和高质量的主要来源和保证。

近几年来，随着国家经济社会的全面发展，新闻工作迅速发展起来，但同时又由于激烈的传媒市场竞争，也给新闻工作带来了巨大的冲击。在这种情况下，新闻工作者面临着严重的考验，极个别新闻从业人员经不起不良社会风气的诱惑，背弃了新闻真实的基本原则，使假新闻经常出现在报端，不仅误导了读者，还严重破坏了媒体的信誉。为了保持新闻事业的健康发展，这就要求无论何时、在什么情况下，新闻工作者都必须坚持新闻的真实性原则，以高度的责任心和坚定的职业操守，着力维护新闻报道的真实性。

新闻的真实性包括真实的新闻事实和对新闻传播人员的客观认识和评估两个方面。一是事实的真实性是新闻真实性的首要要求，其含义如下：事实必须真正发生或存在，有据可查；新闻的要素一定是完全真实的，即何人、何事，时间、地点、过程以及直接因素、直接背景、直接后果、直接回馈、直接影响等都必须确切无误；二是新闻总体事实与真实的新闻细节是统一不变的，即新闻报道必须是事实、真正存在的现象或事件，报道要求不虚构、不夸张、不"移花接木"、不"张冠李戴"。新闻报道的真实性包括：新闻报道以事实为对象，而事实以客观的特征为基础；新闻有多种社会功能，而发挥新闻功能的真实性则取决于新闻的实际情况；新闻有效的传播，必须得到读者们的信任，而信任的产生，在很大程度上取决于新闻报道的真实性。没有真实性，事实就不会成为现实，新闻就不会变成现实。真实的新闻灵魂与新闻的生命力紧密相连。

新闻的真实性不仅包含了基本的事实，也包含了细节上的真实性，包含了整体上的真实性，即报道事件在社会中具有一定的普遍性，而不是单独存在的现象。但现实往往对新闻的真实程度在认识上有偏差，就会造成失实的报道。归结起来，这种差异主要包括以下几个方面。偏差一：将真实性等同于选择的现实。在报道时有意识地对某些现象进行了有意识的对待，并以事实为基础表达了报道者的观点和立场。偏差二：以偏代全，真实现象无法反映其本质。在实践中，新闻报道中缺乏公正的评价标准，在报道事件时，常常会一叶障目，忽视了本质和主流，忽视了整体。偏差三：过度渲染细节真实性，造成了整体报道效果的偏差。揭露社会的丑陋现象，并暴露给公众，这是媒体的社会职能之一，也是媒体自觉地履行"环境守望"的职责。但在揭示社会丑恶现象的报道中，应以披露丑恶现象发生的原因和后果、危害来作为主要目标，否则就会导致不良后果。

如何保持新闻的真实度？

第一，要确保新闻的来源是真实的。每一个记者的报道，都不能凭空想象、任意捏造，应特别关注新闻来源的确切性，并且需要清楚新闻的出处是不是真实可信的。第二，搞好调查研究，报道的各种要素都必须是真实的，避免说得太满、太过。调查是记者最基本的工作方式，也是一种获得事实真理的法宝。搞好调查研究，需要脚到、眼到、耳到和心到。第三，加强职业道德培养和新闻行业素质教育。新闻工作者要遵守职业道德，树立良好的公共形象，忠诚于党，取信于民。要树立正确的人生观、世界观和价值观，牢记新闻工作是为人民、为社会主义服务这一根本目的。第四，建立惩罚和制约机制。当假消息被揭发时，除了受到舆论谴责之外，对于造假的始作俑者，一般的处理方法是扣发稿酬，在媒体上曝光，暂时封死其"作品"，严重的要追究其法律责任。让虚假新闻受到监督，让虚假新闻工作者受到惩戒，只有这样，才能杜绝虚假新闻。

（三）时效性

迅速是信息的价值，消息的报道缓慢便会降低信息价值，"新闻"也就成为了"旧闻"。时效，就是要快速报道。新近发生的事实一产生，新人就要有一双慧眼，敏锐发现新事、新情、新问题的慧眼，然后尽快了解，迅速及时采写、发表。报道要简明扼要，篇幅短小。简短是消息不同于其他文体的一个主要标志。所谓简短，就是"三言两语，记清事实，寥寥数笔，显出精神、概括而不流于抽象，简短而不陷于疏漏"，用笔简洁、利落，内容集中精练。

新闻时效侧重于表达与传播、时间与传递效果之间的关系，同时也要考虑外部传播环境。从理论上讲，时效是指事实发生与作为新闻的事实之间存在的时差，它与新闻出现后所产生的社会效应相关，也就是新闻所产生的社会效应，应有时间长短的限制。"新"是新闻的生命力，也是对新闻最基本的要求。新闻采访中有一句话，叫作"抢新闻"，就是要有紧迫性和时间观念。切实克服等新闻的懒汉思想，变被动为主动，积极地将采访触角延伸到社会的各个方面，与报道覆盖到的所有单位、群众团体和热心群众保持广泛联系，做到耳聪目明，及时收集、及时发布，让观众及时了解。倘若由于思想滞后、缺乏敏锐性、业务能力弱等原因造成报道慢了迟了，那么受众所看到的就不再是新闻，而是旧闻，就会失去价值、失去报道意义。因此，新闻从业人员应该强化超前意识，抢抓时间，克服慢腾腾的"老牛拉破车"式的作风，迅速完成采编任务，提高发稿效率，俗话说：时间是金钱，效率是生命。作为一名新闻工作人员，应当时刻紧绷新闻之弦，密切关注社会动态，关注群众疾苦，以最快的速度报道群众所想知道的事情。

新闻内容没有新鲜感，也是制约新闻成为新闻的原因之一。新闻并非简单地记录历史，也不是讲故事，它要报道最近发生的或正在发生的事实。务必把这种最新的事实作为关注焦点、调查对象，及时去发现、及时去采访，方能及时报道。实际工作中，由于一些新闻工作人员对新闻的定义、新闻的价值和规律缺乏研究，导致新闻敏感度不高，分不清什么是新闻、什么不是新闻，常常把一些无新闻价值的事物反复嚼着炒作，毫无新意，根本称不上新闻。由于发现不了新闻，就只能盯着旧闻，于是用"近日""最近的一天""不久前的一天"这些模糊语言，有时候甚至用"今年以来"等模糊的时间概念，这样的草率报道，看不出主要的事实是在什么时候、什么地方发生的。观众看了，用处不大，有时甚至是毫无收获。

在新闻采访报道中，时效性发挥着重要作用。这种作用具体体现在：第一，时效是新闻的活力，直接影响新闻信息的价值。第二，时效是新闻独特性的保证。新闻信息的获取、采访、报道等环节，以及对新闻信息进行整理、报道，将引起社会的注意，使新闻价值与舆论引导功能最大限度地发挥作用。第三，时效是新闻事业健康发展的重要前提和保证。只有提高新闻时效性认识，从新、从快、从简报道新闻，新闻的时效才能突显出来，才能达到迅速传递信息的目的，才能推动新闻事业的健康发展。

提高新闻采访时效的具体措施有哪些？第一，新闻工作者应该以客观公正的态度，从独特和新颖的视角对最新出现的事件进行调查采访，要深入社会及群众，及时抓住新闻资讯，对新闻资讯进行分析研究，抓住亮点、焦点，运用最恰当的报道方法及时报道，满足广大观众的新闻信息需求，以获得广泛关注和认可，真正地发挥新闻的价值。第二，建立一个高效的报道管理体系。要重视采编细节处理，既有明确的分工，又有密切的合作，保证各个环节高效运行，方能提高采访报道的效率。在社会生活中，每天发生的新闻事件都不相同，新闻工作者要快速地筛选与广大人民群众的利益密切相关的话题，作为采访报道的内容，把体现一个"新"字视为采访行动的核心，使采访报道内容更贴近实际、贴近生活、贴近群众，这样新闻才接地气，才能赢得受众。第三，提高新闻工作人员的职业素养和综合能力。作为新时代的新闻工作者，要时刻牢记使命，不断拓展自己的视野和知识面，通过新闻调查、采编实践、丰富阅历，不断积累新闻从业经验。同时，还要强化新闻理论学习、提升新闻理论水平，用理论知识指导新闻工作实践。工作中，要充分借鉴国内外的新闻采编成果，将他人的经验、技巧、优势与自己的实际工作情况进行比较，查找自己的不足，从而取长补短，提高新闻采访报道的质量和效率。第四，设置广泛的新闻采访点，做好对重大事件的现场直播。新闻媒体可以通过网络加快传播的速度，拓宽传播领域，强化新闻传播的及时性和广泛性，设置大量的新闻采访点，便于全方位、多渠道获得新闻资源。此外，还可以进行连线报道，以丰富新闻的报道形式，让新闻报道内容更生动、新闻报道方法更新颖，为观众提供优质高效的新闻信息。

第二节　新闻的意义

所谓新闻的意义，就是新闻所具有的能满足人们生存发展信息需求的属性，是凝聚在新闻事实中的社会需求，即新闻自身存在的客观原因。在我们固定的认识中，新闻的意义包含了时效性、重要性、显著性、接近性、真实性和趣味性等几种基本性质。简而言之，新闻的意义就是新闻事实所包含的对社会需要信息满足程度的总称。新闻的意义因素包括真实性、时新性等不变因素和重要性、显著性、接近性和趣味性等可变因素。新闻事实包含的含义越多，级数也就越高，新闻的意义也就越大。

一个客观存在或正在发生的事实，能否变成新闻，应该依赖于两个方面：一是多大程度上与公众利益有关联；二是能否满足人们的感觉需要。在这里，所谓公众利益，既包括经济上的利益，又包括安全、正义、道德和荣誉等社会价值上的利益，而心理感觉需求是人对事物的好奇、趣味等心理上的满足，当然并非猎奇、庸俗、刺激，也不是少数人所需的低级精神需求。总而言之，"新闻的意义"指的是新闻对人类有用的、有价值的特性，即满足人们的精神需求。新闻的意义就是客体对主体的价值与作用，因此新闻的意义就是满足公众这个主体的精神需要，除了公众是主体外，社会也是新闻意义的主体，因为没有社会这个大环境的改善，任何为个人利益而努力的行动都是徒劳的、无效的。

人们对新闻意义的定义，重在体现人文关怀和价值，也就是说，新闻的意义应该集中在个人与社会的意义上，而不仅仅是一方面的意义上。它的"有用性"应该对整个主体和社会都有用。

基于此，我们可将新闻意义定义为：所谓新闻的意义就是传播主体和接受主体有益的新闻客体对社会产生的积极影响。这里有以下几层关系：

首先，新闻的客体必须对传播者有利，因为如果新闻对传播主体没有好处，那么新闻很难进入媒体的传播通道，新闻的意义就不能发挥出来，这是前提，我们要谈到的新闻是考虑传播主体利益的新闻，这是新闻机构立命的本质。

第二，新闻客体必须符合主体需要。如果新闻机构孤芳自赏，报道了一些不受人喜爱的新闻，那么它的生命力就会受到怀疑，也就难以实现它的意义。对于新闻机构来说，受众是它的上帝。新闻机构在报道新闻时，必须考虑到受众的兴趣，只有在这种情况下，它的利益才会实现，新闻意义也就会实现。这是基础，失去了新闻的意义，对传播者来说是不完整的。由于受众不支持，这种意义也无法长期存在，最终，新闻部门的意图也很难实现。

此外，新闻还必须对社会有积极影响。如果新闻产生的社会影响是负面的，那么即使新闻产生时，它给传播者带来更大的经济效应，满足受众更大的个人需要，其意义也是没有价值的，或者说是有害的。因为这种消极的社会影响最终会危害传播者和接受者的利益。而且它比单单损失传播者和接受者一方或双方的利益的危害要大得多。如果整个社会的利益遭到损害，那么后两者的利益也就丧失了保障。因此，新闻意义的关键在于对社会的价值，这是新闻意义立命的根本。因为，社会是由一个个的个体组成，我们的主要目标是要整个社会向前发展，但社会的发展进步要体现在个人的发展进步之中。

综上所述，我们认为新闻的意义主要体现在发挥主体效应上，这个主体是社会，这种主体效应是通过传播主体和接收主体来实现的，只要传播主体和接收主体的利益实现了，社会意义才有可能实现！而这两个主体的基础是实现利益！只有这一利益得到实现，才能够确保其他利益的实现！那么，其系统的决定因素应该与广大人民群众的利益和国家的利益息息相关。它应该包括：新闻是不是当今社会的重要事件，是否与国家、社会、人们生活有密切关系，是否引起人们的兴趣，是否真正促进社会的稳定与发展，是否能引导人们树立正确的价值观和审美观，等等。总之，以党和人民的正当需求为主。我们通常谈到的趣味性、接近性、重要性和时新性是决定新闻的要素，而不是新闻意义的包含要素，我们通常用新闻的意义或价值来判断一个新闻是否值得采用，实际上是用新闻意义的决定因素来指导我们的新闻工作，这些要素对新闻的影响是有一定关系的，而真正的新闻意义是在新闻发布后的社会影响。从这个意义上也可以解释这一现象：我们普通的新闻工作者，有时以一腔热血的精神采写稿件，刊发后却反响寥寥。因为新闻的影响力依赖于新闻决定的要素，而不是含有因素，真正以新闻意义为基础的新闻采写，应该在充分调查、了解受众的需求基础上进行，而不是以自己个人的感受来进行。

那么，新闻的意义究竟包含了哪些因素呢？我们认为，要说清这一问题，先要了解马斯洛关于人的需求层次的理论，马斯洛在《动机与人格》中提出，人的需求可分为六层：第一是生理需求，第二是安全需求，第三是社交需求，第四是心理需求，第五是自我需求，第六是自我实现需求。六个层次不断提高，人们在满足较低层次的需求后，会依次提出更高层次的需求。

我们可以按照马斯洛的需求理论来分析新闻意义。这应该包括以下几个方面：

第一，新闻满足受众的生理需求。因为，一般人们只有在满足生理上的需要，如衣、食、住、行等后，才会讨论其他需要。如果新闻能够满足人们所急切需求的物质生存信息，那么新闻的意义就更大了，尤其是在物资短缺的时代，这种情况就更加明显了。这也可以解释为何在经济发展不足的地区，有关柴米油盐供应的新闻更能满足老百姓的需求，而在经济发展较为发达的地区，有关柴米油盐供应的新闻则比较少受到人们的关注。当然，这并非绝对，它与地区的文化素质和群众心态紧密相关。如果人们基本的需要得到满足，人们又不求进取，那么这样的新闻就会失去对人们的吸引力。但是，人们的基本需要是不同的，例如，在经济发达地区，关于房地产的新闻更能引起重视。因此，在不同地区，基本需要是各不相同的，只有抓住基本需要特点，才能把好的新闻写出来。

第二，新闻满足受众安全的需求。突出的表现为受众特别关心事件自身利益，它与第一点紧密相联，但并没有像第一点这样关系生存问题。例如，更多地关注权益保护问题。在这个部分中，新闻的阶级性问题得到了解释，人们在一定阶级里，为了获得某种安全感，人们对阶级问题必须有一种态度，或支持、反对等。因此，新闻阶级也是新闻产生社会影响的一个重要问题。

第三，新闻满足社交的需要。表现在新闻中，人们更多地关注归属感，突出的表现是人们更感兴趣这些问题，比如对与自己相近的问题，包括心理上与地理相近的问题。

第四，新闻满足心理上的需求。在这一方面的突出表现就是受众更多地关注国家和个人的尊重、权力和地位，如对国家和个人的荣誉问题更感兴趣。中国地位提升的新闻将引起人们的注意。对于与自己荣誉有关的新闻，受众将更加注意。

第五，新闻满足自我需求。在这一方面的表现，就是受众更多地关注自己对社会的需求，比如对创业、就业的愿望，对住房、汽车、婚姻、家庭的拥有，对文化知识的渴求等。

第六，新闻满足自我实现的需求。这一方面的表现在新闻中是对提升人生意义的新闻需要，例如对培训机会获得的新闻关注，对就业信息获得的新闻关注，对黑恶势力危害社会引起人们警觉的新闻关注，等等。

因此，我们认为所谓的新闻意义也就是以社会经济效应需要为中心，以满足传播主体自身利益需要为前提，以受众自身利益需要为基础的一个系统。我们现在关心的问题是整个受众群体利益，但我们现在关心的目标是整个社会利益。当然，我们目前所谓的这一定义——新闻传播意义仅仅是指在当代我国传统政治制度下而言的，但在其他政治体制中，传播者和其他社会主体的利益有时候也是不一致的。

第三节　马克思主义新闻观

一、什么是马克思主义新闻观

马克思主义新闻观是指马克思主义对于新闻现象和新闻传播活动的总的看法。其核心是马克思主义关于无产阶级及其政党新闻事业的工作性质、工作原则和工作规律的一系列基本观点。它是马克思主义的世界观、人生观和价值观在新闻传播领域的反映和体现。马克思主义世界观包括：要坚持新闻宣传的党性原则，这是马克思主义新闻观的根本原则。要坚持把正确舆论导向放在首位，这是新闻宣传最重要的责任。要坚持为人民服务、为社会主义服务、为全党全国工作大局服务的方针，这是这会主义新闻事业的基本方针。要坚持新闻的真实性原则，这是新闻改造必须遵循的基本原则，是党的实事求是的思想路线在新闻工作中的具体体现。要坚持政治家办报，这是实现党对新闻工作领导的重要保证。

马克思和恩格斯是无产阶级新闻学的创立者和奠基者，马克思和恩格斯的新闻思想是一种全新的无产阶级的新闻理论，它是在批判资产阶级新闻理论的基础上形成的。马克思和恩格斯一些关于新闻传播的基本问题的看法，是马克思和恩格斯对新闻传播基本原理和一般规律的概括和总结，它们是马克思主义新闻思想的基础部分。

（一）马克思主义新闻本源观

辩证唯物主义认为，新闻的本源是事实。在新闻与事实的关系中，事实是第一性的，新闻是第二性的；事实在先，新闻在后；事实是新闻的基础，对新闻有决定作用；新闻是派生物，对事实可以进行能动的反映和报道。

（二）对新闻的认识

第一，变动产生新闻。马克思说变动产生新闻，循环往复的事实是没有新闻价值的，只有变动的、打破常规的事实才有新闻价值。

第二，新闻有层次变化。马克思提到新闻有旺季有淡季，可是媒体得天天出版新闻，这样就造成一种新的现象，报纸的头版头条有时候只是一些新闻价值不高的新闻。有时候重大新闻产生时，相对次要的新闻连版面都排不上。

第三，新闻时效性。马克思说哲学就是坐在沙发里想一些比较奇怪的问题，报纸就是经常的战斗准备，对于急需报道的耸人听闻的当前问题的热情关心，这就是报纸的一般性质。你要做报纸工作就要随时关注外面，不知道什么时候发生什么事情。

第四，新闻真实。马克思将这个比喻为一个词，叫作报纸的有机运动。有机的就是不能分割的、连续的。报纸工作就是这样，一个事件发生之后，第一个报道有差误，后面的连续报道就自然而然地纠正前面的差误、补充新闻事实。这不是报纸的错误，这是报纸的职业特征。最终的报道就应该是完全真实的，如果最终的报道都不真实，那就是报纸的错误了。

第五，"报纸是工人的必要生活资料"。这是从人的角度来说的，人区别于动物，需要精神，而报纸提供精神。

（三）党报思想

"党刊的任务是什么呢？首先是组织讨论，论证、阐发和捍卫党的要求，驳斥和推翻敌对党的妄想和论断。"这段话是《恩格斯全集》里面的，前后被很多人引用。

马恩关于马克思主义工人政党机关报的工作原则，其实就是两条。第一条是党的领导机构和党报编辑部、出版社都要遵循"党的精神"。第二条是党的中央执行委员会"有责任监督党报的原则立场"。党的精神主要指党代表大会通过的纲领章程决议。马克思恩格斯认为党的领导机构和党报编辑部都会犯错误，因而都要遵循一个共同的东西，这个东西就是党的精神。党报理论成为他们新闻思想的重要内容。

（四）马克思主义新闻自由观

第一，新闻自由是相对的、具体的，而不是绝对的、抽象的。第二，新闻自由是一定历史下的产物，并且随着历史的发展而变化，并不是亘古不变的。第三，新闻自由始终伴随着一定的义务和责任。第四，新闻自由既是手段，又是目的，但归根结底是维护某种经济利益、政治利益的工具和手段。第五，在阶级社会中，只有统治阶级才能享有充分的新闻自由。

这些理论奠定了无产阶级新闻学的基础，构成了马克思主义新闻思想的主要内容。马克思和恩格斯的新闻思想，作为一种科学的新闻理论成为世界无产阶级及其政党新闻事业的工作指南。

二、中国共产党的新闻观

近百年来，中国共产党高度重视和运用党报等新闻宣传工具，发动广大党员干部、知识分子和人民群众参与革命实践，在不同历史阶段创造性发展马克思主义新闻观，形成了中国特色的党报理论体系。在革命斗争、社会改造、改革开放和全面发展的四大阶段，党领导的新闻宣传工作在坚持政治家办报，密切联系群众的同时，又实事求是地根据不同的形势，尊重和发挥人民群众的主观能动性，积极进行舆论引导，形成了从宣传鼓动、新闻报道到创新融合这样的历史轨迹。这些新闻观点主要体现在不同时期党和国家领导人对新闻工作作出的指示、提出的要求上。

（一）毛泽东同志的新闻思想

毛泽东在长期的革命活动中，始终把新闻工作作为指导革命运动的重要手段。毛泽东新闻思想主要是他个人新闻实践的理论概括，也是中国共产党对新闻工作的领导经验以及广大新闻工作者的集体智慧。毛泽东是中国无产阶级新闻事业的奠基人。毛泽东新闻思想的主要内容包括以下几个方面：

关于革命的新闻事业的性质、任务、作用。党主办和领导的报刊、通讯社、广播电台等是党的宣传工具，是党和人民的耳目喉舌；它的任务是宣传党的政策，贯彻党的政策，反映党的工作，反映群众的生活；它的作用是使党的纲领路线、方针政策、工作任务、工作方法最迅速最广泛地同群众见面，目的是团结、教育、组织群众，实现人民群众自己的利益。

关于新闻工作的党性原则。党性原则是党的新闻事业的基本原则，把新闻事业看作是党领导的人民革命和建设事业的组成部分，具体要点有：坚持马克思主义，坚持理论联系实际，一切从实际出发，实事求是，讲真话，宣扬真理；无条件地宣传贯彻党的路线、方针、政策，在政治上、思想上、策略上和党保持一致；全心全意为人民服务，反映人民群众的愿望和意见，引导群众自求解放；服从党的领导，遵守党的纪律（见新闻工作的党性原则）。

全党办报、群众办报。动员全党参加报纸工作，党报编辑部要和党的领导机关的政治生活息息相通，连成一气，使党报成为集体的宣传者和集体的组织者；依靠人民群众办报，建立与党的生活、群众生活密切联系的通讯员队伍，通讨通讯员联系广大群众，坚持办报的群众路线（见全党办报群众办报）。

（二）邓小平同志的新闻思想

在长期的革命和建设中，邓小平同志始终重视群众路线问题，把群众路线提高到党性的高度来看待，在邓小平理论中有多处涉及新闻宣传工作要重视群众路线的问题。从群众观点和群众路线出发，强调党要密切联系群众，这是邓小平在新的历史时期对马克思主义群众观的丰富和发展。体现在新闻宣传思想上，是他在不同历史时期从群众观点层面对新闻工作党性原则的丰富和完善，对新闻宣传工作必须紧密联系群众生活的具体要求。学习和研究邓小平新闻宣传思想中的群众观，对建设具有中国特色社会主义新闻学并正确指导新的历史条件下的新闻宣传实践，具有重要的现实意义和深远的历史意义。

邓小平新闻宣传思想中的群众观点，来源于他在革命和建设事业中一直忠实地践行着党的群众路线和坚持为人民服务的优良作风，集中体现了我们党的群众观。在指导思想上，邓小平强调在坚持新闻工作党性原则的基础上，进一步突出联系群众、服务群众、引导群众和扩大群众的监督。在新闻宣传实践中，邓小平要求新闻工作者拿事实说话，注重调查研究；办报要关注"群众的议论、群众的思想、群众的问题"，培养良好的文风和过硬的作风（摘自《试论邓小平新闻宣传思想中的群众观》哈艳秋、张大鹏著）。

（三）习近平同志新闻思想

2013月8月19日，习近同志站在党和国家全局高度，深刻阐述了事关宣传思想工作长远发展的一系列重大理论问题和现实问题。他指出：宣传思想工作一定要把围绕中心、服务大局作为基本职责。要旗帜鲜明地坚持党性原则。要把实现好、维护好、发展好最广大人民根本利益作为出发点和落脚点，坚持以民为本、以人为本。坚持团结稳定鼓劲、正面宣传为主的重要方针。我们党的宣传思想工作积累了十分丰富的经验，要认真总结、长期坚持，并在实践中不断丰富和发展。在全面对外开放的条件下做宣传思想工作，一项重要任务是引导人们更加全面客观地认识当代中国、看待外部世界。宣传思想部门必须守土有责、守土负责、守土尽责。做好宣传思想工作必须全党动手。各级党委要负起政治责任和领导责任（摘自《把宣传思想工作做得更好》一文，这是2013年8月19日习近平同志在全国宣传思想工作会议上讲话的要点）。

2016年2月19日，习近平同志在党的新闻舆论工作座谈会上强调："新闻观是新闻舆论工作的灵魂。要深入开展马克思主义新闻观教育，引导广大新闻舆论工作者做党的政策主张的传播者、时代风云的记录者、社会进步的推动者、公平正义的守望者。"

习近平同志在全国宣传思想工作会议上指出，做好新形势下宣传思想工作，必须自觉承担起举旗帜、聚民心、育新人、兴文化、展形象的使命任务。我们必须坚持守正创新，自觉承担这一使命任务，为实现中华民族伟大复兴的中国梦提供强有力的思想文化保证。

（四）中国新闻工作者职业道德准则

中国新闻事业是中国共产党领导的中国特色社会主义事业的重要组成部分。新闻工作者坚持以马克思列宁主义、毛泽东思想、邓小平理论、"三个代表"重要思想、科学发展观、习近平新时代中国特色社会主义思想为指导，增强"四个意识"，坚定"四个自信"，做到"两个维护"，牢记党的新闻舆论工作职责使命，继承和发扬党的新闻舆论工作优良传统，坚持正确政治方向、舆论导向、新闻志向、工作取向，不断增强脚力、眼力、脑力、笔力，积极传播社会主义核心价值观，自觉遵守国家法律法规，恪守新闻职业道德，自觉承担社会责任，做政治坚定、引领时代、业务精湛、作风优良、党和人民信赖的新闻工作者。

毛泽东、邓小平、习近平等党和国家最高领导人的新闻思想与《中国新闻工作者职业道德准则》共同构成了中国共产党的新闻理论体系，全体新闻工作者务必认真学习，准确把握，深刻领会，并用以指导实践，不折不扣地完成好新闻宣传思想任务。

三、坚持新闻真实性遵循的思想路线

新闻一定要真实，这是新闻传播行业与生俱来的一大特点。无论是资本主义国家的新闻传播工作，还是社会主义国家的新闻传播工作，都将保持新闻真实性，强调新闻真实性，这是新闻传播工作的根本和基础。世界各国新闻传播的职业道德标准，都强调坚持新闻的真实性这一原则，并将其视为职业活动的最重要规范之一。在我国，现行《中国新闻工作者职业道德准则》第3条，要求新闻工作者坚持新闻真实性原则。要把真实作为新闻的生命，坚持深入调查研究，报道做到真实、准确、客观、全面。

维护新闻的真实性，最重要的方法就是要坚持实事求是的思想路线。所谓实事求是，就是坚持马克思主义反映论，以事实为依据，用事实说话。要坚持"事实是第一性的观点"，无论何时何地，不管出现了什么情况，都要尊重客观实际，敢于面对真事真人，勇于报道实情实事，绝不能歪曲或虚构事实。要坚持实事求是的思想路线，不折不扣地贯彻到新闻传播实践活动中，一是深入群众，深入实践，大兴调查研究之风。调查研究是新闻工作的生命线，在某种意义上，新闻工作人员是专业的调查工作人员。记者如果轻视调查研究，而不做调查，就很难确保报道质量。记者不去调查，就得不到新闻材料，也就挖掘不到有价值的新闻题材，自然就写不出生动、丰富、感人的新闻稿件，同样也找不到最好的报道视角和表现方法。调查的方法，当然是一个技术问题，但它并不仅仅是一个技术问题。新闻工作人员的采访计划、报道策划和其报道选题，必须对客观实际、人民群众的意愿有充分了解，才能走好群众路线，满足群众愿望，报道才具有群众基础和现实意义，如此，新闻报道才能反映社会的真实面貌，才能对现实具有指导意义。新闻工作人员不深入群众，也不深入实际调查，凭主观想象先确定报道的主题，然后去找资料，而又没有合适的材料可以编造或任意裁剪，当然不可能有真实的新闻报道。

四、防止新闻失实的对策和路径

几乎每个新闻从业人员都知道真实是新闻的生命，但假新闻还是屡禁不止。自《新闻记者》杂志 2001 年评选十大假新闻以来，至今每年都有十大假新闻曝光。

如何管治这些虚假的新闻？《中国新闻工作者职业道德准则》第 3 条第 1 款规定，从业者通过合法途径和方式获得新闻材料，并出示有效新闻采访证；认真查核新闻信息的来源，确保新闻要素和情节准确。

针对某些媒体直接引用"网友曝光"的内容，而不核实新闻资料的真实性，《中国新闻工作者职业道德准则》规定，要认真查实新闻资料的来源，确保信息的新闻要素和情节准确。新闻要素和情节准确，是指在新闻中报道的时间、地点、人物，事件的起因、经过、结果等基本事实，甚至有关人员的年龄等细节，都应准确无误。此外，新闻引用的各种信息，如背景资料、数字、历史实例、引语等，也必须对客观事实进行准确的反映、科学的分析和解释。而许"网友曝光"罔顾这些基本要求，只图一时的耸人听闻。最典型的例子是"2016 年春节上海姑娘吐槽江西年夜饭"，这是一个完全杜撰的虚假新闻。上海的姑娘与男友一同去了男方的家乡，因江西农村年夜饭的粗劣而难受。姑娘连夜逃回上海，并与男友分手。"有图有真相"使传统媒体纷纷中招，许多媒体的官方微博又是转载，又是评论，既影响了自身的公信力，还为这则假新闻平添了荒唐的色彩。

除了保证采访的途径、方式等各个环节准确外，还要防止由于记者的主观因素而导致的新闻失实。新闻传播活动旨在向公众如实报道新闻和反映舆论，为受众展示客观世界的实际面貌，将受众连接到外部世界中，帮助观众对外部世界做出自己的判断，形成独立观点。通过媒体，人们获得的是以纯粹信息为基础，作为他们自己决策的依据。新闻工作人员必须注意，新闻对多数人来说都是真实的，要求新闻集中在事实上，新闻不应该受记者自己的观点约束，而应该依据所见的事实。受众有权要求新闻媒体提供真实的新闻，而新闻工作者与受众则应有道德上的义务，即向受众提供真实的新闻。

为了切实保证媒体新闻的完全客观，现行《中国新闻工作者职业道德准则》明确规定媒体新闻报道不夸大、不缩小、不歪曲事实，不随意摆布新闻采访工作对象，禁止虚假或恶意制作失实新闻。

在新闻实践中，全面客观意味着记者应准确判断新闻事实，既报成绩，又报不足；既讲经验，又说问题；既有赞扬，又有批评；注意局部，通观全局。为了防止主观、片面化，绝对性，努力通过现象来看透本质，不被事物表面的假象迷惑。必须深入实际调查研究，去伪存真、去粗取精，确保反映事物的本来面目，绝不可道听途说、捕风捉影、闻风立论，更不可翻云覆雨、看风使舵，甚至是进行"合理想象"，人为拔高主题，强扭角度，搞艺术加工。不能只追求文采，随便使用不必要的、不合适的形容词。写表扬文章不能随意美化，写批评文章不能讽刺挖苦，所写作品要实事求是、以事实为依据，写作过程中要认真审核报道的全部事实，并对所有报道的事实负责。记者在新闻事件中不应扮演角色，不能从中立观察人变成当事者，不应该是新闻发展的决定力量，不能干涉新闻发展的过程，更不应该故意诱使被采访者上当被骗、违法犯罪。总之，记者是一位观察、记录的人，而不是事件发生时的制造人、当事者。

虽然新闻职业道德准则的颁发和修订使得大多数新闻工作者都能如实规范报道新闻，但还是有个别媒体刊播低级违规作品。如在2017年春运期间，某记者采访列车上的乘客时，问是否买到车票，这既无必要又有摆布采访对象之嫌，引来网民质疑。还有一个记者"合理想象"的例子是，《内江晚报》2017年1月10日春节前夕的送温暖新闻。领棉被的赵全贵明明是个聋哑人，记者却让他发一段"棉被暖和"之类的感慨。在广大受众的普遍质疑声中，报社不得不公开致歉。

转载是传媒较普遍采用的现象。具有较高新闻价值的报道，一般会被迅速转载。倘若不是虚假新闻，转载当是无可指责的。但转载他国媒体报道时，要把事实依据收集好，不允许刊登任何违反我国社会规律和生活常识的新闻内容。

媒体转载其他媒体的报道时，应该认识到，转载也同样承担着核实的责任，这不仅是新闻界和行业人士的共识，而且也被写进规范文件中。2000年新闻出版署《关于进一步加强报刊摘转稿件管理的通知》第4条明确规定，媒体对其摘转内容的真实性负有审核责任，稿件失实一经发现，应及时公开更正，并采取有效措施消除影响。

受利益的驱动，或为哗众取宠而吸引观众的眼球，近几年媒体转载的违反科学、生活常识的内容比较严重。究其原因，首先在为博人眼球、追求轰动效应、哗众取宠而发声。其次，报道社会政治、经济发展等重要新闻事实时，是有冲击力的。作为社会性活动，新闻传播不可避免地与社会各种利益集团发生着各种不同的关系，而这些利益集团为了自己的目的，会采用各种方式对新闻传播机构施以各种不同的压力和影响。在政治上，政府可以依法管理媒体的新闻传播，同时也可以利用国家机构和特定权力强制新闻传播有利于政府；政党等特殊的利益集团也可以使用媒体作为宣传的工具。在经济方面，拥有强大的经济实力的财团也不时伸出一只无形的手，而新闻媒体在某些情况下不得不服从于经济的压力。在这些因素中，有些是积极合理的，但有些也是消极有害的。违反科学和生活常识的新闻之所以会广为传播，与某些从业人员缺乏坚持真理与正义的勇气和工作作风轻率马虎脱不了干系。

第二章 时代使命

第一节 各个时期的宣传使命

红军长征时期。红军长征能够取得胜利，归功于党的正确领导，归功于红军将士的顽强拼搏，归功于人民群众的大力支援，归功于领袖人物的战略指挥等。而中国共产党领导下的红军充分发挥"宣传队"的作用，让人民群众最充分、最全面、最真实地了解红军，支持红军，使革命军队持续保持旺盛的战斗力，并因时因事因势地针对特殊群体、特殊事件、特殊形势加强"红色宣传"，发挥了其他因素无法取代的重要作用，出色地完成了这一时期的宣传使命："长征是宣言书，长征是宣传队，长征是播种机。"当年，红军以自己特有的方式，通过会议、报纸、标语、歌曲、戏剧等手段，向战士不断宣传部队纪律，向群众宣传红军的人民军队性质以及红军"为中华民族解放而战斗"的任务，从而使人民群众真正地了解红军，拥护红军。在二万五千里长征的生死战线上，"红色宣传"始终伴随着红军西进北上，战则勇猛无前，不惜牺牲；行则步调一致，万水千山只等闲；坐则军纪严明，与民团结共赴国难，成功地塑造了中国共产党人和红军将士信仰坚定、威武仁义、乐观向上、长于实战的革命形象。

抗战时期，在国家面临生死存亡的紧急关头，广大敌后军民以"天下兴亡、匹夫有责"的高度责任感，积极投身保家卫国的伟大斗争，这一时期宣传工作的时代使命就是及时发现和宣传为国家和民族舍生忘死、积极为国家和民族做出卓越贡献的重大典型。这一时期涌现了许多视死如归的抗日英雄，他们表现了高尚的民族气节，如赵一曼、杨靖宇、左权等。他们的事迹经我们党宣传后家喻户晓，成为以爱国主义为核心的民族精神中最可宝贵的财富，激励着千千万万英雄志士为国拼杀、为国立功，为国家解放贡献力量。

解放战争时期，中国人民解放军要打败强大的美蒋联盟，争取战争的胜利，必须建设好自己的队伍，壮大自己的力量。因此，这一时期宣传工作的使命任务表现在两个方面：一是对内，以健康和谐为主线，以先锋队建设为基础，团结国内一切可以团结的力量，即一切为爱好和平、争取自由、盼望解放的人们，激发他们、动员他们为建设新中国做准备。二是揭露国民党坚持独裁和反对人民的丑恶行径和嘴脸，给国民党阵营中的民主人士一个明确的信号：国民党是不会给他们民主和自由的，更不可能给他们美好的生活和未来，不要再对国民党抱有任何幻想，把他们争取到革命队伍中来。

中华人们共和国成立时期。华人们共和国成立后，经历了大陆统一、经济恢复、财政好转、抗美援朝、公私合营、发展重工业、建立国家工业化和国防现代化的初步基础，相应地发展交通、轻工业、农业、商业、培养建设人才等重大历史进程，已建成了社会主义制度，社会矛盾发生了根本性的变化，新闻工作者的使命也随之发生了根本性的变化。表现为：为政治经济建设服务，推动社会主义发展，传播社会主义理论等。

改革开放时期。2018年8月23日，全国宣传思想工作会议在北京召开，习近平总书记在会上强调，中国共产党在组织开展宣传思想工作时，要自觉承担起高举旗帜、团结人民、培育新人、繁荣文化、展示形象的使命任务。作为党的优良传统和一大优势，宣传思想工作在党和国家事业发展全局中占据重要地位，尤其是改革开放以来，中国共产党始终发扬优良传统，把宣传思想工作视为关乎国家发展全局的重要内容，积极在宣传思想战线上发挥作用，巩固壮大了主流思想舆论，统一了全党全国人民的思想。总结改革开放以来宣传思想工作的基本经验，深化规律性认识。

第二节　坚持正确的舆论导向

一、营造健康舆论环境

舆论导向是社会舆论引起的一种反映，是引导社会舆论朝着某个方向发展的方式，主要是对社会舆论的回应和评价。在社会舆论出现时，社会舆论的正面回应或引导、评价是新闻工作者的基本素养。社会舆论的评价与引导，主要通过新闻媒体，把社会舆论和各种各样的思想导向到与经济社会发展相一致的轨道上来。现行《中国新闻工作者职业道德准则》第 2 条规定：新闻工作者要坚持正确舆论导向。坚持团结稳定鼓劲、正面宣传为主，弘扬主旋律、传播正能量，不断巩固和壮大积极健康向上的主流思想舆论[①]。

　　正确的舆论导向有利于推动社会的改革和开放，有利于社会主义市场经济体制建设，有利于发展社会生产力，有利于加强社会主义精神文明建设和民主法制建设，有利于鼓舞和激励人们为国家兴旺、民族富强、人民幸福和社会进步而奋斗，有利于人们建立正确的是非观、价值观、审美观、人生观，有利于巩固国家统一、增强民族团结、促进人民心情舒畅、推动社会政治稳定，有利于构建和谐社会。新闻工作者要始终坚持正确的舆论导向，舆论导向积极，利党利国利民；舆论引导消极，误党误国误民。因此，新闻工作者要坚持树立正确的政治意识、大局意识、责任意识、阵地意识，打好舆论主动战，更加自觉主动地引导社会舆论，让积极的社会舆论服务人民、服务社会主义建设、服务党和国家工作大局。要提高自身的政治敏锐性和鉴别力，严格舆论导向纪律，做到守土有责，守土尽责。在重大、敏感、热点问题上，要掌好舵、把好关、拿好度，确保社会舆论正确引导社会向前发展。

　　舆论导向必须以正确的理论为指导，坚持以经济建设为中心，服从服务于改革发展大局，推动社会科学发展、促进社会稳定和谐。这是发展中国特色社会主义事业的基本要求，是实现经济社会全面发展的需求。新闻战线必须加大宣传力度。中共十六届六中全会作出了《关于构建社会主义和谐社会若干重大问题的决定》，从中国特色社会主义事业总体布局和全面建设小康社会全局出发，提出了实现社会和谐的重大战略任务，把社会和谐确定为我党不懈奋斗的目标。《决定》强调："把中国特色社会主义伟大事业推向前进，必须坚持以经济建设为中心，把构建社会主义和谐社会摆在更加突出地位。"新闻媒体要大力宣传科学发展和社会和谐的互为依存、相互促进的关系。要使科学发展观深入人心，凝聚全民的力量维护社会和谐稳定，齐心协力发展社会生产力，不断为社会和谐创造雄厚的物质基础[②]。

---

① 《中国新闻工作者职业道德准则》。

② 《关于构建社会主义和谐社会若干重大问题的决定》。

二、自觉抵制低俗有害内容

在新闻工作实践层面，要坚持正确的舆论导向，要把宣传党的思想、传播正确的科学理论、弘扬先进的文化、塑造美好的心灵、弘扬社会正气，增强社会责任感摆在首位，要坚决抵制格调低俗、有害人们身心健康的内容。

传媒导向同时还具有教育感化功能。新闻工作者在新闻传播过程中，要把传承优秀民族文化，提升民族素质作为社会责任肩负起来。新闻工作要力争求真务实，把握事物发展方向，把健康的思想内容与完美的表现形式统一起来，让观众在追求真相的同时，有所感悟和思考，得到心灵上的提升和净化。要精选如下主题的新闻或文艺作品在媒体上传播：弘扬民族正气，培育爱国情怀；歌颂清正廉洁，鞭挞歪风邪气；倡导优良品格，提高自身修养；讴歌人间真情，展示行为规范；重视品质教育，关爱下一代成长；等等。为利益所驱动，缺乏社会责任感，放任低俗内容传播，是新闻职业道德沦丧的行为，应着力克服。

必须承认，我国大多数新闻记者是恪守职业道德的，他们坚持"三贴近"原则，在全心全意为社会主义建设服务，为党和国家工作服务，为人民群众服务，在新闻创作和传播的过程中，制作传播了一大批得到受众认可和引起强烈共鸣的高质量作品，涌现出一大批立场坚定、廉洁清正、敬业奉献、人品文品俱佳的新闻工作先进典型。但是，个别新闻工作者缺乏社会责任感，放任格调低俗的内容传播的问题仍然存在。尤其是一些娱乐调解类电视节目，为了追求收视率，不经意间会放任低俗有害的内容传播。如一档收视率很高的调解节目，被调解者不以当"第三者"为耻，声称"当小三者多了去了"。该栏目由于过多展示了违法、落后、愚昧的一面，最终被要求整改。2016年底，北京网信办就侮辱、调侃、格调低俗、突破道德底线等问题向一些网络新闻媒体下达行政整改通知。低俗媚俗的网络信息之所以广泛传播，究其根源是网络新闻媒体不能处理好舆论导向与利益导向的关系，受利益驱使，放弃新闻媒体的社会责任，追求经济利益，造成了不良影响，毒害了广大读者和观众。新闻媒体在社会舆论导向上具有双重角色：首先是社会舆论宣传机关，具有思想理论宣传、文化教育、信息传播、娱乐服务等社会功能，必须重视其社会影响；其次是文化生产企业，必须按照企业的管理经营方法运行，新闻产品是一种特殊的商品，必须接受新闻市场的检验，在市场竞争中优胜劣汰，它的经济效益也必须得到重视。但是，作为新闻工作者，必须把社会责任放在第一位，把社会责任与经济效益有机统一起来。

三、舆论监督着力问题解决

舆论监督要注意舆论导向问题。要加强推进舆论监督，做好舆论监督工作，要把解决问题放在舆论监督的重要位置，要发挥好舆论监督作用，通过舆论监督推进问题解决。要坚持正确的舆论监督、依法监督、科学监督、建设性监督，通过监督推进政府部门工作落实。新闻媒体通过新闻报道、事件评论等，帮助人民群众解决问题；通过新闻追踪报道，让人民群众了解事件真相；通过新闻报道，让群众了解政府事务；通过新闻评论，引导人民群众明辨是非。对涉及政府事务及公共利益的事务，要通过新闻媒介，加强舆论监督，推进工作开展，推动相关职能部门机构改革，促进社会进步。新闻报道要做好政府事务、公共利益事务的监督工作，要推动社会沿着法治社会和维护公共准则的方向发展。针对社会上违法违纪、违背人民意愿的不良现象及行为，要通过新闻报道等进行曝光和揭露，抨击时弊，抑恶扬善，推进社会不断向前发展。

作为新闻工作者，要把监督作为自己的社会责任，要敢于去监督，善于去监督，要加强监督，不断改进监督方法。舆论监督要服务于党和国家、服务于人民群众，服务于社会大局，要坚持对党和国家负责、对人民负责相统一，不断改进监督工作方法，要抓住群众关注的焦点、政府重视的领域以及有利于促进社会发展进步的问题，努力推动社会向前发展，维护党和国家、人民群众的根本利益。要深入调查研究，准确把握事实，多方听取意见，防止报道失真、失实，防止以偏概全。要明辨是非，公正客观，坚持真相，以理服人，善于听取多方意见，防止主观判断，无中生有，臆断猜测，感情用事。要注重社会影响，着眼于推进工作开展，解决实际问题，跟踪报道处理结果，向正面方面引导，不恶意炒作，对现阶段解决不了的问题，要谨慎报道。要遵守新闻工作纪律，恪守新闻职业道德，拿不准的问题不报道，涉及国家安全、社会稳定等重大、敏感问题的稿件要送审，不宜公开报道的问题，要朝着解决问题的方向提出相关意见和建议，通过内部渠道向有关部门反映。

四、及时准确报道突发事件

突发事件是指发生突然，造成或者可能造成严重社会危害，需要采取及时处置措施予以应对的事故灾难、自然灾害、社会安全、公共卫生等一系列突发事件。我国对突发性事件报道的认识经历了一个漫长的过程，从严加管制到及时开放，逐步做到把握有度。但仍然有极个别地方的少数官员，不依法行政，对突发事件的报道管制较多、限制较多。在这些地方，由于突发事件和群体事件的真相处于被控制、被掩盖的状态，导致媒体采访困难重重，报道不及时，相关信息不充分。

对突发事件报道要遵循新闻准则的规定。采访报道突发事件要坚持正确导向、公开透明、及时准确、不主观臆测的原则，积极跟进事件发展，客观公正报道事件发展动态、处置进程，推动突发事件妥善处理，维护社会稳定和人心安定。

在 2003 年的"非典"及 2008 年"3·14"拉萨暴力事件报道问题上，由于国内媒体的过分谨慎和延宕，西方传媒先声夺人，大量对中国负面的信息一度使中国政府处于极其不利的被动局面。

经验教训迫使中国媒体在突发事件报道方面猛然警醒，并对有关传播规范作出了相应调整。这一调整解除了不必要的禁忌，进一步拓宽了国内媒体应对突发事件的报道空间。具体表现在对自然灾害、重大事故等方面的报道明显增多，国内媒体对灾情信息的公开报道及时跟进。尤其是 2008 年，汶川大地震的报道，国内多数媒体反应非常快、报道面广、报道力度大，是历史上对突发事件报道很少见到的。

由于在汶川大地震报道中，国内媒体的及时跟进，广泛报道，信息发布及时、透明。很多国外媒体转述了国内媒体的报道，虽然此次灾害影响大，伤亡人数多，但是社会上很少出现谣言传播。全国人民团结一心抗震救灾，媒体的传播起到了良好的正面效果。大量实践证明，不实的信息和谣言会导致社会秩序混乱。

信息开放不仅有利于保持社会的稳定，也增强了政府的公信力，便于政府、人民和军队，全国各地和灾区一起应对突发的灾难，因而也有利于政府掌握话语权。

突发事件报道对基层新闻工作者的职业道德和专业素养要求非常高。首先，在保证公众知情权的同时，还要预见社会反响及其承受能力。要讲究报道策略，即第一时间尽可能完整准确地披露真相，对于事发原因尽量给予实事求是的、科学的解释，要将报道的负效应降至最低。其次，突发事件报道一般会遭遇压力和阻挠，要求新闻记者有抗压精神，敢于承担风险。再次，新闻记者还要有严谨细致的工作作风。既保证时效性，又讲究质量，善于整合不同媒体的资源，立体化地传播突发事件的进展、过程、变化等方方面面。由于怕出错、求稳，而对重大突发事件失语，影响的是媒体的公信力；而为金钱所收买，搞有偿新闻，则突破了道德底线，是要受到法律的制裁的。突发事件一般都是灾难事件，采访报道时要体现人文关怀，防止对访问对象的二次伤害，要谨记"不懂做人就不配做记者"。同时还要注意减少血腥、灾难、痛苦图像的传播，因为它们会直接刺激公众的神经。

第三节　切实履行"四者"职责

2016 年 2 月 19 日，习近平总书记在党的新闻舆论工作座谈会上强调："新闻观是新闻舆论工作的灵魂。要深入开展马克思主义新闻观教育，引导广大新闻舆论工作者做党的政策主张的传播者、时代风云的记录者、社会进步的推动者、公平正义的守望者。"这一要求，为新闻工作者指明了工作方向，新闻工作者要义不容辞地贯彻好、落实好、执行好这一要求，正确把握舆论导向，把新闻报道工作推向更高的水平。

工作中，新闻工作者既要重视学习领悟马克思主义新闻观，掌握党的新闻理论，了解党的方针政策，又要刻苦钻研新闻业务，不断增强宣传报道能力，提高舆论引导水平，履行好新闻媒体的职责使命，为党和人民的事业唱响主旋律，打好主动仗。为此，新闻工作者要从下面几个方面积极探索，锐意进取。

一、深入学习马克思主义新闻观

报刊和电台、电视台是党的重要思想武器和政治阵地，是党领导一切的标志性特征。因此，新闻工作者务必了解学习党的这一主张，牢固树立围绕党的要求开展宣传报道工作的总基调，了解政治家办报办刊办台的宗旨。报道过程中要遵守和阐述党的纲领和策略，宣传党的方针政策，为党和人民鼓与呼。在中国特色社会主义进入新时代的今天，尤其要宣传党的初心使命，宣传党的为民宗旨，宣传党带领全国各族人民建设富强、民主、文明、和谐、美丽的社会主义现代化国家的伟大实践。要坚持党对新闻媒体的领导和监督。要把科学的新闻观视为党的新闻事业的工作指南。这些新闻观点需要每一位新闻工作者都必须学习掌握、深刻领会、用于实践。学习过程中，要认真研读马克思新闻理论的原文原著，掌握马克思主义新闻观理论体系，并学以致用，把学习成果转化为工作实践，提升宣传报道水平。同时要把马克思主义新闻观与习近平新时代中国特色社会主义思想有机结合起来，并把二者作为行动指南，确保新闻宣传工作永远保持正确方向，永远传播党和人民的心声，永远体现党和人民的利益。

二、切实做好党的政策主张的传播者

我们党是久经考验的无产阶级政党。党带领中国人民经历了从苦难走向辉煌的历程、实现了中国人民从站起来到富起来、强起来的转变。党在前进中制定的纲领、章程、路线、方针、政策在不断发展、完善，逐步成为中国革命从胜利走向胜利的真理，因此，全国各族人民义不容辞地要贯彻落实好这些纲领、章程、路线、方针、政策。新闻媒体和新闻工作者尤其要首当其冲、旗帜鲜明地抓好宣传。一方面，要带头遵守党的纲领、章程，执行好党的路线、方针、政策，发挥表率作用。另一方面，要宣传好党的纲领、章程、路线、方针、政策，要以喜闻乐见的形式把党的纲领、章程、路线、方针、政策寓于真实生动的故事当中，通过讲故事、摆事实、辩道理，引导读者和观众掌握、领悟，进而推动党的纲领、章程、路线、方针、政策在全国各地得到贯彻执行。比如党在新时期提出的"四个全面""四个自信""两个维护"以及脱贫攻坚、生态建设、文明城市建设、乡村振兴、社会主义核心价值观等工作任务和科学理论，以及教育、科学、文化、卫生、体育等各行各业的发展规划，都是党的政策主张，各级各部门、广大党员干部都要不折不扣地抓好落实，媒体要义正词严地开展紧锣密鼓的宣传，通过各种形式把人们的思想统一起来，把人们的精神振作起来，确保党提出的各项任务能够按时完成，确保"两个一百年"的奋斗目标能够如期实现，为建设富强、民主、文明、和谐、美丽的社会主义现代化国家不懈奋斗，努力成为党的政策主张的传播者，切实履行好传递信息、影响社会的职责使命。

三、切实做好时代风云的记录者

天有不测风云，月有阴晴圆缺。每个时代，人类社会都在向前发展，不断进步。但每个时代都会出现突发事件，这些事件或多或少、或大或小、或长或短对人类造成影响、危害，阻碍社会的进步，破坏人们的住房和公共设施，让人们的财产遭受损失，对人们的生命造成威胁。比如战争、自然灾害、瘟疫、人们的过急行动等，这些时代风云躲不过、迈不开，与人类如影随形。怎么办？只有积极应对，想办法控制它，战胜它，然后认识它，研究它，掌握它的特点规律，想办法阻止它再次出现，倘若阻止不了，再次出现，也能得心应手应对。这些事件发生后，新闻媒体就要认真全面做好记录，做好宣传。要记录、分析它发生的原因、导致的后果，对人类的危害，研究阻止它的方法。要传递党和政府应对时代风云的重大举措，客观评判时代风云，提请人们重视、思考，从而制定应急预案，科学防控，引导人们正确认识时代风云，正确应对时局变化，保证社会大局稳定，保证人民群众的生产生活不受影响。比如我们国家遭遇的战争、洪水、地震、瘟疫、黑恶势力打砸抢、空难、车祸等，无不危害着社会，伤害着人们，新闻工作者都要做好记录，传递好应对举措，提出科学对策，做到防患于未然。同时要保存好档案，便于翻阅、查证、分析、研究，以资后鉴。

四、努力成为社会进步的推动者

社会在向前发展，人类在不断进步，这是历史发展的必然规律。新闻工作者既是社会进步的践行者，又是社会进步的宣传者，主要责任就是要为社会进步呼喊、加油、助威，要传递社会进步的重大信息，弘扬人类文明的生动实践，讲好经济社会全面健康协调发展的真实故事。我们党和政府一直在为社会进步谋篇布局、深谋远虑、高屋建瓴，提出了若干治国理政的大手笔。其目的就是要建设强大国家、让人民过上幸福富裕的生活。比如改革开放、一带一路，人类命运共同体等战略举措。新闻工作者务必要把这些治国理政方略宣传好、报道好，引导全国人民围绕治国理政方略在各条战线上苦干实干，勇于拼搏，不懈奋斗，推动经济社会高质量发展，推动人类走向文明，促进人民生活水平提高和生活环境改善，促进生态环境持续向好，促进教育、科技、文化、体育等各项事业取得巨大成就。不断提高人民群众思想道德素质和科学文化素质，朝着建设富强、民主、文明、和谐、美丽的社会主义现代化国家这个远大目标奋勇前进。要宣传报道好文明城市建设，展示文明城市建设成果；要瞄准科技运用取得的成果，引导群众崇尚文明礼仪，倡导文明新风、提高文明程度，推动社会走向文明，这是人类向前发展的必然趋势。新闻工作者务必履行好推动社会进步的职责，为社会进步做出积极贡献。

五、勇做公平正义的守望者

公平正义是社会和谐的重要组成部分，也是社会文明的重要标志，没有公平正义作为支撑，建设富强、民主、文明、美丽的现代化国家都将成为无源之水、无本之木。可见公平正义何等重要。要维护公平正义，就要坚持依法治国，建设法治社会。新闻媒体有责任大张旗鼓地宣传法律法规，开设法治专栏，分析法治案例，把法律法规寓于社会生活各个方面，通过讲述法治故事，以案说法，把生硬难懂的条款寓于浅显易懂的分析当中，让群众易学易懂易掌握。新闻工作者首先要学习了解法律，充分认识法律的重要性，然后要带头捍卫法律，遵守法律，宣传法律，引导人们重视法律，把学习掌握运用法律作为人生的重要追求之一，引导他们学习法律、了解法律、遵守法律、运用法律，用法律保护自己，成就美好人生。要宣传报道司法机关的工作动态，案件追踪，案犯缉拿，公正司法，惩处罪犯，维护公平正义的执法过程。要宣传人大机关对司法机关的执法监督检查，要监督司法机关是否按照有法可依、有法必依、执法必严、违法必究的法治建设要求开展工作，要宣传法律保护人民、打击犯罪的性质和权威，对徇私枉法、目无法纪的行为说不，要勇于检举揭发犯罪分子和犯罪行为，用法律武器打击犯罪分子，要力挺法律面前人人平等的法治理念，要力挺违法必究、执法必严的法治思想。要发挥新闻媒体的监督作用，对人民群众普遍关心关注的案件，新闻媒体要提前介入，监督检查，跟踪报道，让群众了解案件真相，了解案件的处理过程、审判过程，体现公平正义，体现法律平等，为构建和谐社会贡献力量。

　　坚持正确政治方向，做政治坚定的新闻工作者；坚持正确舆论导向，做引领时代的新闻工作者；坚持正确新闻志向，做业务精湛的新闻工作者；坚持正确工作取向，做作风优良的新闻工作者。习近平总书记提出的"四向四做"的殷切希望，新闻工作者要不折不扣贯彻好、落实好。要按照"岗位"职责，锐意进取，勇于担当，恪尽职守，扎实工作，为经济社会高质量发展提供精神动力和智力支持，圆满完成党和人民交给的新闻宣传任务，做党和人民信赖的新闻工作者。

第四节　阻击疫情的担当作为

　　2020 年新年伊始，一场突如其来的疫情在武汉暴发，又快速蔓延至全国，乃至全世界很多国家。这场疫情严重威胁着人类生命安全，给人们带来了恐惧和不安，同时打乱了社会秩序。更重要的是挑战着国家的治理体系和治理能力。面对这样的困境，新闻媒体尤其是主流媒体，务必要增强责任意识，凝聚强大力量，勇于担当作为，履行职责使命。

一、认清形势，正确引导舆情

　　面对这样的情形，新闻媒体就肩负着认清形势、正确引导舆论的责任。新闻工作者就要按照党委、政府和宣传部门的工作部署开展报道工作，要报道党和国家对疫情防控的高度重视和采取的办法举措，表明党和国家以人民利益高于一切的勇气战胜疫情的信心决心。要报道医务工作者特别是防疫专家对疫情的研究判断，传递科学的应对方法，比如重点预防人传人、封城、隔离检查、火速建设医院、建议人们不要外出、不要扎堆、不要聚餐等。无论疫情怎样严峻，党和国家、政府都在积极应对，都在寻找应对策略，解决难题。每个公民都要严格按照当地政府、村街、社区的要求应对疫情。这就是形势，认识清楚了，报道的要求也就明确了，报道出去，才能做到正面宣传，正确引导舆情，才能充分发挥媒体的担当作用。

二、聚焦疫区，攻克难题

无论疫情来势汹汹也罢，还是攻克艰难也罢，在强大的中国人民面前，也只是纸老虎。疫情出现后，党中央高度关注，习近平总书记亲自指挥，表现出敏锐的洞察力，超前的判断力，坚决的执行力，新闻联播接连不断推出高层的智慧和勇气，央视其他频道也紧紧推出专业报道、深度报道、独特报道，营造了浓厚的报道氛围，让观众了解党中央、国务院对疫情防控的高度关注和铁腕手法，这些报道鼓舞人心，增强信心，凝聚了防控的强大力量。党和政府火速采取建设火神山医院、雷神山医院、方舱医院，从各省调集医务力量到灾区驰援等方法防控，都展示了中国的磅礴力量和应对实力。在攻克灾区难题的同时，也没有忽视对全国的部署，党中央、国务院及时对全国的防控工作作出部署，全国各地积极响应。各省各地的新闻媒体也纷纷冲锋在前，及时报道当地的防控举措、鲜活事例、感人故事，传递了大量的信息和满满的正能量，团结引导广大干部群众积极为防控工作做出贡献。确保防控工作取得实实在在的效果。

三、关注基层一线，展示干群防控积极性

为了有效防控疫情，从中央到地方，层层级级都对防控工作作出周密部署，主要针对人传人这一形势，从封城，到对居民和有灾区经历史的人员进行搜索、隔离、检查，从封闭通道，到城市小区封闭、农村村组封锁，从红白喜事延后、取消亲友团聚，到家家户户闭门不出，这些举措，既提高了群众的意识，又达到了防控目的。这些都是新闻媒体要深入全面报道的内容，通过报道引导更多群众知道这是党委、政府的决策部署，要堵住疫情、防控疫情，就要这样干，要让群众看了报道更加清楚地知道疫情防控形势，掌握防控的方法，严格遵守防控纪律，确保达到防控目的。为了不漏掉一名感染者，各地政府、村居都按照上级要求在各个路口设立了检查点，安排了工作人员昼夜值班值守，对过往人员进行询问登记，检查出入证明，测量体温，以确保万无一失。一时间，城市的街道、小区、农村的村村寨寨都实行了统一管理，或堵塞了通道，或设立了检查点，或用喇叭沿街、沿村、沿组喊叫，提醒大家注意，目的只有一个，那就是防控疫情，围堵疫情。媒体在

报道这些新闻事件后，引起很多爱心人士、企业家、志愿者纷纷到当地政府献爱心，捐款捐物，赠送体温枪、消毒液、防护服、口罩、蔬菜、水果等物资，为防控工作提供物质保障。各地媒体都开展了客观报道，履行了宣传报道职责。

四、走近白衣天使，谱写英雄赞歌

有一些白衣天使倒在了病房，但是，我们的白衣天使害怕了吗，没有。他们冒着生命危险，主动请缨到灾区驰援。

他们以省为单位驰援灾区，他们每天都战斗在病房里，战斗在威胁生命的战场上。以贵州省遵义市播州区为例，为了让读者了解白衣天使们的内心世界，贵州省遵义市播州融媒体中心把播州区驰援湖北的白衣天使的抗疫日记编发在《播州报》上，让读者去领悟。在 2020 年 4 月 3 日的《播州报》第四版专版上，编辑编写了专栏导读。内容如下："新冠肺炎疫情发生后，我区医务人员或驰援鄂州、或抽调至省市定点观察医院，冒着被感染的危险，冲锋在前，谱写了一曲曲英雄的赞歌，可敬可佩。工作之余，他们感慨万端，激情奔涌，以日记的形式记录了他们在战斗中表现出来的勇敢、与患者结下的深情厚谊、湖北人民的亲切友好以及对伟大祖国的赞美。既滚烫，又温暖；既执着，又乐观。彰显了中国人民的博爱情怀。本栏今天推出一组日记，以飨读者。在这组日记中，一位白衣天使写道：'进病房前的准备工作，首先是面部和额部防护，其次是穿防护用品，这个过程看似简单，但需要一个多小时才能准备好。然后进入病区开始工作。厚重的防护服让我步履蹒跚，弯个腰都太费劲。由于防护服的厚度和材质原因，使身体无法散热，护目镜经常一片朦胧，随着时间的推移，我感受到汗水在体表肆虐，呼吸和动作都很困难，但我还得集中注意力，全身心地投入到工作中。'另一位白衣天使写道：'我们每日累计工作 7 个小时，最长 10 个小时，由于穿防护服太麻烦，我们不能上厕所，为此要用上尿不湿，为的就是与时间赛跑，同病毒战斗，与死神抢人。'"

编辑在下一期《播州报》专栏导读上写道："上期《播州报》推出了我区 5 名驰援湖北医护人员的日记，本期继续推出其余 7 名医护人员的日记。每一则日记，都是一次考验，每一次考验，都是一次战斗，每一次战斗，都有英雄诞生。于是我区 12 名驰援湖北的医护人员都成了英雄。他们冒着生命危险，谱写着英雄的赞歌，谱写着中国人民守望相助的博爱情怀。读者朋友可以通过这些日记去领悟他们的精神境界。"在这组日记中，一位白衣天使这样写道："在病房里连续工作了 4 个小时，防护服里面的衣服湿了又干，干了又湿。但想到病人对我们的信任，我觉得这是值得的，作为一个医护人员，打赢这场战争是我们的责任。"另一位白衣天使这样写道："3 月 20 日，鄂州市为我们援鄂医疗队组织了欢送仪式，市委书记在致辞中数次哽咽，市民自发组织了 4 公里长的队伍一路相送。'谢谢你，为鄂州拼过命！''贵州鄂州，风雨同舟'……一幅幅寄托深情的标语，一声声饱含厚谊的感谢，让我们一路泪目。鄂州，感谢你让我们收获了友谊真情。回到贵阳正是春暖花开，省委书记孙志刚同志亲自带队到机场迎接我们回家。交警开道，贵阳市市民自发组织夹道欢迎，私家车司机停车鸣笛，我们受到了最高规格的礼遇，都说男儿有泪不轻弹，只因未到动情处。从鄂州到贵州，无数次热泪盈眶，队友们大多哭红了双眼。山高水长，愿武汉人民早日安康，愿山河早日无恙。"

这些日记通过媒体报道出来，读者便可以了解他们的苦与乐、悲与欢、职责与使命、勇敢与坚强、博爱与亲情。这些都凝结成了中华民族不屈不挠，勇往直前的伟大精神。

五、有序复工复产，关注经济和民生就业

随着疫情防控向好态势的出现，经济发展成为党和国家重点思考的问题，于是层层级级推出"防控生产两不误，两手抓双促进"工作基调。新闻媒体便在第一时间走向工厂、走向田野，对准企业在确保防控措施有效的基础上恢复生产的场景、农民不扎堆、不密切接触的春耕备耕场景，报道复工复产的步骤、方法、注意事项，把严密科学的防控方法传达给每一位员工、每一位群众，形成人人重视防控、人人参与防控、处处谨小慎微的应对模式，从而达到生产安全、生产高效的目的。同时，还在工作场所开展消毒工作，为企业生产创造良好条件。报道显示，从 2020 年 3 月起，企业就陆续复工复产了，企业也竭尽全力做到了"防控生产两不误，两手抓双促进"，呈现出良好的生产态势。由于受疫情影响，很多员工无法及时返回企业上

班，造成企业用工难，员工没上班便没有收入的两难困境。对此各级党政，尤其是县乡两级党政开展了贴心服务。新闻工作者就是要在危难之时走在前面，在防控疫情中既解决好生产发展问题，又解决好群众就业问题，切实把民生放在第一位。这是媒体的责任、这是新闻工作者的责任。

防控期间，媒体还关注着教育的发展。疫情的严峻形势导致学生不能按时上学。高三、初三学生（以下简称"两三"学生）也是在原定计划上推迟了一个多月上学，即使如此，学校还是提前对校园进行了消毒，对学生进校、在食堂就餐、在教室就座等防控方法开展演练，无论是封闭管理，必戴口罩，还是分散教学、分时就餐，都要落实到行动上，都要严格遵守，教育管理者责任重大，只有严把了各个关口，落实了防控措施，校园安全、学生健康才有保障。这方面各地媒体都给予了极大关注，履行了职责。

关于疫情防控的宣传报道，各地各级媒体全力以赴投入，长期奋战在一线，传递了大量信息，凝聚了强大力量，为夺取全国防控胜利贡献了巨大力量，书写了光辉篇章。但防控尚未结束，报道就要继续，新闻工作者就要继续前行、勇敢前行，就要继续观察未来，憧憬未来，为未来做出巨大贡献。

在新冠肺炎疫情防控阻击战中，新闻媒体和新闻工作者承担着重大的舆论引导作用，要引导干部群众积极应对疫情，有效防控疫情，群策群力，众志成城，打好打赢防控阻击战，为人民群众的身体健康、生命安全提供舆论支持。

第三章　职业道德

本章阐述道德与职业道德、新闻传播职业道德与新闻传播相关法规之间的关系，进一步认识新闻职业道德。

第一节　道德与职业道德

一、道德的概念与特点

道德就其本质而言，是规范社会运行手段的一种规则。自有人类历史以来，它一直是人们在社会生活中相互协调利益冲突、追求和谐发展的过程中不断形成的一种社会规则。关于道德的定义，学术上有多种表述，国内外学者的观点很多，归纳起来，我们可以从以下三个方面理解道德的含义。

（一）道德是人类理性的结晶

研究动物，学者发现在动物群体中也存在许多规则，它们利用这些群体规则，协调群体和个体之间的利益关系，维护群体内部和外部的稳定。如有学者发现：在动物界里，狼群的社会规则比较成熟，在捕猎过程中，群体里面的个体互相配合，在分享食物的时候，它们会一起对付外来分食的群体成员。狼就是利用合作性捕猎，使整个群体活了下来。如果狼群不用这种合作方式，单个成员很可能因捕不到猎物而饿死，导致狼群灭亡。

对动物的群落研究表明，从蚂蚁群落到大象群落，这种共同合作行动现象在动物世界中普遍存在，国内外一些研究动物的学者，认为这种动物界的合作行为正是人类道德的本源，甚至认为动物界的这种合作就是动物世界的道德规范。这种观点，显然是不正确的。动物的这种行为方式，只是适应生存环境的本能，也就是说，动物界选择合作不是有意识的行为，而是求生本能，它们的意志无法决定自己的行为。达尔文指出：只有人类才能训练出道德观念与道德良心。在人类社会进化的历史长河中，人开始具有许多动物所不具备的高级属性，人可以逻辑地分析世界、感知世界、认知世界，在把握各种事物和关系之间的本质联系的基础上，人类会理性思考，做出理性的选择。人类的道德规范正是自我意识的体现，是认识世界的手段，人在认识到自己的需要，有了对利益关系的觉醒和对利益的追求时形成了道德，道德的形成过程，也正是人类理性认识自我的一个过程，因此，人类道德是人类理性认识与思想进步的结晶。

（二）道德是一种具有社会重要性的习俗

道德（moral）一词，起源于拉丁文，本义是"遵从习俗"，这种词源的探讨给我们带来一定的思考，即道德的本质就是它不外乎是一些社会习俗的总合，然而，稍加思考便不难发现，我们生活中的许多习俗却与道德关联不大。

那么，现实世界中的道德规范与我们的传统习俗区别是什么？通过上述例子，可以理解习俗对一个社会群体或社会秩序的发展影响不大，可以遵守，也可以不遵守，但是道德就不一样，如果每个人违反了社会道德，就是违反了社会某些秩序，违背了社会群体共同制定的社会准则，以前的社会秩序就会被打破，如果一个群体都违背，那么，社会就会运行紊乱。因此，道德就是人类用来维持社会秩序的一种手段或认识，风俗相对于道德来说，不存在对与错，不存在好与坏，它没有一个标准，道德是有标准的，它是衡量一个社会是否失序的标准。

（三）道德是一种非权力性规范

在整个社会规范体系中，法律和道德是两种最接近的社会规范，两者对社会秩序的控制既有重叠的部分，也有区别的部分，二者有时是相互补充的。法律是形成的稳定的社会规范。我们认为法律与道德主要是两者的实施途径有区别，法律是依靠国家强制力保证其得到实施的，而道德是依靠社会舆论的约束与人们内心信念来得到维系的。法律是权力性规范，道德是非权力性规范。所谓权力，是指被社会承认的管理者拥有且迫使被管理者服从的强制力量。因此，法律作为权力性规范，是一种应该而且必须做到的行为规范，具有强制性。而道德作为非权力性规范，是应该而非必须做到的行为规范，没有强制性。社会生活中每个人凡具有社会重要性的行为，都属于道德规范的对象，而法律所规范的，仅仅是社会重要性中的一部分，它只把那些严重损害他人利益或人身安全，或者一般地损害到社会的行为纳入自己的考虑范围。法律作为一种权力性规范，它的存在，对保证一个社会基本秩序的安定具有重要的作用。道德基于自律的非权力性规范的存在，它体现并维系了人类的尊严。

通过以上三个方面的考察，我们可以把道德与生物本能、普通习俗、法律法规相区别，也可以勾勒出道德这一社会规范相对清晰的边界。道德就是依赖外在舆论压力和人们内心信念维系的社会规范，它来源于人类的社会生活习俗，在形成和发展的过程中，集中体现了人的理性思维和智慧。

二、道德建设需要确立正确的道德理念

在长时间的历史发展过程中，人类社会为了维护自身的发展，已经创造了极其复杂的规范制度，其中以普通习惯、道德、法律、组织纪律和行政命令为主。这些标准各有其功能，彼此之间不可替代。但是，法律、纪律、命令等规范人的行为都是从道德提供的权利和义务的基本原理出发，道德原则是人类建构一切组织、制定一切社会规范所参考的公理，道德为一切规范起着价值导向的作用，我们可以认为道德是人的规范系统中的核心。

基于上述理解，道德在社会发展过程中的重要性并不难以理解，但是一个社会要进行积极有效的道德建设，道德规范要对社会生活发生有效的调节作用，一个非常重要的前提是全社会必须弘扬一种正确的道德理念。道德建设实践证明，在一些不正确的理念支配下，道德建设往往低效，不能为社会良性的运行积累所需的伦理资源。总结中国社会主义道德建设的实践经验，并结合当下转型期社会道德实际，我们认为以下几个方面是非常重要的。

（一）道德是一种手段而不是目的

正如前面提到的那样，道德就是人们在自己的需要驱动下制定的一种特殊的文化规范，旨在保障社会存在和发展。因此，道德在某种程度上通过一种肯定、认同或否定，来体现某种价值观，并以此为规范。但是，在人与道德的关系中，道德是为人类服务的，而不是人为道德服务，因此人是道德的主体，道德只是为人类实现生活目标而服务的工具。

正确把握人与道德之间的关系，明确道德服务于人的工具属性，是道德建设的前提。如果忘却了道德是服务人类的工具，将道德异化为人追求的目

标，道德不仅无助于保障社会的存在和有序发展，反而会成为一种人类生活的压迫性力量，成为人类生活的一种无端干扰，人类的道德生活也就变得非常苛刻。关于这个问题，我们在中国的封建社会可以看到很多令人震惊的案例。而且这种把某些道德理想绝对化，在评价社会发展时，把道德状况、道德水平作为衡量的最高甚至唯一尺度的"道德至上主义"者，目前我们社会生活中仍然存在。如夸大中国在从计划经济走向市场经济这一社会转型过程出现的某些无序化现象，并以此来否定改革取得的新成就，为阻碍改革进程的一些旧道德和旧体制进行招魂和辩护。对这种道德至上主义的现象，我们在精神文明建设中应予以警惕。

人类的道德建设就是对人们生活规则的不断整理、探索和修正，因此，今天在市场经济条件下，我们进行了道德的重建，必须摆脱那种把道德目标化的误区，不再将道德与人们的利益追求对立起来，而是使人类理性、正确地分析利益关系的实质，做出利于人类发展的正确选择。在这种理念的引导下，伦理道德就不再会是古板生硬的说教，也不是高不可及的理念，道德生活就是运用理性自觉地总结生活本身的规则制度，人的生活因有道德的存在而越发美好。

（二）道德规范是一个开放的体系

人类根据自身的需要建立的道德规范，并不是永恒的，它和人类所创造的文化一样，都应该在历史演变过程中发展和重构。道德是否被视为开放体系，是理性主义与蒙昧主义道德观的重要分野。蒙昧主义道德观将道德规范视为一个封闭的体系，赋予了道德神圣的特点，从根本上堵塞了道德更新的发展之路。

我们强调，道德规范是开放的系统，其理由如下：

第一，人的需求是开放的。人不只是有生命的存在者，而且还是有发达的意识的存在者。生命让人产生生存的需求，由肉体组织决定，使人们从属自然而来，发达的思想使人们能够不断酝酿新的需求，酝酿出与肉体组织不直接相关，甚至与肉体组织毫无关系的需求。因此，人的需要不能像动物那样直接从现成的自然物中得到满足，而必须化外物为我之物。历史和现实所提供的各种证据都表明，在人类自身发展的过程中，人的需求不断膨胀，具有由低到高的发展趋势。既然人的需要是开放的、变动的，那么，为人的需要而产生的道德规范体系也必须随之变化，否则会失去效用，影响人类的进步。

第二，道德固然是人类理性的结晶，然而，任何一种人的理性都是有限制的，因此在特殊时期，人们有可能根据对人的需要错误地认识、制定错误的道德规则。如果把道德看作一个封闭的系统，把道德看作是神圣的不可改变的东西，那么就会根本地断绝人类修改错误的可能性。

第三，在人类社会发展过程中必定会出现很多以往没有的道德问题，固有的道德规范还不足以适应这些问题，因此需要制定相应的规范系统。只有道德规范保持开放，它自己的生命才能维持。

（三）反对道德相对主义

所谓道德相对主义，是指夸大了道德的相对性，否定了一种普遍的道德观点。道德相对主义者的道德观念各不相同，最具代表性的主张是根据文化相对论所描述的现实，否认道德普遍性。有些观点认为，道德的正确或错误是随地域而异的，在任何时候都不存在可以应用于一切人的绝对或"放之四海而皆准"的道德标准；有些观点的正确度随着个人信仰和社会文化的需要而变化。正确和错误的概念从它所产生的特定环境中脱离，就毫无意义了。

应该确定，文化相对主义具有一定的意义，是随着资本主义在世界范围内的扩大，在人类不同文化形式的交往中、"西方文化中心论"的背景下、文化冲突日益增多的情况下形成的。它是一种对西方文化中心论的反对，代表着西方文化在多元主义的背景下对西方文化提出的挑战。因此，道德相对主义在增进各种文化之间具有相互容忍和理解的作用。

三、人类普遍道德精神在职业领域的体现——职业道德

（一）职业与职业道德

所谓职业，就是指个人在社会上从事以生活为主的工作。从本质上讲，是社会职能的专业性和人物角色的社会化统一。人们通过职业活动获得生产和生活的信息，并通过职业活动进行社会分工。职业生活和家庭生活在一起，构成了复杂的人类社会生活。如果婚姻与家庭是延续着人类社会生活的一种社会组织形态，那么职业生活是人类社会生活的一种发展形式。

所谓职业道德，就是指所有从事职业活动的人应遵循的行为规范，涵盖

从业者与服务对象，职业和工作人员之间的关系。它带着鲜明的职业印记，也体现了人类道德最普遍的特点。既然每一个人都要通过职业来参与社会的分工，那么每个人的职业生活状况就具有社会意义，必然是道德限制的对象。由于专业所具有的特定社会性和地位，决定着每一种职业对道德的特定要求。各行各业均有与各自行业一致的道德规范和行为标准。

职业道德的外延。由于现代社会的分工和职业道德的发展，职业道德也表现出很大的丰富性，但总的来说，无论是哪种职业道德，其核心内容并不外乎就是调整职业行为中的职业责任、职业权和职业利益三种关系。所谓职业责任，是指与职业活动密切相连的各种责任，是从事职业活动的人在职业活动中，按照国家的规定或组织合同，履行与社会习俗有关的职责和义务。职业权，是指在职业活动中从事的人所享有的职业权利。职业利益，是人们从职业活动中得到的正当利益。在这些方面，职业权益是人民履行职业责任的前提，而职权是人民履行职业责任的前提。职业道德是要求从事合法工作的任何人，在行使社会给予他特定的职业权利、通过工作获得合法利益的同时，必须担负相应的职业责任，使他们的每一个职业行为都能够经得起伦理的追问。

（二）职业道德的产生与发展

职业道德是以职业出现为前提，并随着社会分工发展而产生的。人类社会的几次重大分工，特别是第三次大分工，使人类社会产生了专业生产和商品交易，并在体力与脑力劳动之间产生分工。这种分工，导致各种社会行业和职业的出现，与职业有关的道德意识开始萌芽。

但是，从当今人类的社会历史发展来看，成熟、系统的社会职业道德却是近代中国资本主义者在商品经济的高度快速发展下的产物。这主要是以下面几个理由为理论基础的：

第一，商品经济促进了职业活动的空前繁荣。人类社会在进入资本主义社会之前，人类社会的主体经济形态是自然经济，职业分工虽然有一定的发展，但毕竟受的限制很多。19世纪的产业革命，极大地推动了生产过程的社会化和专业化，因此，职业活动也空前发达，传统职业进一步得到发展和完善，而且出现了很多新的职业，职业活动的快速发展为职业道德的出现提供了基础。

第二，在商品经济社会，忠于职业成为一种社会要求。一个商品经济的社会就是一个互相服务的社会，一个人的生活质量主要取决于他周围许多为他服务的人的工作质量。一个人物质生活的好坏不仅取决于他本人所创造的价值的绝对量，而且还取决于社会上其他人的工作质量和效率。正因为每一个人的劳动效率都关系到全社会的富裕，所以做好这份工作就不仅仅是个人的事，还具有社会意义。忠于职业成为社会的要求。

第三，商品经济社会，以讲诚信为特征的职业道德成为一个行业、一个企业的重要社会资产，可以直接产生利益。商业发展使人们从事的商品交易范围得到扩展。当交易对象的价值不高时，交易双方的诚信并不重要；但当交易物品有很高的的价值且交易双方信息不对称时，交易双方的诚信就显得非常重要。由于信息不对称，因而在交易中必然存在着道德风险，这个时候，能够在市场中真正站得住脚的，只有那些讲信誉的企业或个人。这时候，参与市场竞争的企业和个人都会把建立良好的职业道德作为一个重要追求。

当一个社会，绝大多数人能够自主择业，从事自己喜欢的工作，那么他对自己的职业就会很容易产生自豪感以及对职业的珍惜感，这种对职业的感受，会促使一个人具有更强的职业道德感。因此，我们说商品经济社会形成了有利于职业道德发育的社会环境。

（三）职业道德的基本原则

职业道德包括无害原则、保守机密原则、自主原则、知情同意原则、合理获利原则。

第一，无害原则。职业道德的无害原则，强调人们在职业活动中不能给相关对象造成精神与物质上的伤害。无害原则是道德的基本底线，也就是最低标准，是人们以理性的方式最能接受的最基本的价值准则。它当然也应该是从事一项职业所应遵循的最基本的价值底线。

第二，保守机密原则。人在职业生活中基于职业权利，都会掌握一些涉及他人隐私或一个组织机构机密的信息。个人隐私受到充分尊重与保护，这是建立个人尊严的重要前提，是保持世俗私生活和谐的道德力量所在。而商业保密是保持商业续存和健康发展的重要条件，商业机密的泄露常常会给经营者造成无可挽回的损失。因此，保证这些机密不向无关人员泄露，这是任何职业者天经地义的责任。

第三，自主原则。强调职场中的人都拥有自己决定自己行为的能力，也就是说成年人有追求自认为是美好生活目标的判定力，以此类推，人们应该尊重他人的自我决定能力。一个有尊严的人，能够通过行使自主权来构建自己的生活。如果一个人的自主权被剥夺了，就意味着失去了他的尊严。在职业生活中，自主原则，强调人应该自主选择职业，同时，选择职业的权利不能受到他人的侵犯。

第四，知情同意原则。它对人类的职业活动具有非常重要的意义。人们在职业实践过程中，当自己的行为关系或涉及其他人员时，必须向相关人讲清这一行为可能产生的后果，在此基础上，征求相关人是否同意。

第五，合理获利原则。就是允许他人通过职业活动追求合理利益。追求的利益是否正确，判断的标准就是看追求自我利益时，是否损害了其他人的利益。

（四）职业道德的要求及加强职业道德的重要意义

职业道德是社会道德的一种，是社会道德派生出来的。但是，职业道德除与社会道德有相通之处外，还包括一些专业的特殊要求，职业道德区别于大众生活的逻辑，具有明显的职业特点，有着很多社会道德不能涵盖的内容。鉴于职业道德的特殊性，如果用社会道德取代职业道德，必然导致很多职业的社会化。在人类社会生活的三大领域中，职业生活是人们活动的主体部分。多元的职业活动，是社会生活向前发展的生命线。随着人类生活的发展和进步，职业在人类社会活动中的地位越来越重要。如果没有社会职业生活的良序发展，就不会有整个社会生活的稳定。职业生活的有序发展，得益于社会各行各业和每个从业者各自承担相应的职业责任，履行各自相应的职业义务。现代社会，加强个人职业道德建设，提高职业道德素养，是社会道德建设的重要内容。

第二节　新闻传播职业化与新闻传播职业道德

一、新闻传播活动的职业化及其特征

我们前面已经讲过，职业道德的产生以职业活动的出现为前提。职业道德又是带有鲜明职业烙印的行为规范。那么，我们考察新闻传播职业道德，就必须从探讨新闻传播活动的职业化以及现代新闻传播职业特征入手。

（一）新闻传播活动的职业化

人类从一开始，就选择了社会化的生存方式，从功利的角度看，社会化的生存与单个的存在相比较，是一种成本最低、效率最高的生存方式，也是一种更有利于职业化的生存方式。而"人类之所以能够结成群体，形成社会，主要也正是通过信息的交流与传播来实现的。也正是从这个意义上来说，信息的传播便必然地成为人类社会的黏合剂"。因此，我们可以说，新闻传播是人类社会与生俱来的活动。在人类的幼稚时期，人类的新闻传播活动是简单初级的，最显著的特征是传播双方彼此不分，你中有我，我中有你。每个人都是传播者，每个人也都是接受传播者。社会上没有专门把信息收集发布作为职业的人和机构，而且还需要指出的是，在人类的童年时期，新闻传播活动与一般社会信息传播活动交织在一起，呈现的是一种混沌的传播状态。

然而，随着人类社会的不断发展，人们社会交往的密切程度在不断提高，范围在不断扩大，对社会新闻的需求量也在不断增大，从前的那种新闻传播状态不能够满足当前社会发展的需要，新闻传播活动开始逐渐走向专业化、精细化，人类的新闻传播活动进入了新的发展阶段。这一时期的明显特征是，传播者和接受传播者开始分离，以收集发布新闻信息的职业人员和从事新闻传播的机构开始出现。

（二）现代新闻传播活动的职业特征

现代新闻传播活动的职业特征包括时效性、信息化、广泛性。

第一，新闻工作者追求新闻的时效性。时效性是新闻报道的基本要求之一，任何时代、任何形态的新闻传播活动莫不如此。新闻报道的这一特点，使新闻工作者的职业活动面临着巨大的时间压力。

这种压力，导致新闻传播活动出现下列几组矛盾：

第一组矛盾是新闻报道的时效性与准确性之间出现的矛盾。真实准确是新闻报道最为根本的要求，但正如有学者指出的，准确与时效，有时犹如水与油一样不相兼容。新闻传播的大量实践也表明，尽管新闻界乃至全社会都想方设法致力于维护新闻的真实性，但形形色色的不实新闻与新闻传播活动如影随形，其原因是多种多样的，新闻传播中的紧迫性无疑也是造成不实新闻出现的一个重要的因素。

第二组矛盾是新闻报道时效性与深刻性的矛盾。在真实、迅速的基础上，新闻报道要有深度，力求揭示出事件的真相和意义。但新闻工作者对事件本质的认识需要一定的时间进行深入了解。尽管深入报道是新闻工作者追求的目标，但是由于新闻工作者不可能精通包罗万象的知识，职业特征注定许多报道内容是表面的、浅显的，是基于新闻工作者现有知识基础上形成的，大多是把事物和现象作为独立对象进行报道的，这是人类活动的初始阶段，是认识事件的第一步。很多对事件的认识，大多是经验性的。这种认识的结构比较简单。系统知识尚未按照事物内部的联系加以系统化，不能反映事物的本质和规律。

第三组矛盾是新闻报道时效性与发表时机的矛盾。新闻不仅追求时效性，而且应该考虑发表时机。有的非突发性报道需要证据和事实收集，急于报道可能会造成不良的社会影响，给所有对象带来不必要的伤害。时效性与发表时机是一对难以协调的矛盾，特别是在媒体竞争异常激烈的社会，媒体在报道时机上过多迟缓，迟迟不发声音，很可能会造成谣言满天飞的现象，或者使谣言占据先机，从而让事件本身在新闻竞争中陷入被动不利地位的局面。

需要指出的是，随着传播技术的进步，新闻从业人员面临的时间压力不是减轻了而是强化了。人们对新闻的要求，不再满足于昨日事件今日报，甚至今日新闻今日报也已不能解渴，人们需要的是即时性新闻。

第二，新闻从业人员必须借助广播、报刊、网络、电视等高度信息化、网络化的新闻传播媒体才能完成新闻传播。这是当代新闻工作与其他工作的本质区别。

一是新闻从业者与受众联系的间接化。所有的新闻媒体机构致力于建立与受众的互动机制，接受受众对媒体信息的反馈。但从目前情况来看，传统媒体仍然是单向性很强的媒体，受众的反馈大多是事后的，缺乏即时性和直接性。二是新闻从业者的工作自主性受到制约。媒体是社会组织，所以，新闻传播是一种有组织的活动，新闻从业者作为媒体组织的基本成员，必须在媒体特定的组织目标和方针指导下进行传播活动。更重要的原因是，新闻媒体作为一个社会组织，它具有事业与商业的两重属性，在市场经济条件下，任何传媒机构都要面向市场，追求最大的经济效益，但是，任何社会的新闻媒体都与单纯的营利企业不同，它是具有公益性的机构，必须追求社会效益。媒体的社会效益和经济效益在一些情况下是一致的，但在很多情况下，社会效益和经济效益常常存在难以克服的矛盾。这种矛盾对媒体的运作机制存在重大影响，直接影响到新闻从业者的工作方式。

新闻从业者与医生、教师等专业人士不同，医生、教师等可以依照自己的经验判断，直接向顾客负责，新闻工作者难以做到这一点。

第三，新闻工作者的职业活动具有极大的社会广泛性。现代社会，新闻事业的触角无孔不入、无处不在，它反映的空间十分辽阔，传播范围也无所不及，社会影响的广泛性、深刻性也是许多行业所不具有可比性的。

新闻事业的这种广泛性对新闻工作者的工作方式有着以下几点影响：其一，新闻工作者在大多数情况下必须依赖二手资料进行工作。正因为新闻事业反映的内容极为广泛，新闻工作者不可能在每一个事件发生时都在现场，都亲眼目睹事件的发生和变化过程，因此，必须依靠消息来源者提供的情况进行综合报道。所以，培养建立消息来源人和来源渠道对于新闻从业人员具有极为重要的意义。其二，尽管新闻界多年来提倡并培养专家型记者编辑，但由于新闻工作者报道对象的广泛性，加之新闻工作者时刻面临着巨大的时间压力，新闻工作者不可能对报道对象像有关专家那样有精深的研究。一个负责任的新闻工作者必须清醒地认识到自己的局限性。其三，在大众传播中，专业传播者不仅人数众多、协调性强，而且分工复杂，队伍也日益庞大，新闻从业者的职业结构、收入结构比例仍不平衡。这些失衡因素，必然会对传播的内容造成某种影响。现代新闻工作者的以上三个职业特征，是在把现代新闻工作者与其他职业从业者、把新闻工作者与社会中从事其他信息传播者进行比较基础上提出的。把握新闻工作者的这些职业特征，对我们探讨新闻传播职业道德问题具有非常重要的意义。

二、新闻传播职业道德及其调节对象

（一）新闻传播职业道德

在前面我们已说过，职业道德规范有着鲜明的职业特点，现代新闻传播的主要道德规范，当然也有着明显的职业烙印。这些职业特点来自新闻传播活动面临着报道内容广泛、报道时间紧张、报道者自身拥有的知识有限等原因，所以，错误在所难免这一职业特点一直存在于所有的传媒机构和传媒人中间。面对复杂的报道对象，负责任的新闻从业者都会时刻清醒地牢记着自身的这一局限，加之新闻传播事业面向社会各个阶层，服务对象又极为广泛，新闻传播媒体要考虑到新闻传播为不同阶层的人都能够接受，客观报道就是职业规范必须要做到的。

因此，所谓新闻传播的职业道德，就是从事新闻信息传播活动的人们，在长期的职业实践中不断形成的调整相互关系的行为规范的总和。它来自人类早期信息传播活动中形成的相应规则，并在现代新闻传播事业不断发展中逐步调整、修正的。

（二）新闻传播职业道德的调节对象

利益是道德的根基，新闻传播作为社会实践的一种广泛活动，其中含有大量的复杂利益关系，新闻传播的职业道德就是通过调整这些利益关系，保障新闻工作人员的职业利益，促进新闻传播的良性发展，从而维护社会利益。具体地说，新闻传播的职业道德要调整以下几个方面：

一是新闻工作人员与受众的关系。受众是新闻信息的接受者，如报纸读者、广播听众和电视观众等，是新闻工作人员的服务对象。新闻工作人员都有一个共同目标，就是千方百计吸引受众、满足受众的需求。只有满足受众要求，让受众愿意接收新闻信息，新闻工作人员才能实现他们的职业理想和工作目的，否则一切都是空谈。在新闻传播过程中，新闻工作人员与受众共同分享传播过程的两个极端，双方享有各自的权利和义务，并承担各自的责任。但需要强调的是，由于新闻工作人员占据了更多的社会资源，因此社会也给予了相当多的自由和主动权，因此在传播过程中，应该承担更大的社会责任。

二是新闻工作人员与工作对象之间的关系。新闻工作人员的工作对象，包括在新闻采访过程中直接参与新闻事件和其他情报人士，以及在媒体上发表文章的作者，等等。离开他们后，新闻工作人员的所有劳动都变成了无米之炊。他们是新闻工作者的一大资源，对新闻工作者来说非常重要，因此新闻机构和新闻工作者对这些工作对象，应给予足够的尊敬和关怀，及时给予其报酬，保护其权益免受侵犯，这已经成为全世界新闻传播职业道德中的一个重要内容。当然，新闻工作人员在工作中还要防止一些个体或团体，为了某种目的而通过扭曲事实、提供假信息等手段操纵媒体，特别是在现代公共关系业高度发展的今天，这一点更为重要。

　　三是新闻工作者与同行的关系。一个社会民主体制需要多元化的新闻媒介来保护，因此，新闻传播行业是一个竞争激烈的行业，不同媒体、不同传媒的新闻工作者和不同传媒的新闻记者之间存在竞争关系。这种竞争有时甚至非常激烈，这种竞争是新闻事业向前发展的重要动力，但前提是这种竞争必须是良性的，否则同行间的恶性竞争将对新闻传播业的总体利益和受众利益造成损害，从而对社会民主体制造成损害。新闻工作人员同行之间的竞争关系，有些在法律上可以调节，但更多的是需要用道德进行调节的。如何与同行保持良好的关系，是衡量新闻工作人员道德水平的重要标准。

　　四是新闻工作者与所属媒体的关系。现代新闻事业是一项组织性较强的工作，绝大部分新闻工作人员都是新闻传播机构的组成人员。媒体必须确保新闻工作人员的合法权利，并为报道新闻和调查新闻事件提供必要的条件，为报道新闻提供组织保障。同时，作为媒体所属的工作者，新闻记者必须严格履行自己的职责，完成指定的工作任务，维护媒体的合法利益。在某些情况下，所属媒体的利益会与受众利益甚至社会的公共利益发生冲突，有些媒体也可能要求新闻工作者做一些违反新闻工作人员职业操守的事情。这个时候，新闻工作人员应该如何应对呢？这正是对新闻工作人员道德和勇气的一次重要考验。

三、新闻传播职业道德的特点

新闻职业道德主要体现在以下几个方面：

（一）阶层化与普适性相统一

新闻传播职业道德阶层，是指新闻传播人员在调整新闻传播关系时所重点关注的特殊的利益的阶层。道德原本是以利益为基础的，在人类社会发展成为几个阶层后，每一个阶层都具有不同的特殊利益，他们就自然地将阶层特殊的要求注入到道德规范中，从而使道德烙印深刻。职业道德也不例外，因为绝大部分人类的职业行动都不能超越人类各阶层为维护和争取自己的利益所形成的界限。

现代中国新闻事业从最初产生到蓬勃发展起来，由于自身的基本特点和一种不可能被替代的特殊社会职能，不可避免地与各阶层组织有着千丝万缕的利益联系和利益争夺，利用斗争来不断维护和推动实现自己的根本利益，在特殊的社会条件下，新闻事业也可能会逐渐成为阶级斗争的重要工具。因此，新闻舆论传播中的职业道德教育具有社会阶层控制特征，它必定也应当具有鲜明的社会阶层主义色彩。

新闻传播行业道德的阶层分析，绝对不能简单、绝对。我们在强调新闻传播的职业道德阶层特征时，同样重视新闻传播职业道德所具有的普遍适用性。因为人类在新闻传播实践中，除了鲜明的阶层利益之外，还存在着一些超越阶层利益的人类共同需求，如对真实信息的要求、反对在新闻中传播色情信息来保护儿童健康成长的要求，等等。这一切都使新闻传播行业道德有一些不依靠阶层利益的因素，体现了这些因素的道德规范，体现了道德规范的各种形式，阶层新闻事业的道德规范也是如此。

（二）职业和大众化的统一性

新闻传播职业道德在人类特殊的新闻传播实践中形成，具有鲜明的职业特点，也有自己的调整对象和范围，这就是所谓的新闻传播职业道德，也是职业道德的一种共同特征。

新闻传播与教师、医务工作等有所不同，教师和医务人员基本都是由经过长期专业培训的专业人士担任，它们形成了不同的专业团体，与社会普通大众形成了一道壁垒。而在现代社会里，尽管新闻行业是新闻传播的主要力量，但是，其他方式的新闻传播活动依然存在，发挥着不可忽视的作用，更重要的是，民主社会的新闻事业应该是高度开放的，新闻媒体一般都会通过多种途径、采取种种办法吸引受众参与，如在报纸上开辟读者来信专栏、在广播节目里开设热线电话栏目等。而在网络时代，由于网络的进入门槛相对于传统媒体来说要低得多，所以出现了所谓"媒体民间化"的趋势，参与信息传播活动更成为许多普通老百姓的家常便饭。从某种意义上说，社会生活中的每个人都在从事着各种形式的新闻传播活动。

新闻传播职业道德尽管带有鲜明的职业色彩，却有许多规范也不适用于社会大众。但是，由于各类新闻传播活动本质上的接近性，导致新闻传播职业道德与社会大众遵循的道德规范在很多地方又是相同的，它们之间存在着相互联系、相互影响的关系。一方面，新闻传播职业道德的基本原则对于参与新闻传播活动的普通大众有着同样的约束力，如向媒体投稿时也必须确保报道内容的真实性。另一方面，社会大众的道德规范对新闻工作者的职业活动也不无影响。新闻从业人员必须认识到他们的职业不允许他们偏离人类的基本价值准则，尤其是指导人与人之间交往的那些准则。

（三）团体责任与个人责任的统一

伦理学理论认为，道义责任的主体一定是自然人，对比这种说法，新闻传播中的道德责任无疑指各类新闻工作人员。但是，正如前面所说，现代新闻传播行业具有很高的组织性，各类新闻工作人员都隶属于不同的新闻机构，在传播新闻过程中担负着某一环节的责任。[①] 而根据现代组织的理论，媒体机构虽然不能离开单一的新闻工作者，但在该机构中单一新闻工作者之间的合作构成了媒体超个人的整体宏观组织，这种行为有一个不能归并或还原成任何个体的独特性，也有一个不能由单人承担的特点。因此，在当今中国新闻事业不断壮大集中发展成为一个庞大的媒体集团时，我们更要特别强调，每一个新闻媒体都必须是社会道德行为的一个主体，它必须拥有一切媒体应当能享受的，达到单个媒体新闻工作者在正常工作情况下所应该能享有的权利和义务。这些媒体管理机构新闻从业人员的个人行为、管理能力，直接决定着媒体本身所要承担的集体责任，而这种集体责任本身也是不能完全

---

① 　梅尔文·L.德弗勒等：《大众传播学诸论》，华夏出版社1989年版，第10页。

代替个人的责任的。

四、网络时代新闻传播生态与专业精神的重构

美国著名学者克莱·舍基在《人人时代：无组织的组织力量》一书中提出，由于互联网的兴起，人类社会许多行业职业类别界限开始变得模糊，出现了"大规模业余化"现象，而传统媒体行业则首当其冲。一方面，大众传播业的传统商业模式走到尽头，媒体机构作为大规模的职业机构存在的形式难以为继，"去规模化"已成为当下新闻传播业的方向。另一方面，专业新闻工作者对媒体及媒体机构的依赖性大大降低，信息传播"去中介化"具备了现实可能。这两方面因素导致的直接后果是，大众传统媒体在整个信息传播格局中处于的中心地位一去不复返。人类将逐步由大众传播带领着走入以"去中心化"为特征的大众传播时代。

但是，也正如克莱·舍基所说，大规模业余化的兴起，让专业与业余之间的关系变得模糊，"业余人士和专业人士之间的界限不是一个裂缝，而只是坡度上的分别"，但是，这并不意味专业新闻的消亡，而是更高程度的专业化以及对专业精神的重构。

网络新媒体正在重构人类的新闻信息传播生态，但不会改变人类对新闻信息的根本需求。对高品质新闻的渴望，既是人类本性的需求，也是民主制度良性发展不可或缺的需求。

重构中的新闻传播生态可能会在很大程度上颠覆现有新闻传播的基本格局，一种全新的新闻实践方式正在孕育之中，一批真正热爱新闻传播的专业新闻人士正在重新集结，人类的新闻传播不会离开专业化路线，专业传播机构、专业新闻工作者都不会消亡，公众对其专业能力、专业操守的要求将会越来越高。

新闻专业主义强调的独立与客观，都有非常珍贵的价值，它不因技术的改变而丧失意义，只不过需要根据环境的变化而重新定义其内容。

（一）放弃专业自负，强调新闻的对话属性

传统上的"专业"，意味着设立一定的职业准入门槛，建立有别于大众伦理的专业伦理规范，成立专业协会，追求专业自治。这道壁垒的存在，维系了专业的基本水准，但是，也容易形成专业人士的某种程度上的专业自负。

随着网络的兴起，新闻传播业大规模进入业余化时代，新闻传播成为一个职业的前提条件已经改变，专业壁垒已然被打破，在这种情形下，专业媒体人需要在与公众的对话中塑造公信力，重建专业尊严。

第一，以积极的姿态邀请公众参与新闻生产。一个真正的、具有开放心态的新闻工作者，对于一个在网络时代寻求机会参与到新闻传播中的公众，不是竞争对手，而是盟友和机会。网络时代公众参与新闻传播，可以是"众筹（crowd-funding）"，公众以小额捐助的方式资助专业记者从事特定选题的报道，为以调查性报道为代表的优质新闻业提供新机会，这是公众用钞票投票，为新闻从业者的报道选题进行的把关。更为直接的参与方式，是将互联网中的"众包模式（crowdsourcing）"广泛运用于调查性新闻。

公众参与新闻生产，对公众与新闻工作者，是一种相互赋权的过程。以各种方式参与新闻传播活动，让普通公众养成关注公共话题的习惯。而对媒体及新闻工作者而言，众筹为新闻工作者找到了摆脱商业与否的良好途径，公众利用互联网平台参与新闻传播，大大提升了新闻工作者的力量和效率，以前成年累月完成的工作，现在利用"无组织的组织力量"，会在更短的时间完成。

第二，聆听公众最严苛的批评。新闻传播开启对话模式，不再是一次传播行为的结束，而是开始。由于技术改变了受众反馈滞后的问题，许多权威媒体引用权威消息来源的报道在基本事实层面都遭到公众有理有据的广泛质疑，很多严重的失实现象被揭露。而在价值层面，公众对同一条新闻往往会有多元的解读。这一切都在提醒新闻从业者，在网络时代，任何机构和个人都已无法垄断对信息的发布，也无法垄断对某一个新闻报道意义的赋予。

（二）把新闻传播过程的公开、透明作为新闻客观性最重要的实践方式

由于传播的去中心化，传播主体多元，政府机关、商业企业、各种利益集团都通过网络向公众直接发声。在这样一个错综复杂的传播生态中，要塑造传播公信力，唯一的途径是专业新闻从业者除了具有更高的传播技巧、更专业的水准外，还要表现出更多的坦诚。在新媒体时代，对于新闻从业者来说，满足受众知情权，不仅仅是为公众提供更多的公共信息，还要主动向公众公开自身相关情况及新闻生产过程。总体来看，需要向公众公开透明的事

项，包括以下几个方面。

第一，报道经费。传统媒体强调"编辑与经营分开"，用这一制度保证编辑独立，不受商业经营的影响。在新媒体时代，媒体往往是一个非营利性的小型团队或个人，这时，"编辑与经营分开"这一原则显然已不适用，因此，对专业生产新闻的媒体来说，向社会公众公开每一项报道经费的来源、数额、使用明细，让公众自行判断报道是否受到利益支配影响，这是非常有必要的。

第二，报道动机。新媒体时代的新闻从业者应该向公众交代清楚以下问题：我为什么要做这一选题？这一选题的公共价值在哪里？个人报道对象是否存在利益关系或恩怨纠纷？等等。

第三，报道过程。采访对象有哪些？这些采访对象是否为事件亲历者？如非亲历者，他的消息来源是什么？采访对象是主动找记者报料还是被动接受采访，采访对象对相关问题是否足够专业？等等。当然报道过程的透明这一原则，有时可能要受到为消息来源保密、为当事人隐私保密等因素的限制，这一问题比较复杂，这里不做专门讨论，但一些报道中的特殊情境并不足以挑战透明公开这一基本原则。

第四，报道局限性。新闻工作人员要对自己的专业局限有深刻的省察，向公众坦承报道存在的缺陷。不隐瞒自己可能的偏见。学者从事学术研究，提交的研究报告及论文中都要求如实报告本项研究存在的主要缺陷。负责为人民群众提供新闻事实的报道工作，当然更应该借鉴这一要求了。

（三）专业媒体人应有更纯粹的公共关怀

新闻专业主义强调维护公共利益，但是传统大众媒体往往有两个局限：一是传统新闻价值观强调具有矛盾冲突和产生悬念的事件才具有新闻价值；二是媒体看重受众的商业价值，强调以所谓精英强势人群为目标受众。

这两点，对于一个商业机构而言，完全符合市场逻辑。但是，从大众媒体应担当的社会责任而言，消极影响也是非常明显的。首先，它往往造成媒体对很多重要社会意义题材忽视；其次，造成社会弱势群体的媒体需求不能得到基本满足；最后，弱势群体的声音及利益诉求往往失去有效的表达渠道。

长期以来的实践表明，以上这些问题，很难通过市场化手段去解决。但是，当有更多的媒体利用新媒体发展的契机转型为非营利性机构时，也为这些问题的解决提供可能。因为在新媒体时代，一方面，由于有大量业余人士会在新闻热点现场提供大量碎片化信息、影像，专业新闻工作者在更多的时候，可以从一些初级的报道事务中抽身出来。另一方面，专业的新闻从业者可以就某一社会现象的研究和报道，通过众筹或申请基金会支持等方式实现目的，这样就可以摆脱专业媒体的常规时间压力，通过借鉴一些社会科学领域常用的研究方法，做比较深入的报道。

第三节　新闻传播职业道德的社会功能

新闻传播职业道德是应人类社会新闻传播活动发展的需要而出现的，它的基本功能是协调新闻传播过程中的各种利益关系，为新闻事业的健康发展创造必要的条件，为新闻工作者的从业方式提供指导。因此，加强新闻传播职业道德建设，既是社会公众对新闻事业的一种期待，也是新闻事业发展的内在要求。它对新闻工作者、整个新闻传播行业、全社会道德遵守都具有重大影响力。具体来说，我们可以从以下几方面认识新闻传播职业道德的社会功能。

一、提升新闻工作者的社会地位

现代社会，新闻工作者是一个为社会所尊重的群体。"无冕之王"等各类对新闻工作者的称呼，也反映着新闻事业及其从业人员的崇高社会地位。之所以如此，是因为新闻工作者们拥有为社会生活所必需的专业知识和技能，使他们握有影响社会的强大力量。更重要的是，他们所追求的以增进社会福祉为己任的理想，使他们具有高尚的职业情操。

可以说，尽管新闻专业主义还是一个广受质疑的话题，但是，不可否认的是，长期以来，新闻行业的专业主义追求仍获得了相当大的成功。西方有学者提出，一个职业转变成一个专业，需经过五个阶段：第一，开始努力成为专职或全日制的职业；第二，建立起训练学校；第三，形成专业协会；第四，赢得法律支持，也能自主掌管自己的工作；第五，专业协会公布正式的道德准则。我们从中不难看出，在一个职业向专业化的努力进程中，建立相应的职业道德准则是至关重要的，它是一个职业提升社会地位的过程中不可或缺的要素。

新闻事业专业化的历程也说明了这一点。尽管人类社会生活离不开新闻传播活动，但是，在现代新闻事业出现后相当长的时间内，新闻传播并不被视为一个高尚的职业。中国新闻界先驱戈公振先生在《中国报学史》中谈到当时中国记者的社会地位时说："记者之职业，誉之者至谓为无冕之王，而在首则不敢以此自鸣于世也。"另据《上海闲话》一书记载，当年左宗棠在给友人的信中曾有"江浙无赖文人、以报馆主笔为之末路"之语，但当时社会舆论并不觉得左宗棠这种贬斥新闻从业者的话有什么不对。因为在当时的人们眼中，在报社做记者、做主笔，都是不太光彩的职业，属于搬弄是非的轻薄之徒，委身报馆者，大都是落拓文人，呓狂学子。当时社会各界的这种看法，固然有偏见的成分，但戈公振先生也指出："各埠访员人格，犹鲜高贵，则亦事实之不可为讳者"时的报纸内容琐屑无聊，而当时的新闻工作者也如著名学者谢六生形容的"有敲竹杠的流氓，有公然索诈津贴者，有专门叨扰商家食的，有奔走权门以图一官半职的，种种丑态，罄竹难书"。在这种情形下，新闻从业者的社会地位低下也自在情理之中。到了梁启超等一批致力于挽救民族危亡的知识分子投身报界之后，中国新闻界的气象才为之一新。梁启超等人对中国新闻事业的贡献很大，而其中最重要的是，他们提出并制定了中国新闻史上最早的职业规范。如梁启超为 1904 年 6 月创刊的《时报》所撰《发刊例》中明确提出："本报论说，以公为主，不偏徇一党之意见"；"本报论说，以要为主，凡所讨论，必一国一群之大问题"；"本报事，以确为主，凡风闻影响之事，概不登录，若有访函一时失实者，必更正之"；"本报纪事，以直为主，凡事关大局者，必忠实报闻，无所隐讳"；"本报记事，以正为主，凡攻讦他人阴私，或轻薄排挤，借端报复之言，概严屏绝，以全报馆之德义"。这些规范，已经体现了现代新闻传播职业道德规范的基本精神，这批优秀的知识分子在办报过程中，身体力行，表现出了高尚的理想和职业操守，令社会各界对新闻界刮目相看。正如戈公振先生指出的："梁启超等学者出而办报，声光炳然，社会对于记者之眼光乃稍变矣。"

总之，现代民主社会中的新闻工作者是一个享有很高社会地位的精英团体，而作为这种地位的一个重要保证，则是其职业道德。这个职业的社会地位的高低，取决于公信和社会尊重，而是否拥有以及在多大程度上拥有社会关注度，在很大程度上又取决于社会对它的道德评价。新闻传播职业道德不仅使新闻职业具有足够的职业道德内涵，而且还因为这种职业道德所贯穿的服务于社会的精神，而使它同时具有充分的社会道德内涵 。正是这种充足的道德内涵，才有效地支撑和巩固了新闻职业的社会地位。

二、营造社会公信力，提高传播效率

信息经济学告诉我们，社会分工带来了现代文明，也加剧了信息的分化。这一原理在新闻传播中也是适用的，如果没有新闻传播活动，现代社会高度发达的新闻传播事业是不可想象的事情。但我们把现代新闻传播活动看作一个新闻信息的生产、交换与消费的话，新闻信息的传授双方存在着严重的信息不对称。在这一过程中，传播者掌握着传播的主动权，传播者的绝大多数工作过程都无法进入受众视野之内，媒体选择报道哪些事实、不报道哪些事实，媒体的决策过程受哪些因素的影响等多数情况也都是受众不知道的，更重要的是，大多数受众缺少对媒体报道内容真假的判断能力。

这种信息不对称性的存在，使新闻传播在事实上存在着一种道德风险：受众有可能在付出相关费用后获得的只是一种劣质信息服务。这种道德风险是每一个理性的受众都不能不考虑面对的一个严峻问题。这一道德风险使新闻传播面临两个问题：

一是导致媒体的传播可能是低效率的。媒体的效率是指新闻媒体组织通过新闻的制作与传播所取得的实际社会影响。新闻媒体的工作效率与新闻传播的效果是密切关联的，效果越好，效率越高，其成效的大小取决于新闻对接收者的实际影响程度，效果是衡量效率高低的最主要的标准。在存在道德风险的情况下，受众对传播媒体心存怀疑，媒体的传播自然很难取得好的效果。受众的这种不信任发展到一定程度，就会变成一种逆反心理，如媒体对某人的正面宣传反而会引起媒体受众对他的反感，而媒体对某人的批评性报道可能会提升他在公众中的影响力。在这种情况下，媒体的传播完全是低效的、完全无效的，甚至是反作用的。

二是导致受众对媒体的正常需求受到抑制，媒体市场得不到充分培育，甚至出现萎缩。正是因为人类对新闻信息的需求刺激了新闻传播事业的发展，从这个意义上讲，受众的需求是新闻事业发展的不竭动力。但是，在存在上述道德风险的情况下，由于受众对媒体传播普遍存在不信任，受众对媒体的需求因此受到抑制，表现为报纸发行量严重下降，广播、电视的听众和观众人数的严重减少等。新闻信息消费的正常需求不旺，市场萎缩，必然使新闻事业失去发展的动力。

由于传播道德风险可能导致的以上两个后果，所以说，道德的滑坡对新闻传播事业发展的消极影响是十分明显的，因此，采取积极措施化解道德风险就成了新闻传播事业发展的当务之急。新闻传播职业道德在这一过程中凸显出其不可替代的重要性来。要化解道德风险，新闻从业者除拥有丰富的专业知识与不断提升专业技能外，首先要借助种种科学有效的方法与途径，了解受众的愿望和要求，倾听他们的建议与呼声，急受众之所急，想受众之所想，通过与他们的广泛接触与沟通交流，建立起一种相互信任、相互尊重的情感关系。其次，要通过多种方式增强自身工作的开放性与透明度，让受众了解新闻传播的过程，以增进理解，并自觉接受受众的监督。最后，最重要的是媒体工作者要把社会责任放在第一位，始终坚守真实、客观、公正、全面这些基本职业规范，敢于坚持真理。

做到了以上几点，新闻媒体就能够确立一定的社会公信力，成为广大受众可以信赖的获知新闻、了解天下大事的可靠渠道。只有获得了社会公信力，新闻传播者的工作才会以高效率运行。一些著名大报能够历经坎坷，成功地挑战那些不利于新闻事业生存发展的种种障碍，成为传播界的百年老店，一个很重要的原因就是它们以高品质的内容和力求合乎道德的传播行为赢得了公众的信任，它们的传播活动赢得了社会的尊重，也获得了良好的经济效益。而相反，新闻传播史中的大量实例也表明，媒体如果失去了社会公信力，一个社会的信息传播系统必将陷入一种低效率的困境中，为社会秩序的安定埋下了隐患。

三、新闻传播职业道德的提升和示范作用

在调整新闻传播各种利益关系时，调整新闻传播行业道德的同时，对整个社会的道德发展起着极其重要的作用。这是由新闻传播行业本身的特点所决定的。

第一，伦理学认为，在社会上处于不同阶级、不同阶层之间的行为，其

道德影响是不同的。地位越高，影响越大，行为感染的作用就越强。从职业上看，越充分地体现了社会的公共性，它涉及的事务就越重要，涉及范围就越广，职业道德建设在社会上的重要度就越大。我们在前面说过，在当代社会中，新闻工作者的影响力几乎是无可比拟的，新闻工作人员是一个拥有很高的社会地位的专业群体，因此新闻记者、公务员、行政人员等都属于必须优先考虑的加强职业道德建设的范围。新闻工作人员良好的职业道德风格不仅促进了新闻工作人员的健康发展，也将在整个社会的精神文明建设过程中显现出良好的示范作用，成为社会道德水平提高的重要力量。相反，新闻传播中道德不端的行为，就会愚弄观众，失去公信力，阻碍精神文明的建设。假新闻等对人们社会日常生活的各种负面影响比其他社会行为方式要大得多，如果被人们揭穿了，就可能会直接使我国社会全体成员感到备受愚弄，从而直接导致整个社会的思想道德水平严重下降。

第二，道德关系的维护离不开舆论压力，从这种意义上说，促进社会道德建设是新闻媒体在社会中的重要作用。信息得以及时准确传递，就会让一个人、一个行业、一家企业的做法受到社会监督，因此，对维持社会道德机制具有关键作用。经济学家张维迎教授说："新闻媒体和通信业的发展对于建立信誉具有重要意义。国际研究表明，国民的信任度与人均媒体普及之间存在显著关系，媒质普及度高的地区，人们对道德遵守度比较高，骗子的数量都大大减少。但张维迎教授还指出："这里的前提是，媒体必须传播真实的信息。一个社会，如果传媒说假话，伪劣的冒充就很容易流行。"① 如果传播新闻行为的人严重不规范，在收到贿赂后，对某些人或企业的严重违法行为，视而不见，匿而未报，或出于各种目的，发表某些有害他人名誉的言论，发表无据颂扬与污蔑某些人或企业名誉的文章，等等。这些行为经常出现，就意味着社会舆论监督体系的瓦解，全社会各行各业均不再具有加强道德建设的推动力。

第三，新闻媒体以人的音像系统为主，通过视听媒体向大众传播多种信息。心理实验表明，反复使用于人体听觉神经系统中的东西，久而不复存在，会很大程度地积淀到人的意识之中。考虑到新闻媒体在现代社会中的优

---

① 张维迎：《产权、政府与信誉》，生活·读书·新知三联书店 2001 年版，第 17 页。

势，新闻传媒与学校、家庭等共同促进道德教育，可以推动社会的道德教育取得成效，促进人们的社会良知得到弘扬。但另一方面，现代新闻传播媒体尤其是广播电视，其传播性质基本上是单向灌输，受众处于被动状态，加之新闻传媒必须靠商业广告来维持其生存和发展。这两个因素相加，"都使大众传媒难免含有诱惑性、麻痹性、操纵性甚至欺骗性等成分。这不但使它有可能破坏并消解个体良知，而且还可能动摇社会道德的潜在危险"。[①] 可见，要使新闻传媒成为社会道德教育的强有力工具，需要加强新闻传媒职业道德建设，增强新闻工作人员的社会责任意识。

综上所述，新闻工作人员的道德形象、新闻媒体的道德水平对社会道德建设产生了特别大的影响。新闻传媒可以作为道德教育的一种重要方式，也可以作为维护社会道德的一种重要手段，新闻工作人员也可以作为整体社会的示范。但是，这一切都要保持一个更高的职业道德标准，这是新闻工作的前提。如果新闻职业道德出现严重下滑，就会引发全社会大范围的信任危机、价值观念错位，社会环境也会出现严重的裂变。

第四节　新闻传播职业道德与新闻传播法规的关系

人类的新闻传播活动存在着各种复杂的利益关系，为了解决新闻传播中的价值冲突与利益纠葛，需要借助种种手段，通过多种途径对新闻传播活动进行调节控制。新闻传播规定和新闻传播职业道德两个重要内容，它们是密切相关的，但又有着明显区别，它们在人类新闻传播的实践中起着各不相同的作用。

一、新闻传播职业道德与新闻传播法规的共同点

（一）目的一致

新闻传播的职业道德和新闻传播规定一样，都起源于人类社会对新闻传播活动的存在和发展，是维护新闻传播活动正常秩序，保证其存在和发展的一种基本方式。它们是随着人类传播活动的需要产生，并随着人类传播活动

---

① 肖雪慧等主编：《守望良知》，辽宁人民出版社 1998 年版，第 260 页。

的发展而不断完善的。当然，对两者的最终目标来说，新闻传播职业道德和新闻传播法规都是根据人类的需要和选择而制定的，自然就有优劣和善恶之分。在特定的历史年代和特定的地区，我们可以看到，有些新闻传播规定与新闻传播职业道德的目标背道而驰。但是，我们对两者的优劣和善恶评价是一致的、客观的，新闻传播职业道德和新闻传播法规都体现了协调新闻传播过程的各种利益关系，为新闻传播事业的健康发展提供了必要的遵循。正如学者许纪霖所说："处于现代法治社会的法律整合道德纽带必然是由一种法与律的道德共同维系的，其背后的所有价值道德资源都不是来自同一个法律终极道德存在，如果这种最终存在价值日益被毁和亵渎，社会就不复再拥有共同的法律终极道德信仰，所有新的法律道德规范和所有道德准则体系都将无所作为依托，也无所凭借。"①

（二）内容相互包含

如果把现行世界上各国新闻传播的职业道德标准与新闻传播的法规进行比较，就会发现这两个标准中的许多内容相互包含。如维持新闻的真实性，新闻报道不能侵犯他人的名誉权、隐私权，媒体应该进行正当的竞争，等等。新闻工作人员在新闻传播职业道德和法规内容的相互包涵性表明，两者之间存在着密不可分的渊源。如果要追溯，所有道德和法律都从人的生活习俗和社会惯例演变而来，新闻传播的职业道德和新闻媒体法规也是如此，它们都是由人类社会约定俗成的规则发展而来，并在新闻媒体传播活动中发展而来，两者的内容相互包含。

二、新闻传播职业道德与新闻传播法规的区别

新闻传播职业道德是新闻媒体在发展过程中追求业务自治的一种自律规范，是新闻媒体职业道德的一种方式，通常由新闻媒体行业组织制定。瑞典的舆论家联谊会、美国的报纸编辑协会、美国新闻记者协会，以及我国的中国新闻工作者协会均颁布了一系列的职业道德标准。一些媒体还根据其自身需要，制定了内部的职业标准和要求。此外，一些知名的新闻教育机构也提

---

① 许纪霖：《终极关怀与现代化——读托克维尔著作述感》，引自 http://www.rongshu.com。

出了一些新闻传播的职业规范，其中最著名的是 1908 年由美国密苏里大学新闻学院院长 wlterwilliams 为学生制定的"记者守则"。

而关于新闻出版法规的传播，是一个国家传播法律法规制度的重要组成部分，世界上关于新闻的传播立法形式各异，大体上可以划分为以下两类：一种是国家制定专门的传播新闻法或传播出版物的新闻出版法，也被称为新闻传播出版法，如现在法国、意大利等国的新闻出版法。[①]另一种是没有特别的新闻法，相关新闻活动规范散见宪法或其他普通法，如英、美等国家。但无论哪种类型，它都是国家立法制度的一部分，是由国家立法机构遵循某种立法程序确定的，是国家意愿的体现。一个阶层在没有政权前，只要具备体现这一阶层利益的新闻工作，就可以形成这一阶层的新闻传播职业道德，而只要这一阶层夺取了政权，成为统治者后，才能通过国家立法机构将这一阶层的意愿上升到国家层面，颁布体现这一阶层意志的新闻传播规章。

新闻传播的职业道德和新闻法规的产生方式不同，但却决定着新闻发展的前途。新闻传播法规的历史命运，与国家和政权机构的命运是密不可分的，如果国家基本制度和政权机构已经不再存在，那么国家的新闻传播法就不再有或改变性质了。而新闻传播的职业道德受到国家政权机关更替的影响较小。另外，从长远看，新闻传播法规将随着未来人类社会阶级、国家的消亡而消亡，而新闻传播职业道德在有新闻事业的任何社会里都会继续存在，并不断发展。

新闻传播的职业道德和新闻决规的实现方式不同。道德是人的自律基础，道德作用或多或少地以人的良知觉醒为前提。新闻传播的职业道德规范，要起到对传播实践的影响，必须通过新闻工作人员的认识、选择来实现，道德规范将在整个行业内形成一种心灵信念，使其成为推动新闻工作者自己的内心良知。当然，传统的习俗和社会舆论造成的外部压力，也是维护新闻传播职业道德的一支重要力量。由于新闻工作人员具有广泛的社会性，而且新闻工作人员一直是社会的关注焦点，所以新闻工作人员在传播新闻时，一旦违反职业道德，便会受到公众和舆论的广泛谴责。因此，社会舆论在维系新闻传播职业道德中的社会作用更是不可忽视。但是，传统习俗和社

---

① ［美］哈耶克：《通往奴役之路》，中国社会科学出版社 1997 年版，第 3 页。

会舆论之间的外部压力，也只不过是一种物质的外部强制，它归根到底都是通过错综复杂的人格内在性质来起作用的。尤其是像新闻工作者这样的特殊群体，对他们的行为进行调整更应该侧重于责任、义务、良知和尊严。这些体现人的信仰更高层次的心理机制，使他们遵守职业道德中的内在需求。因此，舆论等外在力量只有与新闻工作者的道德感相互交融，才能形成维系道德的最深刻的力量。

而新闻传播法规的实行则不一样，新闻传播法规必须依赖建立有组织的社会制裁机构，即依靠国家的强制力以确保它的实行。尽管我们特别强调加强新闻工作者法律意识的培养和守法行为的自觉，但新闻传播法规对新闻工作者的规范，并不一定是以新闻工作者主体性为前提，也不一定是经过新闻工作者认知、选择和内化，才能支持的强制性的国家行为。与新闻传播职业道德相比较，新闻传播法规是一套更严格、更不受主观意愿干扰的法律程序，新闻传播法规的权威性更强。

新闻传播的职业道德和新闻传播法规的表现形式不同。当代著名学者哈耶克指出："法治的意思是，政府在一切行动中都受到事前规定和宣布的规则的约束，这一规则使得一个人有可能非常肯定地预见到当局在某种情况下会如何使用其强制权力，并根据对此的了解计划其个人事务。"[1]哈耶克在这里所说的"事前规定和宣布的规则"，无疑指的是各种法律规则。法律规范的作用，很重要一点是，法规的规定必须十分明确，不能模糊一谈，除了明确禁止做什么事外，还必须明确规定，如果有违反法律的规定，责任人会受到什么惩罚，承担何种后果。新闻传播法规亦是如此，新闻工作者可以由此预测自己的行为可能产生的后果。新闻传播规则由此发挥了对媒体传播者行为的约束作用。

道德内容在人们的意识中存在，并通过言行来表现。虽然新闻传播的职业道德也有多种形式，但如果把它与法律规定的条文进行比较，就会发现，新闻传播的职业道德仅仅是一些原则规定，比较抽象。它或者倡导新闻工作者用高尚的道德情操进行新闻传播，或鼓励媒体积极进取，这些规范中的许多内容都具有理想化的色彩，它们是新闻工作者对自我实现和自我完美的需

---

① ［美］哈耶克：《通往奴役之路》，中国社会科学出版社 1997 年版，第 3 页。

求。新闻传播的职业道德当然也存在一些限制性规定，但是没有对违反这些规定的人进行任何惩罚，如果他们违反了这些规定，大多只能谴责而无法惩罚。

三、新闻传播职业道德与新闻传播法规的相互作用

从上述论述中可以看出，新闻传播法规和新闻传播职业道德是维持新闻传播秩序的两个基本机制，它们联合起来为新闻传播提供了一个相对自由的空间。人类的新闻传播包含着复杂的利益关系，单靠新闻传播法规或者新闻传播职业道德都不能满足对新闻传播工作的需求，新闻传播职业道德和新闻传播规定并不对立，更无法相互替代，它们具有共同性和差异性，它们之间有着相互协作、相互调和、相互影响的密切关系。正确地认识这种关系，使之彼此加强，相互补充，便能充分发挥协调功能，规范行为意志。

（一）新闻传播职业道德对新闻传播法规的作用

1. 新闻传播工作人员遵守职业道德为遵守新闻传播法规奠定了基础

美国霍姆斯法官说："法律乃是我们道德生活的见证和外部积淀。"[①] 具体地说，新闻传播法应该以保护新闻传播职业道德为立法基础，以保护新闻自由，加强媒体的社会责任为立法宗旨，即新闻传播规定的存在具有价值合理的正当性，而不应成为阻碍新闻传播事业发展的一种力量。在这个观点上，我们并不赞成法律和道德区别的绝对性。我们认为现代法治社会所需要的法律法规，必须把道义作为基础。它应该是一种价值的存在、道德的存在。

2. 新闻传播职业道德对新闻传播法规具有多方面的补充作用

所有的法规，包括新闻传播法，都有自己的局限性，新闻传播中许多问题的解决，仅靠新闻传播法规的解决是不够的。为什么？

第一，新闻传播法规是国家法律制度的重要组成部分，它必须遵循一整套严格程序，这一特征使得新闻传播法规在本质上具有反应性，它很少可能会预见到问题，也很少可能会有不平等的问题，它只是要对已经存在的问题进行调整，即对出现的问题作出反应，通常是极速的反应。因此，新闻传播

---

① 转引自 [美] 博登海默《法理学：法律哲学与法律方法》，邓正来译，中国政法大学出版社 1999 年版，第 376 页。

过程中发生的许多新矛盾、新问题都无法通过新闻传播规定来解决。如果媒体和新闻工作人员承担着道德责任，那么就没有必要等待新的法律或法规的出台，而是由规定自行作出的，就可以在一定程度上解决问题。比如，网络传播行业形成后，网络迅速发展，使得人们在几个世纪以来一直致力于探索知识产权保护的措施。一件作品被搬上网络，复制和迅速蔓延易如反掌，其成本可以忽略不计。因此，在网络传播方面，著作权保护面临着前所未有的挑战，传统著作权法在这一问题上显得毫无力量。而事实上，一个有着严格自律的新闻传播人是不可能会因为他在网络环境下，就肆意妄为的。正如著名 IT 评论家方兴东博士所说："网络版权意识和法律健全还需要很多年的时间。但这个问题应该首先是道德，然后是法律。"埃瑟戴森说："最大的原则是，千万不要非法使用那些不属于你的东西来赚钱。""我们走了一步，那些淡去他人的名字，纯粹是为了获得利益，我们闭上了眼睛。但是，把别人的事情赫然地写上他自己的名字，以达到双收利益的效果，那就不只是恶心了，而且很丑陋。许多法律还没诞生，但是人类的道德感应该永远存在。"[①]

第二，法律要在实施过程中兼顾程序和实质上的正义，同时要考虑社会各方面的利益平衡，以维持社会根本利益的平衡。因此，就许多具体的问题而言，法律裁决不能在合理和合法方面同时获得最优的成绩。如世界各地许多国家的法律，在媒体舆论监督和公民人格权的角度上，一般都倾向于优先保护媒体舆论的监督，从维持社会基本利益的角度来考虑，这是很正确的。但是，这一法律应该建立在传媒和新闻人员严格的自律基础上，否则极有可能导致新闻自由泛滥。例如，美国新闻历史上的经典判例"沙利文诉纽约时报案"，法院裁定《纽约时报》获胜的判决明确规定，媒体"犯错的权利必须得到法律保护"，但该规定并不应成为媒体和新闻工作人员在新闻真实性上降低标准的借口，而应该是法律规定的。法律裁定，媒体可能胜诉，是为了加强媒体监督公众，维护民主社会的根本利益，但作为负责任的媒体，应该认识到传媒在工作上的错误是难免的，但错误最终仍然是错误的，在获得了法律支持之后，还应认真反省自己的行为是否能够经过伦理的追问。如果以此作借口，认为只要对该案中所称的公共人物进行过真实调查，就不需要

---

① 方兴东：《首先是道德，其次是法律》，转引自 IT 写作资源网。

认真对其进行核实，那么最终会出现一些美国学者所指出的那样："《纽约时报》诉沙利文案也同样是敌意歪曲事实真相的恶人，为许多一心想要弄清独家新闻的无能者，以及为许多懒惰的记者编写文章。这里提供了绝佳的避难所。"[1] 因此，我们一致认为，新闻舆论传播人的职业道德在这一点上对加强新闻舆论传播纪律法规建设起到了很好的合理平衡协调作用。

第三，新闻自律比其他规定要高，是一个成本低效的约束。加强新闻传播职业道德建设，提高新闻工作人员的法律意识，建立良好职业规范，新闻传播就可以大大减少对法规的需要，从而极大地提高新闻传播效率，并降低传播成本。近年来，中国由新闻报道引发的侵权案数量居高不下。打新闻侵权官司，无论对新闻媒体还是对报道的人，都没有好处，双方都要为此投入大量的人力、物力，最后无论结局如何，都要付出重大损失。要有效地防范、减少诉讼，需要方方面面的共同努力。但就媒体及新闻工作者这一方来说，大力加强新闻传播职业道德建设是非常重要的。大量诉讼实践表明，除了一些人滥用诉讼权，对媒体的正当监督进行恶意不实诉讼的情况外，只要新闻工作者在工作中严格自律，遵循职业规范，如在采访写作中严格按照新闻客观性要求，对有争议的问题做平衡报道，将对事实的报道与评论区别开来等，有许多新闻官司是完全可以避免的。而有一些即使已经酿成诉讼，只要媒体按照职业道德规范的要求进行，及时履行更正与答辩等义务，完全也可以得到当事人的谅解，使诉讼得以化解。

3. 加强新闻传播职业道德建设，对实施新闻传播法规起到举足轻重的作用

新闻传播法的实施，当然离不开强制性的国家保证，但正如古人所说的"徒法不足以自我管理"，它需要其他方式的配合，新闻传播行业道德是一种重要手段。仅仅依赖国家的强制性，新闻传播规定的实施效果并不理想。而加强新闻工作人员的道德建设，必须增强新闻传播的法制概念，通过新闻传播的职业道德建设，新闻工作人员不仅可以提高他们自己的新闻传播职业道德水平，同时也可以加深他们对新闻传播法规的理解，提高对新闻法律和执

---

① 转引自 [美] 卡尔·霍斯曼《良心危机——新闻伦理学的多元观点》，胡幼伟译，台湾五南出版公司 1995 年版，第 238 页。

行新闻传播规则的自觉性，不仅可以自觉遵守新闻法律，而且还可以自觉遵守规定，并能以主人翁的姿态维护新闻传播法规的尊重，与一切新闻违法现象抗争，从道义上和社会舆论上支持，维护并保证新闻传播法规的执行，及时披露抵制性新闻传播的违法行为。

（二）新闻传播法规对新闻传播职业道德的作用

1.新闻传播规定的实行，有效保障了道德规定的实行

正如学者们指出，法律是与生俱来的使命，就是维系社会存在的一项基本道德义务，必须体现并保障。新闻传播的道德准则，从内容来看，大致可分为两种：一种是倡导性的，另一种是禁止性的。倡导性的规范主要是满足了新闻工作人员加强与受众的联系，促进受众和新闻工作人员的协作，提高新闻工作人员的业务水平。而禁止性规范，如新闻报道中不得对他人的权利造成损害，不得对国家安全造成损害，不得对淫秽和色情信息进行传播。主要是为了满足有序的新闻传播要求，它对一个社会的新闻传播活动正常开展，并在社会生活中发挥建设性的作用，是一个不可或缺的约束。它为人们的新闻传播活动定下了一条不可跨越的边界。但正如前面所述，新闻传播的职业道德仅仅依赖于人们的内心信仰来维系，而没有得到权威确认，也没有建立完善的体制安排，缺乏强有力的后盾支持。因此，在很多情况下，新闻传播的道德难以阻止并惩罚破坏自身的行为。要真正实现这些禁令的约束，只有把它们转变成法律的规则。新闻传播法正是在此意义上体现出对新闻传播职业道德规则的保护作用，新闻传播法将这些道德要求提升为国家意愿，并以法律规范的形式加以确定，使这些道德要求不仅是新闻工作人员的道德义务，而且成为法律的义务。这些道德要求在新闻传播法规中加入后，由国家的强制性来保证，意味着其具有两重保障，因此在新闻实践中也能更好地达到目的。

需要强调的是，我们强制采用新闻传播法来保障新闻传播的职业道德，并不代表新闻传播法规取代新闻传播的职业道德，正如前面所说的那样，要将新闻传播职业道德规范转化成法律的有限，也就是说，仅在此范围内，实施法规就可以保障新闻道德，这是合理的。超出这一范围，无异于取消新闻道德，最终还会损害媒体传播规则本身。当然，在新闻传播的职业道德领域，需要将新闻传播法规转化成具体的内容，并随着社会环境和新闻事业的

发展而不断地变化。

2. 新闻传播规则是宣传职业道德的有力工具

法律实施的过程，也就是道德传播的过程。"当法律规定了权利和义务，并以强有力的力量维持它的权利和义务时，法律就成了强有力的媒体。每一项执法活动都代表了其对社会价值的态度和它对这些价值的承诺。"① 因此，我们认为新闻传播规定不仅是保障新闻道德原则的重要力量，而且也是推动新闻传播职业道德素质教育的一种重要手段。

新闻传播法规在实施过程中，对新闻传播的职业道德进行了宣讲。主要表现在以下两个方面：

一是所有被国家新闻舆论传播自律法规明令禁止的违法行为，也是所有违反国家新闻舆论传播部门职业道德行为规范的违法行为。因此，通过新闻传播法规明确规定了这种否定性的职业法律规定后果，对传播违反损害新闻媒体传播者的职业基本道德行为的行政制裁，就是有效地禁止传播违反新闻媒体传播者的职业道德。因为这个反面不是否定了一件人的事，就是它也肯定了它的一个对立面。否定的不良后果将会使许多新闻传播工作人员很难了解哪些新闻传播者的行为可能是不道德的，从而深刻领会真正的新闻传播职业道德。应该说，从 20 世纪 80 年代中期我国出现第一起新闻官司起，一批新闻传播媒体走上被告席并遭败诉命运，这一现象带来的社会效应是复杂的，但客观上讲，新闻道德准则的传播作用是不容忽视的，可以说，广大新闻工作者从这些反面教训中增进的法制观念和道德意识，绝对不会少于从各类正面教育活动中得到的。

二是除了制裁不良传播行为外，新闻宣传法规的作用更多的是保护新闻自由，维护媒体和新闻工作人员的合法权利，并赋予新闻工作人员一定的职业特权，使其更好地从事新闻宣传工作。随着社会新闻法规日益完善，近年来我国对新闻工作者合法权益的保护力度显著加强，如最高人民法院院长在讲话中多次提出支持人民法院对舆论的监督。对新闻记者在接受采访时遭遇围攻、打人和伤害等问题时，人民法院应严厉惩罚违法者，对那些阻碍记者

① ［美］L. 布鲁姆、P. 塞尔兹内克、D. B. 达拉赫：《社会学》，张杰等译，四川人民出版社 1991 年版，第 648 页。

采访，侵犯记者采访权益的行为，人民法院对记者的利益予以司法保障。而在司法实践中，绝大部分履行公众正当舆论监督的新闻工作人员和普通民众在诉讼过程中都获得了法律支持。应该说，法律维护新闻工作者和媒体的合法权益是对新闻工作者的积极肯定，它激发了广大新闻工作者对真理的坚持，对新闻工作者勇于披露、批判各种社会不良现象给予有力支持。这同时也反映了全国人民对新闻工作者职业道德建设的有力支持。

第四章　责任担当

本章主要阐述新闻工作者的责任担当，从新闻自由到社会责任；全心全意为人民服务；新闻要真实、客观与公正；清正廉洁，以正当方式从事本职工作；自觉遵守法律，不得损害国家、社会利益和公民合法权利；提倡公平竞争，加强协作与交流。

第一节　从新闻自由到社会责任

一、新闻自由原则的确立

新闻自由原则是早年资产阶级新闻传播的职业道德基本规范。这一基本原则，是在欧洲封建社会结束后，新生资产阶级在反对封建专制的斗争中确立起来的，并在资产阶级夺取政权和建立资本主义体制之后确立的。

新闻传播产业诞生于欧洲封建社会结束时期，其时正是资本主义商品经济开始发展的时期，后来又随着商品经济的发展而发展。进入 16 世纪以后，由于资产阶级近代的新闻传播工作开始向思想的传播转变，欧洲国家封建王朝也纷纷制定了新闻检查、督促等体系，严厉实行新闻管制的政策，对新闻传播工作提出最基本的职业道德要求。如果新闻真实性和最基本的职业道德被践踏和扭曲，新闻传播工作的正常运行将面临着严重问题。为了保持新闻传播业的生存和发展，资产阶级举起新闻自由武器，慷慨而悲壮地展开了为新闻自由进行的斗争，并在这场斗争中确立了整套新闻理论。

16 世纪晚期，英国开始出现反对封建的政治新闻，呼吁公民为言论和新闻出版自由而斗争。信仰罗马天主教的书籍印刷者威廉·卡特提倡人民应该享有自由谈论任何政治经济议题的自由，并在 1580 年勇敢地出版了人民赞成信仰天主教的一本小册子，但因此遭到残酷迫害，1584 年时他被判处了绞刑。在当代法国，伏尔泰、兰修德罗等一些资产阶级中的启蒙者和思想家，对当时封建的社会新闻出版制度和殖民统治者们的官僚报纸制度进行了无情而严厉的批判。他们认为，言论自由与人类社会的进步是通过斗争实现的。

1640年，英国十月资产阶级革命爆发后，新闻界和外部的新闻进步者们仍然继续在为英国争取公民新闻自由的激烈斗争而艰苦奋战。政论家威廉在2005年国会上发表演说，主张美国政府应该采取开放宽容的政治精神，允许公民出版自由，他以建立宗教信仰自由作为政治基础。经济学家亨利和鲁宾逊，根据现代经济科学原则和自由新闻创业者的思想，揭出了关于新闻自由的理论，强调了自由公开讨论和独立判断自由的两大重要性，因此，真理越辩越明。影响最大的作家就是约翰·弥尔顿。1644年，他在英国议会上发表了一篇演说，以雄辩之词论述出版自由，认为特许制、审查制等都是对每个人有害的事物，应给每一个人自由认识、陈述和辩论的权利，让人们自由地发表自己的意见，并根据良知进行自由讨论，这是一切自由的重要内容，也是一切自由的前提条件。这些论述新闻自由思想的著作出版了，这些论述新闻自由的思想确立了。进而成立了自由主义新闻传播理论，不仅扫清了资产阶级新闻传播的道路，也为资产阶级新闻传播的职业道德发展奠定了坚实的理论基础。

二、社会责任原则的提出

在中国资产阶级革命夺取傀儡政权和日本建立自由化的资本主义政治体制后不久，新闻传播职业道德就因为被中国新闻传播从业人员广泛滥用，变性化而成为西方国家新闻传播从业人员进一步巩固发展道德职业基础的一大绊脚石。从不愿意采取任何手段强行攻打任何党派，到耸人听闻的利用黄色广告煽情，从电视广告公司控制人对新闻报道的接受，再到资本主义垄断人对新闻的不理解，都登上了美国报坛的绿色新闻自由主义旗帜。因此，社会主体责任道德思想的不断出现和最终应用发展，成为中国资产阶级从事新闻舆论传播的一项职业道德的基本原则。

自19世纪前半叶以来，西方的一些知识界人士已经认识到，新闻传播行业者必须有社会责任，才能行使这一权利。1904年，普利策在纽约发表"北美评论"一文，这篇论述报业社会职能的文章，提出报业的社会职能问题和社会责任问题:"只有正确的理想,兢兢业业的态度,具备道德责任感,才能使报刊不屈从于商业利益,不寻求自私的目的,也不反对公众的福利。"但早期的新闻责任思想,从社会伦理和报业功能的角度出发,呼吁新闻传播从业者的言行要符合所有公民认可的社会伦理精神,呼吁新闻传播从业者忠诚于公共利益,而不屈服于商业利益,对传统的自由主义新闻传播理论还不敢有丝毫的怀疑。20世纪40年代以后,一些西方新闻传播学者对自由主义的传统新闻传播理论进行认真、深入的检讨,希望建立一个以社会责任为中心的新闻传播理论,以与自由主义的新闻传播理论相抗衡。1947年春,美国芝加哥大学出版社发行了一本小册子,正题为"自由和负责新闻业",副题为"大众传播体系报纸、广播、电影、杂志和书籍报告"。这本小册子由1944年初成立的新闻自由委员会共同撰写,13名成员是非新闻界学者,主席为芝加哥大学校长罗伯特。这本书开始就指出新闻自由面临着危机这个问题,然后进一步分析新闻自由遭遇危机的主要原因,以严肃的态度对新闻传播行业的社会责任提出了要求。它的发表,宣告了一种比自由论更成熟的新闻传播理论社会责任理论的产生,这让美国新闻界大为震惊。

社会责任论的重要观点有三个方面:

第一,新闻自由权利并非绝对权利,道德和法律是新闻自由权的行使制衡者。

第二,理性道德无法完全主宰整个人类,不是天生的就有一种人在道德上寻求真理,服从人类真理。在复杂的社会人性面前,要做到保护公民新闻自由的基本权利,需要个人或社会对其行为进行外部性的约束,需要政府提醒社会、人们密切关注其中的社会责任,鼓励他们积极运用一种理性的思维方式思考工作、明确方向。

第三,新闻自由权是新闻媒体、公众和政府的一种权利,强调新闻自由不仅只是强调新闻媒体和其从事工作的人权,而且还强调公众和政府的权利。社会责任理论的核心就是要求新闻媒体在获得自由的权利时,要尽到对社会和公众的责任和义务。社会责任理论是对传统自由主义新闻传播理论进行修正发展的一种理论,其目标之一是指向政府,要求政府对新闻媒体实行自由提供保障;而社会责任理论的目的是指向新闻传播媒体,要求对新闻传播负责,实现公众自由的权利,如果新闻传播媒体不能做到对新闻传播负责，政府就可以干涉。

社会责任理论在新闻传播职业道德的发展中具有重要意义，它为职业新闻传播工作提供了坚实的理论依据。事实上，自社会责任理论问世以来，社会责任原则就已经被取代，成为西方新闻传播职业道德的基本规范。这是基于社会责任理论的一个基本原则。不仅符合时代对新闻媒体的期待和要求，而且对西方的新闻界也产生了深远而又广泛的影响。随着社会责任理论的普及和深入人心，西方媒体和其从业人员的社会责任意识日益增强，通过自我约束和控制新闻自律，解决新闻职业道德的理论和实践，得到了公众的普遍接受，并建立了以社会责任为核心的新闻传播职业道德规范制度，使西方媒体成为一种以社会责任为核心的职业规范制度。无论以新闻自由为原则，还是以社会责任为基础，都应该遵循。

第二节　全心全意为人民服务原则的基本内涵

全心全意为人民服务，是社会主义新闻传播的基本道德原则，也是社会主义的职业道德。其基本内涵大致有以下两点。

（一）忠于职守，坚持正确舆论导向

忠于职守，对本职工作负责是衡量新闻传播行业人员是否具有社会主义新闻传播职业道德素质的根本标准和客观衡量。忠于职守，就是热爱自己的工作，以主人翁的态度对待自己的工作，具有职业责任感，具有自己的职业责任。这是做好新闻传播工作的第一个条件，因为只有热爱本职工作，具有职业责任感、荣誉性和自豪感，以主人翁态度来对待自己的工作，才能在实践中拥有职业理想和创造性，才能发挥专业特长，更好地为社会提供有用信息，引导舆论，更好地为人民服务。只有忠于职守，积极发挥主观能动性，勇于开拓新的领域，尽自己最大的能力高质高量地完成任务，才能提高公信力、影响力，才能实现为人民服务的目标。

对于新闻传播，忠于职守、有责任心，最重要的一个原因就是坚持正确舆论导向。在现代社会，报纸、广播和电视等新闻媒体都是能够以最快、更广泛的速度影响社会、引导舆论和影响舆论的理想工具。在社会主义时期，尤其是在改革开放的社会主义时期，人们的思想得以解放，视野得以开阔，言论自由得以充分实现，都与舆论导向密切相关。如何引导社会言论，成为社会主义时期，尤其是改革开放时期的一个重要问题。中国共产党非常重视新闻舆论和它的导向性作用，要求新闻传播行业人员将其视为职业道德中的一项重要标准。这样才具备为人民服务的前提和基础。

坚持正确舆论引导，就是要在新闻传播实践中加强党性思维，坚持社会主义方向。报社、电台、电视台等新闻媒体必须与党中央在政治上保持高度一致，在组织方面绝对服从于同级党委领导，重大问题的处理必须请示党委，坚决克服资产阶级独立倾向的自由化行为。要坚持政治家办报的方针。所谓政治家办报，就是所有新闻传播者，从社长、主编、总经理到每名记者、编辑、播音员，都必须有正确的政治立场，为谁工作，坚持什么主张，都必须清楚明白。要善于在政治上观察、处理问题，要把新闻传播作为党的思想政治工作，而不仅仅把新闻传播作为文字、技术工作。讲政治、讲党性，是新闻传播的根本遵循，动摇不得，忽视不得。也只有讲政治、讲党性，才能服务好人民群众。

坚持正确的舆论导向，就要弘扬无产阶级爱国主义的精神，热爱社会主义祖国，更好地履行对祖国的义务。中国人民有着光荣的爱国主义传统，在几千年的历史上，产生过许许多多伟大的爱国人物。作为无产阶级道德的基本规范之一，其具有巨大的凝聚力量、感染力量、号召力量和鼓舞力量，一直在鼓舞着全国人民拼搏奋进。同时引导国人掌握自己的命运，为把祖国建设成为伟大的社会主义国家而努力奋斗。当然，要实现这个目标，还必须提高民族自信心，要抛弃中国近代以来屡次被外国侵略者欺凌而产生的自卑和奴化思想。当然，提倡国家自尊和自信的同时，并不要闭门自守，盲目地排外，恰恰相反，结合中国的情况，实事求是地学习一切民族、一切国家的长处，才是具备高度民族自尊性和自信心的一种表现。对外国事物，不加分析、一概拒绝或全部照搬，都不属于马克思主义的范畴，都达不到爱国的目的。应该取其精华，去其糟粕。

坚持正确舆论引导，就要坚持在新闻传播实践中团结、稳定、鼓劲，正面宣传为主，注意新闻报道的社会利益。以正面宣传为主，就是在新闻报道上，着力宣传那些能激发和启迪人民发展社会生产力，坚持改革开放政策，坚持加强民主和法治，加强社会主义精神文明建设，热爱伟大祖国，弘扬民族文化，维护全国统一与民族团结，为推动世界和平与发展而奋斗。这也是新闻传播为人民服务的重要内容。

（二）作为党和人民群众之间的重要桥梁，发挥公众舆论监督的重要作用

全心全意为广大人民群众服务的新闻职业道德基本规范原则，落实贯彻到具体的新闻舆论传播工作中，还要发挥好媒体的党和人民群众之间的桥梁和纽带作用，通过新闻信息传播，统一群众思想，凝聚群众力量，带领广大人民群众勇敢拼搏，建功立业，为建设社会主义现代化国家而努力奋斗。同时要积极充分地发挥新闻舆论监督的主导作用。

新闻传播工作是中国共产党和其领导的人民政府与社会大众之间联络的重要桥梁和沟通纽带，要及时准确、精准地向广大群众宣传党和政府的政策方针，为广大受众提供重要的新闻信息，反映广大群众对党和政府的建议和意见，以利于引导群众自觉履行主人翁职责，积极参加政治、经济和文化等活动，以引导和鼓舞人民，提高和丰富人民的思想境界，从而提高人民群众的综合素质。

新闻媒体应热情地做好服务群众的各项工作，与群众保持良好关系。具体地说，一要重视群众来访、来信、来稿，认真阅读群众信件，了解群众想法，妥善处理群众提出的建议、意见、批评、申诉和检举。二要经常举办各种为群众服务的活动，以便发挥舆论监督的作用。舆论监督是人民群众实行社会主义民主权利的有效方式，也是解决人民内部矛盾的好方法。新闻媒体支持正确、合理的思想与行为，勇敢地揭露和批评违背人民利益的一切言行和社会现象，充分发挥新闻媒体的舆论监督作用。这样，为人民服务的目标才能实现。

第三节　新闻要真实、客观与公正

新闻必须要真实、客观和公正，这是我国新闻传播服务行业所普遍认可的职业道德行为准则。在当代中国，2009 年 6 月修改的《中国新闻工作者职业道德准则》中明确规定："必须坚持新闻的真实性原则，把真实作为新闻的生命，坚持深入调查研究，确保报道内容真实、准确、全面、公正、

客观。"

　　早在人类的新闻信息传播活动中，诚实不说谎就成了原始氏族社会的公认传播准则。进入阶级社会后，处于统治地位的剥削阶级出于其政治统治的需要，也未否定这一道德要求，只是在实践上往往以是否符合他们的利益来决定需要说多少真话。资产阶级新闻传播在反对封建主义言论出版专制体系的斗争之后，在伦理上建立了一套以维护新闻真实原则为中心的职业道德标准。但在新闻传播的实践中，资产阶级新闻传播者并没有真正地维护新闻的真实性。根据西方国家新闻传播的职业道德规范，记者在报道某人谈话的时候，即使他知道有些说法是假的、骗人的或为谋取私利而编造的，他也可以不揭露出来，而按照某人的说法记录下来，传播出去。无产阶级的新闻传播事业诞生后，新闻的真实性原则成为新闻传播者最基本的职业道德要求，这是由无产阶级政党性质、宗旨和社会主义新闻事业的职业道德所决定的。实事求是地反映、认识和分析客观世界和主观世界，而丝毫不用隐瞒、粉饰或扭曲事实真相的方式。新闻一定要真实，主要包括两层：一是求准确性。新闻报道的时间、地点、人物、历史、环境和条件等基本事实，甚至有关人员的年龄等细节，都应准确无误进行。一些看上去微不足道的细节，对当事人也许非同小可。新闻引用的各种信息，如背景资料、数字、历史实例、引语等，也必须对客观事实进行准确反映，科学分析和解释客观事实。进行科学分析，不能只追求文采，随便使用不必要的、不合适的形容词。写表扬文章不能刻意拔高，写批评文章不能讽刺挖苦，表扬文章要以事实为基础，并经认真审核，不仅反映报道的事实，还要反映报道中的所有事实。如果发现错误，要及时通过最合适的手段予以更正。二是尽量交代情报来源。新闻报道必须明确标出消息的来源，以免受到无端的怀疑。消息来源的交代要详尽，应尽量向受众提供新闻信息的机构名称，只有在特别情况下，才能使用"消息灵通人士""一位不愿透露自己身份的人士""某机构负责人"等含糊的说法。向受众提供新闻资料，也有助于对报道进行正确的理解。如果报道中某一消息的提供者是在为自身的利益讲话，例如律师私下为被告辩解，或者候选人竞争一个职位，那么适当地说明消息来源，为受众提供新闻的背景，有助于受众作出正确的判断。尤为重要的是，新闻传播从业者绝不能自己制造消息来源，或者把几个人的经历加在一个假设的人物身上。强调消息来源，可以揭露那些制造出来的"新闻"。1980年9月，美国《华盛顿邮报》刊登了一篇新闻特写《吉米的世界》。这篇特写由该报女记者詹妮·库克写成，她绘声绘色地描述了8岁的男孩吉米，被母亲和她后来的丈夫诱使，染上了毒瘾。1981年4月，普利策奖评选委员会授予詹妮·库克年度新闻专辑奖。后来，报社的有关编辑坚决要库克提供信息来源，迫使库克承认这个故事是完全虚构的。最后，库克被评选委员会取消了获奖资格。并被迫辞职，永远离开了美国新闻界。

新闻必须客观、公正，主要有三层含义。

一是要按照事物的本来面目反映事物。20世纪30年代，美国著名记者埃德加·斯诺的著作《红星照耀中国》（也就是《西行漫记》）轰动了世界，至今仍然是中国共产党和红军历史上颇有价值的著作。斯诺的《西行漫记》之所以长盛不衰，是因为作者用大量的亲眼看到、亲耳闻到的事实，"做一番公平、客观的无党派之见"，正确报道了红军在中国共产党领导下取得胜利的事实，报道了"西安事变"等重要事件。为此，国民党外交情报司长写信给斯诺，对他有关西北情势和共产党的部分报道提出异议。并表示，如果再发这种信息，政府可能会采取"措施"。但斯诺并没有畏惧威胁，坚持报道真相的权利，直到1941年他因如实报道"皖南事变"被取消了在中国的采访资格。即便如此，他仍不改初心，表现出严肃正直的新闻记者的高贵品质。

二是要把事实和观点严格地分开，避免主观倾向。新闻记者在报道新闻时，尽量不要将自己的观点掺入新闻报道，尽量不作个人评论。新闻和评论必须严格分离，评论只出现在社论文章或署名文章上。严格地把事实和观点分开，目的是让受众清楚哪些是新闻的基本事实，哪些是由新闻基本事实所引发的观点和看法，切忌用带有主观性的论断来误导观众。特别需要注意的是，新闻传播人员不能以任何形式在新闻中表达自己，不能将个人关系和个人好恶体现在新闻作品中。从个体或小组的私利出发，写关系文稿、人情文稿，甚至用自己所掌握的舆论工具来发泄私愤，这些都是新闻传播职业之大忌。

三是要保持平衡。新闻传播人员在报道新闻时，必须尽量照顾各方所持观点，给不同意见和不同观点的各方平等权利，要允许公众表达自己的意见，不应成为任何群体或个人的代言人，不应站在争议的一方，也不能偏袒任何一方。当某一个人批评另一个人的行为或见解时，起码要让被批评人有申辩的机会。

第四节　清正廉洁，以正当方式从事本职工作

清正廉洁是指新闻传播人员在其职业活动中，始终把整个社会和受众的利益置于首位，在个体利益和社会或受众利益之间发生冲突的情况下，也要以社会或受众利益为主，决不谋取私利。早在 20 世纪初期，美国密苏里大学新闻学院院长沃尔特·威廉斯制定了一份报人规章，强调了新闻传播者的清廉主义问题："不为公众服务，只为私利驱使者，都是背信弃义的人。"在当今社会，任何具有意识形态、社会体制和文化背景的新闻传播人员都将清廉作为自己的职业道德准则来约束自己。

清正廉洁落实新闻传播工作，就是以正确的方式履行新闻传播职责。

一是坚持新闻传播职业道德规范，不屈从于邪恶力量，避免主观干扰。在革命战争年代，许多新闻传播人员在极其艰难的环境下，为真实、客观地宣传新闻信息，反映社会舆论不懈努力，甚至还不惜牺牲生命。

二是不受贿，不搞"有偿新闻"等行业不正之风。在新闻传播的实践中，社会、受众利益往往与新闻传播者自身的利益产生冲突。面对利益冲突，新闻工作者以自己的利益为重，甚至还利用自己的职位去追求名利。有的人接受了对方的好处，从而受到对方的利用；有些人从事的社会活动与自身身份不符，也不利于自己的本职工作或责任落实；有些人甚至利用权力敲诈勒索。在中国，"有偿新闻"的现象从 20 世纪 80 年代开始出现，屡禁不止，至今还没有烟消云散，与此同时，个别媒体甚至还出现了"有偿不闻"这样的花样。所谓有偿新闻，是指在新闻传播者或明或暗地向采访报道对象索取费用后，发表对被采访人有利的新闻报道；所谓有偿不闻，是指在新闻传播者收取采访报道对象一定费用后，不报道不利于采访对象的新闻。

三是不能混淆新闻和广告之间的界限，大搞"广告新闻"。有些新闻传播人员把广告作为新闻处理，没有标明广告，以假乱真，增强了广告的可信度，甚至将广告作为新闻形式报道，以蒙骗观众，讨好广告客户。

四是禁止新闻采编人员从事商业广告，严禁混合新闻传播和商业运营活动。在中国，自改革开放以来，各类新闻媒体先后建立了企业化、自负盈亏经营的制度。为了提高经济利益，几乎所有新闻媒体都不得不采取各种措施，实行"创收"，其中一些是正当的，一些是不正当的。有的新闻传播者出于自己牟利，以个人为目的，利用新闻传播活动的便利，从事非正当经商活动，或兼任第二职业，谋求有偿服务，这些都是违反新闻规定和纪律的行为，是应该摈弃的。

第五节　守纪守法，不损害国家利益和公民权利

新闻传播工作受许多相关法律法规的约束。这些法律法规不仅直接涉及新闻传播的正常工作，而且也涉及国家的利益、社会的利益，以及公民的合法权益。因此，新闻工作人员必须自觉遵守法律，不得对国家、社会利益和公民的合法权益造成损害，这在世界各国的新闻传播职业道德准则中都有相关规定。具体而言，有以下几个方面的内容。

一是保护国家安全，维护社会稳定。1948 年通过的《国际新闻自由公约草案》规定，报纸等新闻媒体不得登载有关意图煽动人民暴力改变政府体制或扰乱治安、意图煽惑民众犯罪的内容。在许多由多个民族组成的国家中，还强调了维护民族团结和宗教自由的有关新闻传播职业道德规则，如英国等国家规定，不得破坏种族关系和宗教自由；印度等国规定不能鼓励暴动。中国是个多民族的国家，各民族人民在长期发展中，形成了平等、团结、互助的关系。宪法明确规定，"禁止对任何民族的歧视和压迫，禁止破坏民族团结和制造民族分裂的行为"。因此，报刊、广播及电视节目和其他新闻媒体不得包含煽动国家分裂、煽动民族仇视、侵犯少数民族风俗习惯和歧视、侮辱少数民族等，而要严格执行和正确宣传民族政策、宗教政策，坚决维护民族团结。为了保护国家安全与社会稳定，还必须严守国家的秘密。这不仅是新闻传播人员的法律义务，也是新闻传播人员的职业道德要求。在新闻媒体高速发展的今天，加强新闻传播的保密工作，显得十分重要。目前，在新闻传播活动中泄露国家秘密的问题比较突出，有的引起强烈反响，给中国的外交工作带来影响；有些泄露了我国的军事设备实力和发展策略。

究其原因，有的是抢新闻造成了泄密，有的是由于报道经济和科技新闻的时候对保密的界限还不太了解。泄露了国家秘密，不仅对国家安全和利益造成了严重的危害，也扰乱了正常的新闻传播工作秩序。此外，新闻媒体传播速度快，受众面广，一旦泄密，难以采取措施进行补救，造成危害难以挽回。因此，新闻媒体和其从业人员要坚持防范为主，加强保密意识，自觉遵守国家关于保密工作的法律和规定。

二是维护法律的尊严和司法的公正性。维护法律的尊严和司法的公正，最重要的一个事项就是尊重法院，不干预妨碍法院独立的审判权，这是体现司法公正的重要环节。关于司法内容的新闻报道一定要真实准确，客观公正，不能偏听偏信，甚至添叶加枝，无中生有，不能以个人感情对法律理解说三道四，掺入案件主观的分析意见，更不可借此造成各种大众舆论，施加舆论压力，影响法院独立判案。当然，法院也有可能误判，但只有在法院裁决后才能根据事实进行议论，而且必须掌握绝对真实的材料和证据才能进行议论。此外，新闻传播人员在采写和报道司法内容新闻时，要严格遵循法律规定，在法律允许的范围内进行采访，并在法律允许的情况下进行采访。新闻工作都应该预先了解、熟悉检察院、法院、公安、司法等职能部门的工作程序，严格遵循司法工作规则，并按照审判程序进行报道。有关案件的资料只能从法院获得，最好是写清消息来源，如"根据法院审判"或"据法院方面说明"等字样，以有效地避免来自法院或当事人的责难和指控。案件报道必须同时与案件审理相同，即法庭对案件进行审理到哪个环节，报道就到哪一个环节，切忌先于审判报道。公开审判的案件，可在审判过程中公开报道，但不能超越审判程序先报。根据法律的规定，不允许对未公开审判的案件进行公开报道。在法庭判决之前，不应进行定性报道，也不得将被告人称为罪犯。对于未成年人犯罪，新闻报道不得在判决之前披露未成年人的名字、住处、照片和相关资料，避免观众推断未成年人是谁。

三是禁止伤风败俗，不得宣传色情、暴力犯罪、封建迷信和其他格调低下的内容，以免有害受众身心健康。记者在采写新闻报道时，特别是采写各种新闻，包括犯罪报道，要注意风格清新、健康向上，不得伤害社会风俗，不允许因片面追求发行量而以荒诞、黄色下流和低级庸俗等信息来迎合读者的口味，不应有污言秽语和轻浮粗俗等内容，也不能虚张声势。有关犯罪新闻的报道，要注意把握分寸、数量适当，内容净化，应报道具有教育意义的案件事实，不要过细地描述犯罪手法和方式，以免造成教唆罪的后果。但是，我们不必讳言，近几年许多新闻媒体，尤其是网络传播媒体，盲目地追逐热点，甚至是人为创造所谓的"热点"，翻来覆去地炒作一些没有什么价值但能吸引一些读者的名人逸事和色情凶杀案，造成铺天盖地的宣传声势，对健康的社会风气和浓厚的文化氛围都造成不良影响。对炒作者而言，可能会带来一定的经济利益，如销售增加、广告数量增多，但对社会的危害却很大，造成不少消极的影响。总之，新闻报道、评论、图片、广播电视节目和音频制品，都应以是否有利于社会稳定，是否有利于促进生产力发展，是否有利于引导正确舆论等为衡量标准。

四是要维护公民合法权利，不诽谤他人，不揭人隐私。各国法律明确规定，要保护公民名誉和隐私权，因此，新闻传播人员在从事职业活动中不得宣传他人的隐私，或捏造事实对他人的人格进行公然丑化，不得以侮辱、诽谤等手段损害他人的名誉，违反法律规定将受到道义的惩罚和谴责。在俄罗斯，新闻记者有恶意扭曲事实、诽谤他人等行径，将被认为是一种严重的渎职行为。新闻报道造成名誉权侵害的情况大致如下：一种是新闻失实，造成被报道人的名誉受到损害。另一种是不恰当的评论，有些新闻报道的基本事实是准确的，但作者夹杂在报道中的议论和主观态度，对报道的人物造成有失公平的歪曲，构成了名誉上的侵害。新闻报道中侵犯隐私的情况也大体上有两类：一种是未经批准侵犯个人私生活，包括在未经批准的情况下使用长焦距摄影机拍下私人场所和人物等。另一种是披露公民的身体或私人日常生活中不愿公开的个人情况，包括健康、生理缺陷和残疾以及恋爱、婚姻、家庭生活和私人信件、日记、信函和录音等情况。在新闻传播的实践中，侵犯隐私问题日益增多，一些记者和编辑想要追求轰动效应，就想方设法地猎取个人隐私，进行报道，从而造成侵权和诽谤行为，应引起重视。

第六节　提倡公平竞争　加强协作与交流

在新闻传播活动中提倡公平竞争，有助于促进新闻传播事业的发展。因为竞争就会产生胜负，就会出现优胜劣汰的结果。允许竞争和坚持优胜劣汰的原则，就能为积极进取者提供良好的发展机会，使保守落后、无所建树的人没有成就，使整个新闻传播事业充满活力和生机，从而使新闻传播行业在这场竞争中继续前进和发展。事实上，新闻传播行业不但存在着竞争，而且还是一个竞争非常激烈的产业，争抢独家新闻似乎是媒体业内从业人员赖以存活的一项看家技巧。因此，在不少国家或地区的新闻职业道德准则中，均有开展平等、正当新闻竞争的规定。

在新闻传播活动中，竞争内容具体主要包括三个方面：一是把握报道的时机竞争。即新闻传播媒体和其从业者之间的竞争，以及及时采写和率先发表新闻报道，即人们常说的抢新闻。二是信息开发与挖掘之间的竞争。在当今信息时代，广大受众对新闻传播媒体有多端的需要。因此，新闻传播媒体和工作人员还必须加强信息资源的开发和挖掘，以满足大众对信息的多层面、多领域的需求，使自己处于有利地位。三是自身的潜力竞争和开发。提倡公平竞争的同时要坚决反对恶意竞争。如果竞争双方利用各自的优势，不择手段，损人利己，互相排斥，势必会阻碍新闻传播事业的正常运行与快速发展。

就新闻传播而言，除了提倡公平竞争之外，还要提高新闻传播行业的水平，加强新闻传播活动的协作与交流。新闻传播行业不同媒体、不同部门，以及同一媒体的工作人员之间的协作、交流、互助等，将有利于新闻传播行业的正常运营，有利于新闻传播行业的迅速发展。因此，许多国家把新闻传播活动的协作和交流看成新闻传播职业道德中的　个重要标准。

新闻传播行业的各个部门，即不同媒介之间的合作与交流，具体地说，就是充分发挥不同媒体的各自优势，为受众提供更好的服务，让观众感觉到立体性的新闻传播快速优质高效，能及时了解各方面的信息，以满足精神需求。例如，报纸、广播、电视和网络等新闻媒体都有各自的不足和优势，如果进行适当的分工和合作，便可以扬长避短，取长补短，这对新闻传播工作本身是有益的。对于一些重要新闻事件的报道，各媒体都应该以自身特点为基础，在形式上可以资源共享，相互补充，使整个报道变得更加全面、充分、圆满，使报道具有多层面、多角度的特征，产生纵深感和立体感。如果仅由一家媒体单独报道，则难免存在某些局限性，容易产生缺憾。

同一传媒内部和新闻传媒人员之间，也同样有协作和交流关系。例如，记者和编辑的关系，在业务中是一个前后的工序关系，可以互相补充，相互促进。记者提供的稿件及材料，经编辑修饰或配有好标题，便可使新闻稿主题更突出。如果编辑处理不妥，就会埋藏新闻的价值，或损害好稿件的质量。编辑的责任在于提炼、发现主题，记者收集了大量的素材，有时没能下笔，这时编辑要以旁观者的视角，帮助记者抓住主题，写出精美的文字。报刊中最容易出名的就是记者，而编辑却身处后台，默默无闻。但这一切都是为了工作，记者和编辑要加强道德修养，正确地对待名利，记者要过好名利关，编辑则要甘当没有名利的英雄。

总之，新闻传播行业人员应正确处理各种新闻传播活动的道德关系，互相学习、互相支持、互相借鉴、加强交流，建立良好的平等关系、团结关系和友爱互助关系。当然，我们倡导互相学习，相互支持，并不能简单地采用取得主义方法，要尊重他人的版权和其他利益，反对抄袭、剽窃别人的工作成果。记者之间也不能发生这样的行为，名义上叫互相配合，实质上是为了利益。在稿件和发表上做交易，那样会形成庸俗关系。如今，由于现代技术的不断进步，交通、通信等信息传递手段的迅速、方便，新闻传递活动的国际化日益明显，成为全世界社会生活不可缺少的一部分。当然，新闻传播活动的国际化，也带来一些关于新闻职业道德问题的新课题。如何调整国与国之间新闻传播活动的各种道德关系，使新闻传播服务于促进人类社会和平发展，已成为全世界新闻工作者面临的共同问题。对此，早在 1976 年，第三世界国家就举行了在突尼斯召开的不联盟国家传播问题研讨会，批评了发达国家在垄断国际新闻传播过程中歪曲发展中国家形象的做法，并首次提出建立世界新闻传播新秩序的要求。1978 年，联合国教科文组织发表并颁布了一份关于宣传工具加强和平与国际的关系，促进人权独立，反对种族主义、种族隔离以及反对煽动战争做出贡献的基本原则，呼吁各国之间尤其是不同的经济和社会体系的国家要加强新闻交流。中国新修订的《中国新闻工作者职业道德准则》第七条规定：促进国际新闻同行的交流与合作。要努力提高世界视野和国际观，积极地搭建起中国和世界之间的交流桥梁。

第五章　本领淬炼

新闻工作人员要树立正确的世界观、人生观、价值观，加强道德修养，提高综合素质，抵制不良风气，接受社会监督。本章以阐述新闻工作者本领的淬炼为主，重点阐述新闻工作者应注重学习，提高自身素质；深入基层群众，了解社会民意；保证清正廉洁，坚决抵制以权谋私；尊重同行，反对不正当的竞争；严格划清新闻报道和广告之间的界限。发扬优良作风与保持清正廉洁有密切的关系，只有自觉树立正确的世界观，人生观，价值观，加强品德修养，才能抵制各种诱惑，在职业活动中为社会大众服务，而不是以话语权谋取私利。

第一节　注重自身学习，提高自身素质

发扬良好的作风，首先是强化学习意识，养成良好的学习习惯，不断提高政治业务素质，增强政治意识、大局意识、责任意识，努力做一名专家型的新闻记者。新闻工作者应学习把握党中央提出的重要理论观点、重大战略思想、重要工作部署，学习自十八大以来党和国家领导人的重要讲话、重要著作、重要文献。努力学习习近平新时代中国特色社会主义思想，研究习近平同志新闻宣传工作重要讲话，并用以武装思想、指导实践。用马克思主义的新闻观来指导新闻宣传实践。马克思主义的新闻观在新闻界是辩证唯物主义与历史唯物主义的体现，是做好新闻宣传工作思想的理论基础。新闻媒体工作人员人坚持马克思主义的立场、观点和方法，坚持以马克思主义的新闻观来指导新闻宣传，这是由我们党和社会主义国家的特征所决定的，任何时刻、任意情况下都不得有丝毫的模糊和动摇。

一、加强新闻工作者的职业道德建设

职业是劳动者根据自身的情况和能力而得到的一种社会角色，它具备专

083

业性和社会服务的功能意义。职业道德就是指与职业实践活动密切相关的既符合职业活动发展需求又满足一般社会道德准则、道德品质发展要求的内容总和。一般来说，职业道德具体包括狭义和广义两个方面的内容。广义的职业道德主要是指社会劳动者在其所从事的职业领域内必须要遵守的道德准则和行为规范等规定的要求。狭义的职业道德则是指从业者必须遵守的特定职业活动的行业行为准则，或者说是职业素养。总的来说，职业道德要求社会从业者必须具备承担一定社会责任的公共义务。

新闻职业道德是指人们在长期的新闻信息传播活动和职业实践中所产生的调整相互之间关系的行为和规范的总和。它主要利用荣辱、善恶和是非等观念来评判新闻从业者的新闻活动；运用个人内在的信念和社会的舆论，来调节和支配着人与自然、人与社会等的各种各样的的关系。新闻工作者在长期的新闻实践活动中，把这些行为准则和规范慢慢变成了在新闻工作中必须遵守的价值体系和原则。新闻工作者的职业道德准则主要包括这几项内容：一是必须具备坚定不移的政治立场；二是确立全心全意为人民服务的职业精神；三是具备遵守法纪的基本法制观念；四是坚守客观、中立的新闻报道立场；五是坚守实事求是的工作原则。从新闻工作者的具体工作实务方面来说，新闻记者必须具备的职业道德素养包括这几项内容：一是新闻记者在工作过程中必须保证新闻报道的真实性，严格杜绝虚假新闻报道；二是新闻记者要具备责任意识和使命感，在新闻报道的过程中要严守新闻工作者的良心底线，严格杜绝以权谋私、谋权害人的自私行为；三是新闻工作者的新闻理想不应该违背我国社会主义核心价值观以及社会主义新闻传播事业的发展宗旨。从新闻记者的工作方面来讲，这三条新闻工作者的职业道德原则是其具体开展新闻传播工作的基本线，它是新闻记者在任何时候、任何场合都必须严格遵守的工作底线。

新闻工作者高尚道德情操的培养。如何能够让新闻记者能够在全媒体时代依然保持其初心和职业态度，加强对新闻工作者高尚道德情操的培养也就显得十分必要，这是无论新闻传播事业发展到任何时代都不能丢掉的光荣传统。具体来说，加强全媒体时代下新闻从业人员高尚道德情操的培养，还是应该抓住人的"形象工程"，而且是个人实现从"本我"和"自我"阶段向"超我"阶段转变的重要内容，是新闻记者内在精神需求的体现。通过积极参加各种公益活动，努力践行自身所追求的道德精神力量。此外，这也是新闻记者积极承担社会责任的重要形式。通过积极发挥自身作为公众人物的影响力，对于推动社会风气等都起着良好的促进作用。新闻记者传递正能量，也是一种良好个人品质的展现，是能够帮助其自身树立良好的公众形象的。

二、加强新闻工作者的责任意识

责任意识是一种自觉意识，也是一种传统美德。新闻工作者的责任意识是新闻工作者新闻职业的社会责任意识，即指新闻从业者对社会所承担的义务、责任，它的核心是新闻从业者和新闻界在其活动中必须要自觉主动地用媒体的强大力量来维护社会的正义、公平，要把社会的公共利益作为自己的价值取向，从而自觉运用媒体的力量维护社会公平正义，促进社会健康、和谐、有序的发展。

社会责任感对新闻从业者的新闻生命、媒体形象的塑造和整个社会舆论环境的形成，都起着非常重要的作用，它不仅是社会的耳目喉舌，更是社会的良心。

在我国社会主义新闻传播行业内，新闻记者承担重要的新闻传播任务，同时还肩负党和国家政策宣传、引导社会舆情、强化社会舆论监督、完善社会信息交流等工作内容。可以说新闻记者作为新闻传播行业的排头兵，承担着意识形态传播的历史重任。这就要求新闻记者必须对我国新闻事业怀有非常崇高的责任感和使命感，加强自身的职业道德修养的提升，积极履行新闻传播的社会公共服务责任。

新闻工作者的职业责任感是做好新闻工作的前提条件。一个优秀的记者，应该有强烈的社会责任感，新闻机构是社会的公共机关，新闻工作者也是社会之公人，是居于统治者和被统治者之外的第三者，其责任不轻，处之应该慎重，遇事应当求真，发表言论应该公正，本着独立的精神，做伟大神圣的事业，就会树立自己的权威，获得社会的尊重，赢得公众的信赖。

三、加强新闻工作者的职业素养

新闻职业有一个显著的特点，就是可以通过信息和观点的传播来影响社会的进程。而新闻信息的品质和观点公允与否，与新闻业社会功能发挥的程度密切相关。

新闻工作是极其复杂的工作，要做好这一职业，必须有很好的职业素养，我们从几方面来介绍。

（一）知识素养高

1.具有广博的知识基础

新闻工作综合性强，包罗万象，需要具备丰厚、渊博的知识，需要见多识广，记者只有成为杂家，才能在工作中得心应手。

2.具有精堪的专业知识

新闻工作者必须掌握丰富的专业知识。新闻工作者平时要注意积累新闻专业领域的国际政治、经济知识，熟悉精准的地理和经济数据，充足的新闻信息，缜密组织的论据，这样写出的作品才能够使受众感到条理清晰、说理透彻，有强大的逻辑力量。

（二）业务素质强

第一，深入调研的工作作风。对于新闻记者来说，深入细致的调查研究是最为重要的一条准则。

第二，贴近（深入）实际、贴近（深入）生活、贴近（深入）群众的工作方法，是我们党新闻宣传工作几十年的经验总结和成功借鉴。

第三，冒险精神和创新意识。新闻工作是一个充满危险和竞争的工作，所以要成为名记者，必须具有大无畏的冒险精神和竞争创新意识。

第三，注意培养精益求精的写作技巧和准确生动的语言艺术。优秀的新闻工作者都很注意锻炼自己的写作技巧，格外注意文章的构思布局，同时还注意文章的准确严谨，需要锤炼语言，字斟句酌。

第四，交际面广，具备社会活动家的本领。记者的职业是从事新闻采访和新闻写作。采访又是一种社会活动方式，只有广交朋友，才能耳听八方，及时掌握新闻线索，迅速摸清事实真相，成为一个"高产"记者。

（三）艺术修养深

新闻工作者不仅要成为专业人才，还应该成为通才。新闻记者要修身、养性，还必须注重自身艺术修养的培养。这是因为随着新媒体的迅速崛起，现代人了解和接受信息的渠道得到拓展，新闻记者的整体水平也要求不断提升。人们不仅要求新闻记者具有良好的专业素质，还要求新闻记者能够"说学逗唱",有个人才艺。这也是新闻工作者在私下经过不断学习、练习而积累起来的底气。未来的新闻记者应该朝着这个方向继续努力,在日常生活中,应该不断地充实自己,努力提升个人的艺术修养,积攒丰厚的知识文化底蕴,并通过舞台和镜头将自己最好的一面展现给广大观众。

实践经验表明,注重理论学习的新闻工作者,政治业务素质较高,政治思想、大局意识和责任意识较强,在开展新闻宣传过程中将继续取得卓越的成绩,受到人民群众的广泛认可和肯定。

第二节　深入基层群众,了解社情民意

深入基层是加强党的新闻工作,提高党的新闻队伍素质的有效措施。社会主义的经济基础和政治制度决定了我国的新闻宣传工作要坚持为人民服务,为社会主义服务,为全党全国工作大局服务。群众是新闻素材的源泉,新闻工作者走进基层走进群众生产生活的现场去采访,才能发现新事物,理解党的大政方针政策,从而真实、准确、及时地报道好新闻。

一、深入基层,要始终坚持党的群众路线

深入实际、深入群众是党的新闻工作的根本路线,亦是新闻战线始终坚持的优良传统作风。我党多年来坚持倡导深入实际、深入群众的采访路线,要求新闻工作者在采访实践中做到从群众中来,到群众中去。这不仅是群众路线的具体体现,也是新闻报道的本质需要。深入实际要求在不同历史时期随着党的工作重心变化,新闻宣传工作要具有不同侧重点。党的群众路线要求,新闻采访也要从群众中来,到群众中去,新闻工作者要加深对群众路线的认识和理解,增强贯彻落实的自觉性和坚定性,使新闻宣传工作始终贴近实际、贴近生活、贴近群众。

二、深入基层,必须牢固树立群众观点

要站稳群众立场,密切同群众的联系。新闻工作者是新闻采写的主体,新闻的本质要求采写到一篇好新闻一定要到现场、到基层,用眼睛看,用耳朵听、用鼻子嗅、用身体去感受现场的气氛。深入群众要求深入人民群众的

主体，即以工人、农民、解放军与知识分子为代表的广大群众。深入基层，要遵循为人民服务的根本宗旨，坚持以人为本的方针，将报道视角专注于人民群众，以反映他们的实际需求为重心，倡导用普通群众通俗易懂的语言写出更多具有现实意义的新闻作品。

新闻来自百姓来自生活，如果记者把自己的定位放错了位置，没有深入群众、深入现场，那就根本没法完成基本的采访任务。新闻工作者不能凌驾于百姓之上，不能高高在上。新闻工作者拿着党和人民交予的笔和话筒，有着优先的话语权，只有时刻不忘职责，遵守党的新闻宣传的法规，方能不负重托、不辱使命。无论历史条件和社会环境怎么改变，新闻工作者都要着力为群众鼓与呼，在服务群众中实现自身的价值。

三、深入基层，是新闻界始终坚持的工作作风

密切联系群众，是我国新闻界应该弘扬的一种工作风格，也是我国新闻界应该遵循的一种工作方法。在我们社会主义国家，新闻工作者是为社会和群众服务的工作人员。由于新闻工作人员拥有媒体话语权，个别记者在定位上会出现偏差，容易产生优越感。在工作中他们常常居高临下，不愿到基层去。他们获取的基层信息往往是从别人那里得到的二手材料，甚至是三手材料。实际上，不去采访来自基层的第一手资料，就很难掌握基层信息，也会日益脱离群众，自然无法敏锐地抓住社会的脉搏，更不能及时准确反映社会现实，人民的心声更不能及时地传达，新闻媒体与党和人民之间的桥梁联系也将受到削弱。

因此，《中国新闻工作者职业道德准则》要求新闻工作人员深入基层，贴近实际、贴近生活、贴近群众，体验人生，了解民意，增进和人民群众的情感。要牢牢树立群众观点，把人民作为主体和服务的对象，多宣传基层的先进典型，多挖掘人们身边的具体事例，多反映普通人物的工作生活，多运用民众生动的语言，使新闻报道成为人民群众喜闻乐见的精神食粮。这是新闻"三贴近"原则的进一步细化，更是中国新闻传播工作应该遵循的重要准则。

四、深入基层是新闻工作者的必修课

深入基层是每一名新闻工作者的必修课，是对每一名新闻工作者的最基本、不可忽略的要求。无论是新同志还是老同志，都不能成天坐在办公室里，凭想象写新闻，进行新闻策划；即使是做编辑，哪怕是版面编辑，也应该有当记者下基层的经历，否则就很难把好新闻的关口。

走进基层，才能挖掘到鲜活的报道素材，才能写出真实感人的新闻作品。出色的新闻工作者都有一手绝活，就是到基层到现场，拿到第一手独到的新闻素材，写出生动而具有现场感的作品。凡是在社会上产生较大影响、深受群众喜爱的新闻佳作，大都是来源于一线的作品，这些作品不同于面目呆板、公文式的格式化报道，它们有血有肉，形象丰满，让读者和群众过目难忘，起到直指人心的宣传效果。

深入基层是新闻真实性的必然要求。之所以说深入基层是最基本、最重要的要求，是因为新闻的属性——用事实说话，只有到一线去，才能掌握第一手材料。"深入基层"是对新闻人最基本的要求，也是一项贯穿媒体从业者事业始终的最基本、最重要、最不可或缺的要求。只有深入一线，新闻工作者才能亲眼看到党和国家的最新政策在基层的生动实践，才可以切身感受到群众对国家政策的态度好坏，才能够直接听到基层百姓对完善各项措施的愿望。唯有走进基层，才能把党和政府的声音传递到千家万户，传递到百姓的心中。

五、深入基层，带着对群众深深的感情采访

可以这样说，新闻工作者只有坚持深入基层、深入群众，以此为基础创作出的新闻作品才会更加具有公信力、吸引力、感染力。

新闻工作者的报道不能板着面孔、冷冰冰，而应充满对群众的感情，写出真情实感。如果对百姓的冷暖烦忧不放在心上，高高在上、麻木不仁，就失去了新闻工作者的正确立场；如果不带着饱满的感情去采访和写作，就无法完成新闻工作者的神圣使命，就无法完成弘扬主旋律、传播正能量的职责。

第三节　保持清正廉洁　坚决抵制以权谋私

《中国新闻工作者职业道德准则》第4条第3款规定，新闻工作人员坚决反对、抵制各类有偿新闻及有偿不闻，不利用职业便利获得不正当的利益，不以任何名义向新闻报道对象提供不正当的利益，不向被采访对象提供工作之外的利益，不因接受采访对象的好处而歪曲事实。

有偿新闻，即新闻传播人员或明或暗地向采访对象索取一定费用的活动。无论东方和西方，有偿新闻均被明确禁止，这是新闻传播的道德规定。在中国，极个别新闻工作人员不能正确地处理社会利益和个人利益的关系，贪图实惠、计较报酬，甚至以权谋私，导致有偿新闻屡禁不止。有偿新闻在其甚嚣尘上之时，甚至覆盖了新闻采访活动的全过程。一些事关舆论监督的报道，也存在着有偿新闻的变种痕迹，即有偿不闻。所谓有偿不闻，即给了钱就不报道，也称为有偿不报。

有偿新闻的具体表现如下：一是为有偿新闻提供版面、安排播放时间或网络空间，刊登各种形式的"含金报道"。这些"含金"报道多为记者私自交易，秘密进行。方法是：你给我寄钱，我给你发稿。也有一些人为了名誉，互相撰稿吹捧、沽名钓誉。还有的则由主编出面，找有钱的单位或个人"赞助"、联办、合办或协办某一专栏。这种情况下，新闻媒体的版面、播出时间、网络空间都不是无偿提供的。一般情况下，新闻机构对广告收取费用是合规的，是有偿传播，而新闻报道不在这一范围内。有偿性新闻具有商品性，是因媒体的传播权所致。最普遍的现象是，报纸、杂志完全将版面金钱化，根据发行量、声誉、版面顺序、字数大小和多少确定为具体金额，出售给需要的人或单位；电台，电视台根据听率（收看率）、影响程度和播出时间核定具体金额加以出卖。二是新闻传播行业人员，利用其自身特点及便利条件，接受新闻对象所提供的各种优惠待遇，甚至向报道对象索取现金、有价证券、实物或其他特殊待遇。

滥用新闻发稿权谋取私利发展到一定程度就变成了新闻敲诈。新闻敲诈行为有以下几个方面的表现：一是新闻勒索案的涉嫌人员多为某些行业报刊聘用的人员，敲诈对象主要集中在有短处的基层部门，敲诈方式隐蔽，不留证据，查处困难很大；二是有些不法分子利用网络和所谓内参发表批评报道进行敲诈，将不能发表在内参、网上的负面新闻刊登在内参、网上，敲诈被批评人；三是记者勒索和地方腐败之间的关系，由于敲诈单位通常存在违法、犯规等问题，害怕媒体曝光，大都想花钱息事宁人，他们并没有配合新闻单位开展调查，反而是出具了虚假证明。从中国记协接到的举报及其查处情况来看，单起收受几十元到几万元的都有，有的人甚至借曝光的名义要挟企业上百万元赞助费或广告费。

有偿新闻、无偿不闻、有偿不闻和新闻勒索的实质都是利用新闻报道的权力为个人或单位收取利益，即将新闻报道权与小团体或个人私利直接相联系，进行钱权交易，将新闻报道的异化作为谋取私利的一种手段。在这些交易中，新闻的选择不再具有新闻价值，也不是为了社会公众利益，新闻的目标成了一个小群体或一两个人的利益。为了获取私利，他们还会对某些极有新闻价值的消息三缄其口。新闻权力的寻租实际上成为一些新闻工作人员非法滥用国家授予新闻机构传播新闻的权力，这是一种非法行为。在这里，权力与金钱是肮脏的交易，受益的人是参与此项交易的单位或小组，受损的是国家、传媒和观众。新闻权力的寻租，是社会腐败风气对新闻传播领域的一种影响和蔓延，是新闻传播行业的一种不正常现象。

第四节　尊重新闻同行，反对不正当竞争

新闻传播界同行之间的关系，是相互合作、互相尊重的关系，是分工与合作的关系，既分工又合作，同时又具有流水线特征，采编播报是流水上的各个节点，缺少哪个节点都不行，合作特别重要。因此，各个部门之间要建立良好的合作关系，否则任何职业活动都难以开展。就新闻传播事业来说，也同样需要透过新闻传播各部门和不同媒体之间的关系，以及各部门和同一媒体的内部，建立相互协作的关系，以便相互尊敬和帮助，以保证新闻传播的正常进行。尊重新闻传播同行，阻止不正当竞争的道德意义是：在竞争广泛存在的新闻传播活动中，重视新闻行业之间的合作和互助关系。明确正当竞争和不正当竞争之间的界限，规范新闻传播行业人士在友好合作的环境中展开新闻竞争。

新闻传播事业的各个部门以及不同媒体之间，应该优势互补，为受众提

供立体的、全面的服务。以报纸、广播、电视、网络来说，它们各有自己的特点和优势，也各有不足。这些不同的媒体要相互尊敬，通力合作，扬长避短，取长补短。广播节目中的"新闻和报纸摘要"，报社和电视媒体以及网站都可以根据简明的新闻为线索，深挖报道背后的新闻，进行深度报道，反之，报纸、电视、网络新闻也同样可以通过广播、新媒体等形式开展多元报道。比如，报纸上的评论也可以做成新媒体，通过手机推送给观众。这些都是传媒之间互助融合、发挥优势的例证。同一新闻媒体的内部部门，以及同一部门的新闻工作人员，也应该相互尊重、协作互助。

除了分工合作，新闻传播行业之间也存在竞争关系。但竞争就应当是公开公平的竞争，而不是不正当竞争。新闻传播人员不能做"互相藏一手，背后踩一脚"这样的事，不能无组织，无纪律，不择手段地抢新闻。各新闻机构的记者可以同时访问同一个机构和对象，任何机构和记者不能以任意借口垄断其新闻信息。别人第一次发现有价值的新闻，不应该干扰他采访的计划，更不应该先"捅"。涉及全国整体利益的大新闻，必须统一发表，不得违反规定而抢先发表。电视新闻采访制作一般都需要三四个人的共同合作，即记者、编导和摄像。如果是现场直播，需要投入更多的人力、物力和时间。这就要求电视新闻记者具有更多的协作性，不能因为个人的不守时拖延时间，导致采访不能全方位进行，甚至贻误新闻采访机会。

新闻同行之间要相互尊重，绝不是那种称兄道弟的庸俗关系，即同行之间、媒体之间达成私下的默契：我不拆你的台，你也别来砸我的场子。媒体相互监督彼此的行为，看似兄弟相煎，其实是维护媒体肌体健康的路径和措施。在这方面，《中国青年报》的表现尤为突出，他们对新闻宣传队伍中的个别敲诈索贿记者"权力寻租"义愤填膺，挺身而出发文监督。

当然，我们现在倡导的是互相学习，彼此相互支持，并不是简单的直接采用他人的采访方法，而是充分尊重他人的原创作品和他人的权利。引用别人的原创作品一定要严格注明作者出处，反对故意抄袭，反对恶意抄袭。中国新闻界尤其是报纸媒体和互联网传媒大量出现转载和引用等现象，既有合作又有竞争。一些转载和引用使被转载的新闻媒体及其工作人员的正当权益受到损害，所以，迫切需要规范引用、转载行为。

第五节　严格实行"两个分开"，划清新闻报道与广告的界限

要严格实行"两个分开"，严格遵守参加新闻报道和其他经营新闻活动的股权分离管理规定，不以参加新闻报道的任何形式对经营性活动进行任何新闻宣传，编辑和记者不能擅自从事经营性活动。

"两个分开"指新闻报道活动与经营管理活动分开，新闻采编队伍与经营管理队伍分开。广告和其他各种经营活动都是由广告管理部门负责的，新闻采访、编辑等新闻业务部门是严禁参加的。有些新闻机构还实行了收支两条线，即收入一条线、支出一条线。收入一条线，即由广告等经营收入组成，由广告机构、计划财务机构和其他经营多种业务的"三产"企业归口经营；支出一条线即新闻采访、编辑和其他业务部门的开支由计划财政部门统一核算，按计划分配，不得进行创收活动，也不能利用新闻报道和通过播放新闻的方式拉赞助。

但一段时间，违反国家财经纪律和制度，把新闻活动与经营活动混为一谈的现象愈演愈烈。改革开放后，中国各种新闻机构相继终结了"大锅饭"，实行了自主经营和自负盈亏的经营制度。为了提高工作效益，增加经济利益，几乎所有新闻机构都采取了多种手段进行创收。其中一些措施合法，但也有一些措施违反了国家的有关法规，特别是财经纪律。例如，有些新闻机构利用记者或编辑进行经营、广告活动，以高额的回扣诱使记者或编辑拉广告、推销产品，或借助于采访对象寻求赞助，以获得采访对象的高额回扣。

"广告性新闻"和"新闻性广告"是被新闻传播行业道德所禁止的，但仍时有发生。"广告性新闻"指的是一些新闻机构及其工作人员，把广告作为新闻处理，放在新闻栏目中播报，这种不但不标注广告，还把广告作为新闻播报的行为，常常造成新闻内容的混乱，愚弄了受众。"新闻性广告"指为了增强广告的可信度，把广告写成新闻，以新闻的形式发布广告，蒙骗观众，讨好广告客户。这种新闻和广告的界限模糊不清，很有诱惑力。其特征表现在两个方面。一是宣传效果良好，广告以新闻的形式传达极具欺诈性，推销产品的商业行为在标榜客观公正、真实准确的幌子下更易为受众（消费者）所接受。二是费用低廉，私下里的偷偷交易要比媒体正式收取的广告费用要便宜得多。广告公司只需花少量的费用就可以得到与支付高昂广告费一

样的传播权。

此外，还有个别新闻传播行业人士，为了谋取个人的私利，利用自身拥有的新闻资源进行经商活动，兼任第二个有偿职业。这些，都是必须严厉杜绝的。

对于上述种种现象，要将新闻传播职业道德规范与其他行为综合起来予以综合整治。要引导新闻传播行业的人员对他们所从事的工作有清晰的认识，自觉遵守职业道德，自觉保护新闻传播人员的名誉，珍惜党和人民所赋予的一切传播权力，多一点危机意识，少一些成就感，多一点责任担当，少一点优越感。

第六章　探索创新

社会主义新闻事业主要是党、人民政府、各行业协会等直接领导的新闻单位，向广大人民群众广泛宣传新闻事实，引导传播舆论成为服务于经济社会的一项十分重要的工作，是我们党和政府向广大干部群众传播舆论的重要阵地。提高舆论引导能力是传媒义不容辞的职责。因此，新闻工作人员要正确认识职业理念、职业要求、职业任务，严格遵守职业道德，要为新闻事业的健康发展出谋献策，要充分运用先进传播理论、科学技术、采编手段和管理方式，更好地传达党和政府的声音，及时全面反映群众心声，营造积极向上的舆论氛围，实现政策宣传和新闻报道的和谐统一，努力把新闻事业推向更高水平。

新闻工作者要勇于开拓创新。"创新思想、创新形式、创新内容、创新方法、创新手段"是"坚持改革创新"的主要内容。这五个创新是一个有机的整体，缺一不可。创新思想是前提，创新的内容以创新为基础，创新的形式、方法和手段是保证。它们互相作用、相互推动。新闻传播者只有具备这五个创新能力，才能把握时代特点，把握社会规律，富于创新开拓，才能增强报道的权威，提升公信性和影响力。

第一节　创新观念、创新内容

创新的关键是传播概念的创新。目前，要实现最大限度的传播效果，提高舆论导向能力和国际传播能力，必须贯穿于新闻宣传的"三贴近原则"和"以人为本"的报道理念中，尊重民族主体地位，保障群众知情权、参与权、表达权和监督权，从而实现新闻宣传的最终目标。这是新闻工作者贯彻落实习近平新闻思想的根本体现。

近年来，在坚持"三贴近"原则、尊重人民的主体地位方面，媒体有了可喜的转变。在一些重大灾害报道中，以前媒体的目光大多集中在政府和有关部门如何辛勤工作上，而受灾群众的严重状况却报道得较少。长期以来，人们形成了一种新闻宣传的思维定势，如将官位越高者置于传媒越凸显的位置，全然不顾受众的兴趣与关注程度。创新的内容，即传播内容从一个单方面的传播者决定转移到受众的需求，并根据观众的需要、关注度和兴趣而选择传播内容。受众需求多样化。除了对与自身切身益有关的消息进行了关注外，他们还对其他信息进行关注。传媒要了解受众的兴趣和信息需求，以此来定位、安排、细分不同的栏目，供受众各取所需。

新闻议题设置得当与否，直接影响到舆论引导的效果。要在对各类群体心理特征和接受习惯深入了解的基础上，主动对接公众关注，正确引导公众意见，也是创新的内容之一。着重强调正面宣传，而忽视了负面报道，或对负面新闻噤若寒蝉，有时甚至不报道，也是不全面的。因此，对突发、负面新闻报道，要抢得主动权，掌握先机。第一时间公开真相。要坚持讲真话、报实情，实事求是，不弄虚作假。要言之有物，生动鲜美，言简意赅。只有这样，才能牢牢地占领舆论的制高点，赢得舆论主动权。

第二节　创新形式、方法和手段

在新媒介环境下，无论是报纸、广播、电视还是网络，都不能是常年不变的老面孔，新闻媒体已经做出了针对性的调整，并在实践中不断探索如何提升新闻信息的传播效果。创新报道形式使媒体内容更有趣味性、立体性、交互性，并提供全新的阅读体验，提升新闻的传播效果。当今社会，人们对信息的需要急剧增长。党报、党刊、电台和所属网络应该适应时代的多元性、多层化和不断变幻的现状，使各种声音融洽美妙，丰富多彩，引人入胜。充分满足人们日益增加的信息需求、文化需求、精神需求。当然，受众不仅需求各种各样的新闻信息，而且还需要对这些信息进行分析、思考，并及时加以解读，以便全面深入了解新闻事件的发展趋势及将会对受众产生怎样的影响，从而受到影响，丰富思想，提高境界。

一、可视化新闻

可视化新闻就是对新闻信息进行可视化加工，以可视化的方式，通过新闻网站、新闻客户端、微信、微博等向读者传播。可视化新闻是以数据为核心，以信息为支撑，以可视化为基本载体的跨媒体新闻报道形式。可视化新闻包括三个要素：数据分析、视觉呈现、新闻报道。例如，人民网通过图解新闻的方式，在新闻可视化的探索中，通过对人民网图解新闻题材、呈现形式、可视化手法等进行分析，不断创新可视化的表现形式、表现手法、表现技巧。

可视化新闻是报道形式的创新，可以分为数据可视化型、文字可视化型、多媒体融合型和交互型等几类。第一，数据可视化型。此类可视化新闻采取数据可视化手段，将报道中的数据制作成数据饼图、柱状图、折线图、数据矩阵等纯数据型图片，同时在数据型图片上增加一部分知识和相应的图标，使得数据具有形象性和可读性。第二，文字可视化型。此类新闻主要是将文字标题以图片的形式呈现，并将其中有代表性的内容形象化地用文字用图片表示出来，对重要的文字采用放大字体等方法进行突出显示。第三，多媒体融合型。此类新闻嵌入了多种媒体形式，如视频、动态图片等，使得阅读体验更加丰富，每个案例除了文字外，加入了一个动态图片，重现了受众的现实情境，增加阅读体验。

可视化新闻在近十几年逐渐兴起，其中最早的是英国《卫报》，其比较典型的作品有《阿拉伯之春》。国内也出现了搜狐的"数字之道"、财新的"数字说"、人民网的"图解新闻"等一些可视化新闻栏目。

二、互联网消息

当前，互联网技术飞速发展，人民群众在日常生活当中对微信、微博等常见的社交软件的使用非常广泛，在社交圈当中，基本上每个人或每个团休时刻都在生产新闻。经过互联网这一大型的社交平台，从新闻的产生、传播和最终的阅读已经成为一种必然的发展趋势。

以微信的使用为例，用户可以通过开设微信公众号的形式，通过微信公众账号对新闻的编辑和发布而产生新闻信息。个体用户还可以通过微信朋友圈来分享或者是转发相关的新闻信息，有效地实现人与人之间的信息交流和信息的互动。

互联网新闻由五大要件构成：交代稿件的来源、正文、链接、背景、网民评论。

三、短视频新闻

短视频分享应用是当下流行的一种基于智能手机的社交应用，用户可以将手机拍摄的短视频发布到个人主页、微信朋友圈等社交平台与好友分享。继文字、图片、语音之后，短视频分享成为移动社交领域的一股新潮流。短视频分享应用不仅丰富了人们的社交方式，而且在新闻传播领域也有广阔的发展前景。短视频新闻的基本特点：必须在新闻现场拍摄，任何摆拍都是假新闻。一般时长控制在 60 秒，不超过 3 分钟。并且要清楚地交代拍摄的时间和地点。

最早的短视频分享应用是美国的 Viddy，它于 2011 年 4 月正式发布。Viddy 用户可以拍摄 30 秒短视频，通过添加音乐、特效等方式制作创意视频，并分享到 Facebook、Twitter、YouTube 等社交网站上。在我国，短视频分享应用正开始流行，新浪、腾讯分别推出了短视频分享应用。秒拍是新浪微博官方短视频应用，视频拍摄时间为 10 秒，支持剪辑、添加主题等功能，可分享至新浪微博、腾讯微博和人人网。

短视频新闻：新闻呈现方式的革新。短视频新闻将新闻图片或视频片段有机结合起来，字幕采用大号字体，在几十秒内向受众讲述一则新闻。短视频新闻是一种全新的新闻呈现方式，与传统视频新闻相比，短视频新闻的时长从几秒到几十秒不等。传统视频新闻一般是电视新闻节目的精简版，而短视频新闻有自身独特的风格和制作流程，并非剪辑电视新闻节目的产物。短视频分享应用具有"短、平、快"的传播特征，因此特别适用于报道突发事件。当有紧急情况发生时，短视频分享应用可以成为媒体第一时间发布新闻的有效渠道。

在社交平台上，新闻内容有多种呈现方式，例如微博新闻最基本的形式是 140 字以内的纯文本，"文本＋超链接"的形式有效地拓展了新闻背景，"文本＋图片""文本＋视频"的形式增强了新闻的可信度和感染力，而短视频新闻的出现更是进一步丰富了社交平台上新闻的呈现方式。

四、网络直播新闻

网络直播新闻就是通过互联网把电视新闻多渠道传播出去，特别通过互联网、手机、微信、微博等高科技支撑来直播新闻。网络直播新闻具有信息发布便捷、传播速度快、互动性强的新媒体传播特征。网络直播没有电视直播的规定性，更多是随时随地随机发生的新闻。网络直播的基本要求是：坚持真实，一切摆拍都是假新闻。交代新闻的时间地点人物，一般不做镜头切换。直击新闻要害，陈述新闻事件的发生过程。

利用新媒体使电视新闻由单向传播变为双向交流。每一名受众都有机会透过平台表达自己的意见、观点和对事件的关注，使受众从被动接收信息向主动提供信息转变，受众也成为电视新闻的"参与者"。更好地拉近了电视与观众之间的距离，实现了传统媒体与新媒体的融合。

五、新闻创新方法

在新媒体背景下，党报、党刊和其他媒体也重视新闻创新的形式，必须改变以往居高临下、好为师生、板着脸面说教的方式。要真正地把受众当作朋友，注重与观众平等的传播和交流。传媒关注的焦点应该是广大民众的愿望和呼声。这就要求党的媒体及时透露国计民生的信息，设立民众关心的议题栏目，尊重公众的意愿，实施科学传播。这样的传播方法针对性更强，传媒的亲和力、吸引力、感染力就会增加。

六、新闻创新的手段

新闻创新的手段是善于运用新载体、新技术来收集信息和发布消息，提高时效率，扩大覆盖范围。传统的主流传媒在充分发挥原有的信息权威、正规采编基础作用的同时，更要适应发展形势的变化，抓住技术革命的机遇，在数字化转型之路上进行积极的探索，按照新传媒行业发展的逻辑，打造新的运营体制、操作机构和运行架构。要进行信息技术的更新换代、基础设施的改造和升级，探索利用新技术手段建立科研平台，实现专业采访，专业编制，多媒体集成，多终端开发，建立一个健全的立体交叉的，能够相互补充的舆论导向网络。传统的主流媒体还可以通过网络论坛、微博、微信和客户端等各种方式，与受众进行互动交流，使发表的社会主流舆论以互动方式扩散到社会的各个层次，从而产生更大的社会影响。

认真学习研究新闻传播手段，利用国内现代新闻媒体的传播手段，采用公众听得懂、容易接受的传播手段，增强媒体亲和力、吸引力和社会感染力，这是新闻工作者的职业道德要求。

如何提高新闻媒体的吸引力？

第一，要创新报道的形式。无论是报纸、广播、电视还是网络，都不能是常年不变的老面孔、老方法。当今社会，人们对信息的需要急剧增长，党报、党刊、电台和所属网络应该适应时代的多元性、多层化和及时性的要求，充分满足人民群众日益增加的信息需求，广泛宣传报道各种生动感人、丰富多元而又具有典型教育引导意义的信息。当然受众不仅需求各种各样的新闻信息，而且还需要对这些信息及时加以解读，即这些新闻事件的发展趋势及将会对受众产生怎样的影响，受众应采取怎样的对策，等等。这些都需要创新方法。

第二，要创造新的报道方式。党报和其他媒体要真正把受众当作朋友，注重与观众平等交流。传媒关注的焦点应该是广大群众的愿望和呼声。这就要求媒体及时报道关于国计民生的信息，设立群众关心的议题栏目，尊重公众的意愿，实施科学传播。这样的传播方法针对性更强，传媒的亲和力、吸引力、感染力就会增加。

传统的主流传媒在充分发挥原有的信息发布权威、正规的采编程序、及时报道等优点的同时，更要适应形势的发展变化，抓住技术革命的机遇，在数字化转型上进行积极的探索，按照新传媒行业发展的逻辑，打造新的运营体制、操作机构和运行架构。要进行信息技术的更新换代，基础设施的改造和升级，探索利用新技术手段建立科研平台，实现专业采访，专业编制，多媒体集成，多终端开发，建立一个健全和立体交叉的、能够相互补充的舆论导向网络。

过去，对重大事件和活动进行报道，最常见的形式是集中式报道、重点报道及连续报道。而近几年的一些大型活动报道，则呈现了多样性报道形式，如受众参与报道、组合报道、各媒体联动报道等。其他多数媒体也突破以往的限制，从视野更开放、层次更多元、方法更新颖的角度开展宣传报道。

第三节　要处理好三个关系

"坚持改革创新"需要处理好以下三个关系。

一是处理好继承和发展的关系。无产阶级新闻传播事业自诞生以来，经过一百多年的发展，形成了宝贵的经验和光荣的传统。例如，坚持政治家办报，坚持马克思主义的新闻观，坚持"三贴近"原则，坚持以正面宣传为主，坚持公众舆论导向，这些财富都是中国新闻传播工作的宝贵财富。作为中国共产党领导的社会主义新闻事业，中国媒体应当在思想更新、业务改革的过程中，始终坚持党性原则，坚持正确舆论导向，继承发扬党领导新闻工作的优良传统，促进新闻事业的发展，积累新闻报道经验，为新闻事业繁荣发展贡献力量。同时，也应实事求是地找出自身存在的问题，总结教训，不断用新闻实践和理论去充实和发展完善，使之更符合新闻工作的实际需要和时代的发展变化。

二是处理好竞争和融合的关系。新兴媒体的应运而生和飞速发展给传统媒体和媒体产业结构都带来了颠覆性的变化。数字电视、移动电视等众多传媒的不断壮大，意味着新兴传媒已经走进社会的每一个角落。国内外一些专家学者甚至给出了报纸消亡的时间表。两种媒体通过竞争，可以优胜劣汰，发现不足，但并不等于传统媒体就要受到淘汰。更多业内人士认为，传统媒体与新兴媒体更多的是融合关系，并非完全相互抵触、非此即彼的，而是融合互补、相互依存的。传统媒体和新兴媒体各有各的优势，各有各的不足，融合发展会八仙过海，各显其能，同时可以扬其长、避其短。各自的优势都发挥出来，融合发展的目标就实现了。因此，处理好竞争和融合的关系创新，是当前新闻媒体发展的趋势。

三是处理好借鉴和扬弃的关系。西方资本主义国家新闻事业的产生比中国早了两个多世纪，是现代新闻的发源地。应当承认，在采编技巧、经营管理方面有不少值得我们学习和借鉴的成熟理论和成功经验。我们要以更开放的心胸，与国际同行新闻报道的方式接轨，学习借鉴外国新闻报道的长处。但多年来的实践告诉我们，要解决中国问题，必须在中国国情上立足，绝不能照搬西方的那一套理论和办法。要注意遵循新闻传播的规律，具体问题具体分析，做到既不盲目地崇拜，又不盲目地接受，也不盲目地排斥、一概否定。这就要求新闻工作人员牢固地树立马克思主义的新闻观，不断加强、改进传播工作，增强政治洞察力和政治敏感度，提高新闻工作水平。提高自己明辨是非、把握全局的能力，牢牢掌握国际话语权，主动拓展国际舆论空间，提升国际舆论传播能力。

第七章　新闻评论

　　什么是新闻评论？它与叙述新闻报道和叙述文艺作品有什么区别？凡是议论与批评说理之文，就是新闻评论吗？理论性评价文章和基于新闻性的评价文章有什么不同？回答这些问题，就需要对新闻评论进行深入剖析。本章主要阐述新闻评论的定义、显著特征及新闻评论和新闻报道的不同之处。

　　与新闻传播工作打过交道的同志，无论是新闻工作人员还是业余新闻工作者，都会碰到这样一种情况：人们的日常生活和工作中，会遇到各种不同的问题，需要及时评判，而又不宜或不适合采用新闻报道的形式来解决。只能从思想和理论角度对这些情况进行分析，解疑释惑，明辨是非，引导舆论。此外，上级和有关部门对某项运动、任务、工作进行了批示和部署，或发现了的新问题，需要迅速通过媒体对其进行疏导，但由于这是一个新问题，有时难以立即找到典型的材料和恰当的形式解答这个问题。另外，有时新闻报道还不够清楚、不够深刻，也不足以为解决问题找到切实可行的举措，需要通过另一种方式作补充，使问题更加清楚和透彻，以引起观众的注意，扩大其传播效果，等等。在上述各种问题出现的情况下，便需要用另一种形式的新闻报道来传递思想和意见，引导观众思考，帮助观众分析情况、把握问题发展方向，以便激发大家积极应对，朝着正确方向努力，促进问题得到圆满解决，这种新的报道形式就是新闻评论。新闻评论是媒体的主要报道形式之一。尤其是报纸，报纸上的新闻评论甚至可以说是报纸的灵魂。

第一节　新闻评论的定义

　　关于新闻评论的界定，新闻评论家已经有了不少概括，可以说是百花齐放，各有千秋。在这里，按论文发表的先后顺序，摘录几篇最具有代表性的学术论文，帮助大家了解新闻评论的定义。

　　台湾报人林大椿在《新闻评论学》一书中说："新闻为事实的客观记载，

评论为基于事实而发表的意见。"我国著名新闻评论家、人民日报社原常务副主编范荣康认为："一篇新闻评论是就当天或最近报道的新闻，或者虽然没有见诸报端，但却具有重要新闻意义的事实，所发表的具有政治倾向、以广大读者为对象的评论文章。"①

1996 年 3 月出版的《中国新闻实用大辞典》将新闻评论定义为："是指新闻媒体或文章作者或某个人就最近发生的新闻事件、当前中国社会政治生活中可能存在的社会现象或政治思想倾向、公众普遍较为关注的社会问题等内容阐述其政治观点、立场的一类新闻文体。""中国新闻评论文章是利用新闻媒体传播评论工具对当前重大新闻问题和各种典型的新闻重大事件言论进行分析批评论证解说的一种议论文章，是新闻媒体上的新闻社论、评论员自述文章、短评、编后的新闻专栏作家评论和读者述评等各种评论形式文章的总称。"②

马少华是国内一位长期从事新闻评论研究工作的专家学者，他介绍说："新闻评论是新闻报道的一种重要形式，它主要表达人们对各种新闻事件的客观判断，以及由于对新闻事件引发的各种政治社会经济问题的具体思考。"③

华中科技大学新闻评论研究中心常务主任赵振宇教授分析认为："所谓新闻评论，是新闻作者通过借用大众传播舆论工具或载体，对新近发生或发现的新闻事实、问题、现象直接表达自己意愿的一种有思想、有方向、有知识、有方法的论说形式。新闻评论在各种新闻媒体、广播、电视和社交网络等方面中都有不同的表现形式，或语言文字、声音和数字影像完美结合，或声音、图像、数字图文并茂，在各种新闻媒体中分别发挥了重要指导作用。"根据上述几位专家的总结，新闻评论可以这样概括，是媒体编辑或作者等人对最新出现的有价值、具有普遍意义的热门话题，运用分析与综合的方法，就事论理、以实说虚，具有鲜明的针对性、思想启迪力的新闻传播的一种特殊文体。是报纸、广播、电视、网络常采用社论、社评、评论员文章、短

---

① 范荣康：《新闻评论学》，人民日报出版社 1988 年版，第 5 页。
② 刘根生：《新闻评论范文评析》，新华出版社 2001 年版，第 2 页。
③ 马少华：《新闻评论教程》，高等教育出版社 2007 年版，第 1 页。

评、编者按和述评等文章的总称，属于理论范畴。简言之，新闻评论就是对有价值的新闻事实和社会现象进行评论，以指导实践。由于其独特的功能，新闻评论在报纸上为区别于其他的体裁，一般采用正楷字，清晰而醒目。一些新闻社论、编辑部的专栏文章和特约评论员的专栏文章，有时也用大号宋体或小字宋体。评论在整个版面上占有显著的地位，版面编辑常给新闻评论围起一个框架，以示庄重。音像评论一般都安排在节目的领先时段。

随着新闻传播行业的发展，新闻评论在应用上也不断扩展，它已从过去的一种报刊体裁，逐渐演变成通讯社、广播、电视和网络常用的一种文章形式，并与新闻报道相结合，形成了不同个性的特点和各自独有的魅力。尽管报纸评论以逻辑的推理见长，广播评论以表情的方式见长，电视评论以形象和声音兼备，网络评论以快速反应为主，先声夺人为主，但它们都具有两个属性，即新闻体裁和论说文体，它们都有两个重要的特点。因此，可以这么认为，新闻评论就是一种论说的新闻体裁，也是一种新闻体裁中的论说文，问题是将它放在什么范畴来考察。

在十八般新闻武艺中，新闻报道与评论是两种最常见的文体，它们都是在宣传报道理念指导下，分工合作，紧密协调，完成一定的传播任务。有学者指出，在传播过程中，新闻有两个信息：一是事实性的，二是观点性的，二者结合在一起，就具有完全的新闻意义。人们接受新闻信息，不仅需要及时了解事实发生的过程，而且还需要了解事实的性质和含义。而且，随着信息的广泛、快速传播，一般而言，在短期内掌握一个事实不是很困难，但如何判断这一事实，揭示其性质、含义和发展的趋势，却并不容易，必定要因人而异，千姿万态，不同寻常。可以说，新闻报道是以新闻为基础的，其主要任务就是报道新闻事实，传递真实信息，用事实反映现实生活，以一种无形意见启迪观众。新闻评论是旗帜与灵魂，它总是围绕着党和政府各个时期的中心任务，针对目前发生的种种典型事件及存在的突出问题，运用分析与综合的方法，对现实生活进行评论说理，指明哪一点是正确的，哪一点是错误的，传播观点信息，以有形的意见直接指导着人们的工作、思想、行动。这两大文体的目标都是一致的，都要求对党的路线、方针、政策进行准确、清晰和生动的宣传，发挥舆论引导作用，但各自特点却十分明显。在新闻体裁范围内，如果强调"发表意见，阐明观点"，则在新闻体裁中，就将新闻评论区别于消息、通讯一类的文章。它始终立足于当前，面向广大受众，就实论虚、析事明理，通过具体的现实事件及具体的问题进行直接分析，表明了媒体编辑或作者的观点和态度。需要强调的是，新闻评论应该经得起历史的考验，同时要在科学、民主、独立的前提下，提倡宽容，最终促进社会的进步、和谐与发展。

第二节　新闻评论与新闻报道的比较

1997 年 7 月 1 日，香港回到祖国怀抱，普天同庆，这是中国人民的百年大事。这一天，各家新闻媒体都刊登了大量的消息、通讯、特写、图片及电视画面等。这些新闻报道，如实地反映香港回归祖国这一重大政治事件，形象生动地展现了 7 月 1 日 0 点在香港会展中心举行的中英政府香港交接仪式，以及香港特别行政区成立暨特别行政区政府宣誓就职的现场场景，旨在及时向广大受众传递这一重要信息，以便广大受众及时了解。同时还报道了事实发展的整个过程，让人们知道香港回归祖国的相关信息。至于这个重大事件蕴含的本质，以及它还可能引申到哪些方面，留给观众什么思考，可以得出什么结论等问题，这些报道没有回答。而这篇由《人民日报》配发的社论《中华民族百年盛事——热烈庆祝香港回归祖国》（荣获第八届中国新闻奖一等奖），则以香港回归祖国的重大事件为由，深刻地揭示了香港回归祖国这一事件的重大意义，表达了亿万中华儿女盼望香港回归祖国的强烈愿望，抒发了强烈的爱国主义情感。通篇情理并茂，感情炽热，使广大观众产生共鸣，激发了大家为祖国发展变化骄傲自豪，为祖国富裕强大振奋激昂的爱国情怀。

由此可以看出，以议论为主的新闻评论与叙述为主的新闻报道进行比较，它们存在反映内容、写作目标和表现方式等方面的差异。

一、反映内容不同

新闻报道以向观众传播新闻事实为主，提供新闻事件的真实性，力求反映客观事实，"用事实说话"，当然也体现了一定的思想倾向。新闻报道的实情主要是让受众知道是什么事，至于事件本身的实质何在，以及由此引申的意义有什么，对社会有什么影响等更深的内涵，则留给受众思考，或者由新闻评论来回答。新闻评论以新闻所提供的事实为依据，深入挖掘事实所掩盖的本质，然后分析论述，由点至面、由表及里，深刻地揭示事实蕴含的意义，直接说明作者对事实或问题的评价和看法。以传播观点信息，反映传播意图。上面所引的《中华民族百年盛事》，贯穿整篇社论的"根"是一种真挚的爱国主义情怀。文章开头，便表现出因香港回归而产生的骄傲，因百年之耻得以雪洗而产生的激动；接着，一连三次排比，抒发出无数的"中华儿女御外侮、争主权，前赴后继，同殖民统治进行不屈不挠的斗争"，对老一代国家领袖的敬畏和对邓小平同志怀念的情感。全文从始至终洋溢着爱国的情感，读之让人荡气回肠，感慨万千。这就是新闻评论带有思想和观点的魅力之处。新闻报道与新闻评论反映的事实不同，前者报道事实，后者报道思想。

二、写作目的不同

新闻报道主要是传播事实信息，从而在社会中形成舆论。它在满足观众对未知产生欲望的同时，发挥宣传政策、表彰先进、传播知识、激浊扬清的作用。新闻评论旨在引申、升华新闻的内在思想，直接阐述主张和观点，摆事实是其论证手段，讲道理是其根本目的。概括地说，新闻报道传递信息，新闻评论传递思想。优秀的新闻报道以事实感人，催人泪下。优秀的新闻评论以思想启智，引人思索。当然，优秀的新闻评论会受到广泛的青睐，关键在于它能"点破窗纸"，在事实的要害处"说长道短"，让观众感觉到"一吐为快"，使新闻事实上升到理论高度，启发观众思考、领悟，从而提高观众的思想境界。能有此效果，新闻评论也达到了写作的目标。新闻报道和新闻评论写作不同，前者是后者的基础，后者是前者的深化。

三、表达方式不同

新闻报道主要以记述为主，以说明事实的"五要素"为基础（即时间、地点、人物、事情和为什么）。其中，事实确凿、可靠，能够准确反映客观事实，是新闻报道的生命所在。新闻评论主要以议论为主，讲究概念、判断和推理，要求论点正确，论据充分，逻辑性强。由于新闻评论发挥的是思想引领作用，旨在说明事物的原理，因此析事明理就是其主要特征之一。为此，也只有在大量的新闻事实中，选择具有典型意义的、覆盖面广的、教育意义重大的新闻事实展开评论，进行入木三分的剖析，才能使新闻本质得到更加充分和深刻的揭示。新闻报道和新闻评论表达方式的不同主要表现在，前者以记叙为主，只摆事实不讲道理；后者以议论为主，只讲道理不摆事实。

新闻报道和新闻评论是新闻传播的两种基本表现方式，相互依存，相互影响，相互补充，共同发挥传递信息、影响社会的功能。当然，首先，新闻报道是新闻评论存在与发展的基本条件，先有新闻报道，后有新闻评论。新闻评论是由新闻报道所提供的实事蕴含的思想实质及方法措施的集中体现，更有说服力。其次，如果新闻报道记录事实的艺术，那么新闻评论就是摆事实、讲道理、抓矛盾的艺术，是靠新闻报道所提供的事实，从理论上帮助观众了解新闻深刻意义的方法。简言之，新闻报道是对最近发生的事情进行报道，重在阐述"是什么事情"。而新闻评论，则是揭示新闻事实的本质，重在回答"为什么""怎么样"的问题。新闻务实，评论务虚，一实一虚，构成了媒体两大特色表现形式。两者各司各职、相得益彰，从而让新闻呈现出星辰云集、异彩纷呈的宣传效果。

学习与把握两者之间的不同和区别，是写作新闻评论的前提。在努力学习新闻评论写作技巧的基础上，要进一步学习新闻评论理论知识和具体的写作方法，使自己成为多面手。

至于新闻评论和其他文艺作品之间的根本区别，主要表现在以下几个方面；第一，新闻评论以理服人，以思想育人。而文艺作品以情动人，通过塑造艺术形象感染人、鼓舞人。第二，新闻评论必须实事求是，从事实中挖掘思想，不能虚构，没有故事情节。文艺作品可以摆脱事实进行虚构，可以把很多人的性格特征集中到一个人的身上，并具有曲折感人的故事情节。第三，新闻评论不宜太长，一般情况下，有 500 至 2000 字即可；文艺作品则可长可短，短的几百字也行，比如散文、诗歌、微型小说，长的几千字、几万字、几十万字甚至几百万字，比如中篇小说、长篇小说。第四，新闻评论以议论为主要表达方式，而文艺作品则可以记叙、议论、抒情、描写等多种表达方式相融合。

第三节　新闻评论与理论文章的比较

一般而言，新闻评论和新闻报道、文学作品之间的区别比较容易把握，与一般没有针对性的议论文和专业性强的学术论文相比，区分相对要困难一些，倘与报纸上的理论文章相比，区分会更难一些，因为两者议论的对象和表达的形式大致相似。尽管如此，两者之间的微小差异仍然存在。第一，新闻评论对选题、时效、议论方法特别讲究，要体现新，是对新近发生的新闻事实进行评论，而理论文章不受这一限制，可以是社会生活中任何一种职业、任何一门学科、任何一种事物、任何一种理念，不强调时效，什么时候发生的事都可以，只强调社会需要，提出的理论要与社会密切相关。第二，新闻评论要求快，要在新闻报道稍后一点时间报道出来，迟了，则不行，理论文章也不受此限，随时随地都可以见诸报端或杂志。第三，新闻评论一般较短，500 至 1500 字为宜，而理论文章可以长到数千字、上万字甚至更长。下面具体分析具有重大差别的时效性、针对性、现实性。

一、新闻评论具有更强烈的时效性

所谓时效，就是在一定时期内大众媒介传播信息所产生的社会影响。时效对于新闻评论，就像新闻报道一样，也是很重要的。特别是对新闻事件的评价，只有讲究时效，才能赢得观众的支持，掌握舆论主动权。至于如何精确把握时机，真正做到适合时宜，必须根据新闻评论的特定内涵进行分析和把握。

我们认为，新闻评论关注的是"直接现实"，有较明确的时间概念，甚至连"日前""新近的时候"和"前几天的时候"都应尽力避免，它以迅速及时评论最新事件、热门话题，阐明事理，引导舆论见长，以提出和解决当前最迫切需要解决的问题而获胜。这与普通理论的文章要求不同。理论文章虽然也为现实所服务，但更多地关注分析的透辟与论证的严密，注重道理上的说服力，它是对某一学科、某一领域、某一想法进行深入的分析，阐明某一概念、某种理论和科学，更具有理论色彩，其社会影响往往比较深远，也不受时间限制。

新闻评论是对社会"热点""难点""焦点"以及紧迫的问题进行理论分

析，用能拨动亿万人心弦的语言来剖析是非，抓住能触及社会生活中的一个敲门就响的"关节"展开分析论证，获得思想意见的统一。这种及时简短的评论，势必引起社会反响，受到广大观众的喜爱。因此，时效对新闻评论的重要性直接决定了它的生命和价值。如果时过境迁，放"马后炮"就没有什么意义了。重要的是，过时的新闻评论就根本发表不出来。

大家都知道，十三届七中全会后，思想解放成为社会关注的焦点，是决定社会进步的重要标志。当时就如何看待计划经济和市场经济、以及由此体现的社会性质这一问题成为人们普遍关心的焦点。发展计划经济的国家就是社会主义国家吗？发展市场经济的国家就是资本主义国家吗？或者说"把计划经济等同社会主义经济，把市场经济等同资本主义经济"。如果真是这样，那社会主义国家就不能发展市场经济。那么，事实是不是这样呢，一时间，从党内到党外，从中央国家机关到基层乡镇，都存在着不同的意见，人们也议论纷纷。如何获得正确的判断，如何理解"计划经济和市场经济不是社会主义和资本主义划分的标志，资本主义也有计划，社会主义也有市场"这个重大政治思想问题，如何在不失时机的情况下引导干部群众进行唯物辩证分析，以廓清界限，统一思想认识，是新闻评论义不容辞的任务。正是在这种情况下，《解放日报》在1991年3月2日的头版特刊上打破了沉寂，在头版特刊上发表了评论员文章《改革开放要有新思路》（第二届中国新闻奖新闻评论奖一等奖）。这篇文章运用了邓小平理论对这些问题进行了实事求是的回答，认为社会主义有计划经济、也有市场经济，资本主义除了市场经济，也有计划经济。不能把两者作为划分国家性质的标志。社会主义国家照样可以发展市场经济，否则，社会主义国家经济就难以发展。可以说，这一论断振聋发聩，解开了中国人民的思想枷锁，让那些模糊的观点逐渐清晰起来。文章明确指出：研究新形势，探索新形势，关键是要进一步解放思想。解放思想不是一劳永逸的事。就计划和市场之间的关系来看，计划与市场仅仅是资源配置的一种手段与形式，而非划分社会主义和资本主义性质的标志。正是这个重大论断开启了中国经济快速发展的新局面。一改以往利用外资谨小慎微、顾虑重重的约束；继之而起的是大量引进外资，借鸡生蛋，大力发展外资经济、中外合资经济、私营经济，使中国经济发生了翻天覆地的变化。一时间，解放思想成为深化改革的敲门砖、试金石。事实也证明，凡是思想解放之地、部门、单位，工作都打开了新的局面；凡是思想没解放的单位，就缺少生气，工作很难做好。

只有深化改革，才能推动发展。只有解放思想，才能保障建设富强、民主、文明、和谐、美丽的社会主义现代化国家的目标顺利实现。这篇深受读者好评的新闻评论，论述了解放思想的重大意义，它犹如滚滚春雷，催人奋进，启人深思。在国内国际都引起了广泛关注。这篇新闻评论意义特别重大。它开启了一个伟大的时代的伟大思想，指引着中国人民走向更加灿烂辉煌的未来。

当然，新闻评论要求时效，还必须遵守党的新闻工作原则，从社会大局稳定出发，从经济发展大局出发。做到"切合时宜"，及时发声，引领社会。这就要求从事新闻评论的同志，具有很高的政治敏感度和强烈的社会责任心，努力把握好新闻评论的主动权。

二、新闻评论具有更鲜明的针对性

新闻评论强调"有的放矢"，要求就当前新闻价值较高的事件和问题发表评论，对其进行客观、有针对性的论述。新闻评论所揭示和促使解决的问题，都是实际工作中迫切需要解决、人民群众急切需要得到解决的问题。新闻评论和理论文章，虽然都要求以现实为基础，把理论和实际相结合，但新闻评论的题目更具有现实性，论述的问题更具针对性，而理论文章的题目更具有学术性。如果脱离事物特有的环境和背景，离开一定的时间、地点、条件，新闻评论就不会有明确的目标。相对而言，理论文章就不受这一条件限制。

譬如，《安徽日报》2000年1月3日发表的《警惕加重农民负担新动向》一文（获第十一届中国新闻奖新闻评论一等奖），就是一篇有的放矢、针对性很强的好评论。大家知道，农民负担问题是我国取消农业税费（2006年）之前各地农村长期普遍存在的"顽症"，也是党和政府历来十分关注并致力加以解决的问题。此文不是一般地论述减轻农民负担的重要性，也不是空泛地谈如何减轻农民负担的设想，而是在农村税费改革试行的前夕，敏锐地抓住当地农村基层出现的"三转移"（即增项加码行为由农业税费向行业税费转移、摊派对象由大人向孩子转移、"摊派"行为由乡镇向村组转移）这个加重农民负担的新动向，进行了鞭辟入里的剖析，明确地提出了解决这一问题的对策。这篇评论发表后，社会反响极大，立即引起政府有关部门的高度重视，对当地乃至全国具有普遍监督及指导意义，尤其为国家制定农村税费改革方案及相关决策提供了重要信息和参考。这篇评论全文如下：

　　年末岁尾，又到了各种收费和摊派的高峰期、多发期。为此，笔者调查、走访了一些乡村。总体上感到由于各级党政干部对农民负担问题警惕性较高，广大农民的民主意识、法制观念明显增强，早些年常见的一些部门利用夏秋两季粮食征购时增项加码、硬性摊派行为很少见了，比起前几年，农民负担大为减轻。但是这次调查也发现，农民负担问题并没有风平浪静，有关部门认为，加重农民负担的行为出现了三种新的转移动向。

　　一是增项加码行为由农业税费向行业税费转移。近几年实行的"农民负担监督卡"制度，使得农民应该缴多少粮，交什么钱，一清二楚。所以，一些部门便改变方式方法，以有关"政策""法规"为挡箭牌，直接分配任务，让村组干部代征，或亲自上道征收。有关资料表明，现在农民常见的收费项目就有二三十项，而且收费标准不一。如在农村电网改造中，农民安一个新电表需交校表费、安装费、电盒费共66元，有的交到100元，更多的则达120元。按政策规定，农民建房只需交"建房证"工本费5元，而有关管理部门则要农民交50元，除此之外，还要拿出宅基地使用费170元至180元，就连当年没有建房的村民也要交"宅基证年审费"5元。政策还规定，有序输出的民工，每人交纳"劳务输出跟踪服务费"49元，而有的地方不仅趁机提高收费标准，还扩大收费范围，甚至往行政村硬性摊派。还有一些税费在一些地方出现被平均摊派或多头收取现象，如农用车收费，在这个镇收220元，在那个镇收240元，在另一个镇干脆每个农机户收400元。有的地方就更有意思了，只要农机户交了税费不开票，就可少交钱。

　　二是摊派对象由大人向孩子转移。政府明文规定，农村中、小学学杂费、水电费分别为55元和31元，预收代支费分别为39元至66元和136元至143元。可很多学校对预收代支费与自愿交费区分不清，把学生校服费、保险费等属于自愿交纳的费用与杂费、课本费同时收取，一票开出。有的教育主管部门额外为保险公司代收学生保险费，强行要求学生订阅各种报刊，还以服务为名为学生代办作业本、AB卷、墨水等，其项目不下十几种。至于平时收取试卷费、资料费就难以计数了。有的学校新生入学费用高出应交费用最高档的146.46%。

三是"摊派"行为由乡镇向村组转移。近两年，由于党中央关于减轻农民负担精神的广泛深入宣传贯彻，乡镇干部普遍能把农民负担问题作为政治问题认真对待。但是，在村组一级干部中，由于文化素养、认识水平、思想品质等方面的因素，还有相当一部分人对上级的三令五申置若罔闻。有的则是打着办"好事"的名义派粮收款，如以铺路、建校、修敬老院为名。更多的村组干部则打着"首长工程"幌子，为关系单位、关系户推销种子包衣剂、秸秆速腐剂、麦种豆种玉米种籽、菜苗树苗等。据调查，有的村1998年一年代办这类项目多达12项，人均支出9.7元。

加重农民负担影响大局，影响稳定，更影响经济发展。基层干群普遍认为，要在坚持依法治理，实施"一票否决权"的同时，制定具体的操作规程。如以县为单位，对农业税费以外的各种收费项目进行清理审核，依法提出标准项目和数额后，由政府发布方可执行；还可以仿照"农民负担监督卡"的形式，把各种收费项目和标准，按负担对象，统一填写制卡发放；严格要求村干部按《村民委员会组织法》办事，凡在农民承担的法定税费之外兴办收费事项，一律要经过群众"举手"表决。[①]

总之，新闻评论主要针对什么倾向发言，重点解决什么问题，作者必须心中有数，做到目标明确。要知道，论题只有置身于社会生活的漩涡之中，才能真正帮助人们排疑解难、明辨是非，达到扶正祛邪、兴利除弊的目的。同时，新闻评论还肩负着指导实践的重任。因此在针对某一事物进行分析论述时，总是要依照客观的需要选择切入点，触动社会上绷得最紧的那根弦，这样才能评到"穴位"上。一句话，针对性强不强，是新闻评论能否吸引人、打动人，能否收到预期效果的重要因素之一。

---

① 《安徽日报》。

三、新闻评论具有更直接的现实性

一般来说，新闻评论不是从理论到理论的分析、论证，也不是专门担负探讨理论的任务，而是重在紧密联系现实，实事求是地以科学理论来开拓人们的思路，运用事物的客观规律、党的方针政策来启发和提高人们的认识水平，力求让受众觉得这类文章所论述的问题既发生在我们的周围，又充满生活的哲理，因而感到可近、可亲、可信。

事实上，我们在前面所列举的诸如《警惕加重农民负担新动向》等评论，都具有这方面的特色。再如，温州市广播台于2009年12月28日播发的电视评论《温州：望楼兴叹》（获第20届中国新闻奖新闻评论一等奖），首先将镜头对准了温州楼市的火爆场面以及出现的售楼假摇号、群众砸盘等事件，然后从多个角度发问："温州楼市如此火爆的背后究竟隐藏着什么样的原因？居高不下的房价会给温州造成什么样的影响？温州楼市未来怎么走向？"继而分析了温州楼市疯涨的原因："90年代初，温州楼市就已经进入市场化。在人多地少的温州，民资富裕，在市场化热潮的推动下，温州人'炒'的天性发挥，因而使房价一再暴涨。同时，楼面地价的不断蹿升，进一步刺激了房价的飙升。"最后深入剖析了温州高房价带来的一系列弊端和危险，并提出了平抑温州房价的几点建议。由于这篇评论抓住实际生活中的典型事例进行分析，自始至终从事实出发，寓理于事，叙事出理，使事与理浑然成为一体，从而给人以直接而又现实的感觉，留下了十分难忘的印象。因而，这个节目播出后，引起了观众的强烈共鸣，也引起了温州市委市政府的高度重视。

综上所述，新闻评论较之理论文章，具有更突出的时效性、针对性和现实性，是"时事性论文"和"政治性论文"的结合，这就是它常被人们简称为"时评"与"政论"的原因。尽管如此，我们仍然认为这些区别都是相对而言的，并不是绝对的。我们分析新闻评论与一般理论文章的区别，是为了更好地把握新闻评论这一文体的特点。随着新闻传播事业的发展，各种形式的评论正在不断出现，这都为新闻评论这一样式的发展提供了广阔的天地。古人说：写文章"定体则无，大体须有"，体裁之间的区别只能是一个"大体"。如果我们把"大体"当作"定体"，绝对化，反而无助于写作，那就谈不上有什么创新和发展了。这显然是为我们所不取的。

第四节　新闻评论的根本特征

在对新闻评论和新闻报道的区别进行分析和比较后，我们很难看清新闻评论的基本特点，或者主要的特征是什么。这里，可以引用几本评论著作和辞书中的观点，以便认识和理解。

"根据我的粗浅了解，新闻评论最重要的特征可能是在新闻二字，也就是这篇文章所讨论的问题，应该具有新闻性。"[①]

"新闻评论是一种具有新闻性、政治性和群众性等显著特征的评论文章。离开了新闻性、政治性和群众性，都不成其为新闻评论。"[②]

"新闻评论的主要特点为：鲜明的政治性、强烈的新闻性、广泛的群众性和严格的科学性。"[③]

"我们应该说具有这样的四个基本特点，即就是党性鲜明、时间强烈、有政治指导性、具有广泛的人民群众性。"[④]

"中共党报的这类新闻专题评论，究竟应具有什么样的特点？我认为有五个主要方面。第一，问题导向必须是正确的；第二，有的放矢；第三，内容讲究管理科学；第四，内容讲究平等对待任何人；第五，内容讲究简短生动。"[⑤]

"根据美国新闻媒体评论的基本定义，我们通常可以通过推论并得出下列几个鲜明的评论特点：（1）依据新闻事件；（2）有效性；（3）思维；（4）理论；（5）普通性。"[⑥]如此等等，不一而足。

应该说，在新闻评论的特点研究中，各种说法各有侧重，但大同小异，这说明，随着新闻评论的丰富发展，要求对其理论深入全面把握。同时，也

---

① 王民：《新闻评论写作》，第 3—4 页。

② 范荣康：《新闻评论学》，人民日报出版社 1988 年版，第 5 页。

③ 秦珪、胡文龙：《新闻评论学》，中国人民大学出版社 1987 年版，第 8—15 页。

④ 于宁、李德民：《怎样写新闻评论》，中国新闻出版社 1988 年版，第 10—20 页。

⑤ 邵华泽：《新闻评论探讨》，人民日报出版社 1993 年版，第 4 页。

⑥ 杨新敏：《新闻评论学》，苏州大学出版社 1998 年版，第 12—17 页。

要求研究人员与时俱进，力求在继承原有理论基础上开拓创新，丰富新闻评论理论体系。然而，当我们静下心来对上述观点认真进行细致比较时，就会发现，尽管说法有所差别，但并非原则上的分歧，而是互补性的大相径庭，只不过是论述角度和重点上的不同而已。如果从命题的科学性、表述性和实用性角度出发，集各家之长，则可归纳出新闻具有三个方面的特性：即论题具有强烈的新闻性；论理具有鲜明的思想性；论说具有广泛的公众性。

一、论题具有强烈的新闻性

顾名思义，新闻评论是先有新闻，再有评论。评论不以新闻为由头、为依托，就无所谓新闻评论。而且，这个新闻应该是刚刚发生或正在发生的，时效性越强越好。并且，这个新闻是有价值的，是事关国计民生，为广大人民群众所密切关注的。正因为如此，新中国成立前我国不少报纸的主笔，常常在深夜上班，先看新闻版大样，继而针对当天最重要的新闻撰写评论，边写稿边发排，等稿子写完评论差不多也出来了，然后审改定稿就算完成了任务。这就是报界流传的"今日事今日评""看完大样写社论"的行话。其实，这种情况在今天也并不少见，有时为时间性很强的新闻配写的评论，也是限时限刻见报，晚一天也不行。在当今信息化的社会，时效对于新闻评论和新闻报道同样的重要。失去时效，也就失去了新闻评论的质量。实践证明，新闻评论要起到影响人们思想、引导社会舆论、促进社会发展的作用，就必须要有强烈的时效性。

新闻评论具有强烈新闻性的第二层含义，是新闻评论更加关注于现实工作和实际生活的某个热点问题，或某种思想倾向。这类新闻评论，由于主题紧随时代，追踪社会生活进程，搭准了人们的思想脉搏，力求"言当其时""评在当口"，同样能获得先声夺人的优势，从而充分发挥新闻舆论导向的作用。

实践证明，在事物急剧发展变化的时期，在新旧思想交替的时期，在两种制度转轨的时期，在社会快速前进的时期，特别容易出现一些新矛盾、新问题，而由于人们的思想认识没有足够准备，常常会产生迷茫和困惑，在这一时期，特别需要新闻评论来帮助大家释疑解惑，明确方向，正所谓"用正确的舆论引导人"。当然，新闻评论要抓住时机，把握说话的时机，评在火候上，论在"穴位"处，并把握适度，评出最佳效果。如此，需要评论工作者具有敏锐的政治嗅觉，坚定的政策理念和精巧的引导艺术，才能确保评论方向正确、论述透彻，入情入理、循循善诱，以理服人，从而提升舆论的引导力。

二、论理具有鲜明的思想性

所谓评论的思想性，主要是指必须以政治视角分析是非、阐明立场、纠正错误，宣示自己的观点，给出科学的方法和正确的思路。把握评论的写作，无非要包含三个层次的意思：即新闻评论贵于理解、说理和论道。

新闻评论是一种有的放矢的文体，具有论事、析理的特点，其基本任务是揭矛盾、摆事实、发言论、讲道理。离开这些，就不叫新闻评论。新闻评论贵于说理，道理透了几分，力量就大了几分。然而，新闻评论中的说理，与理论文章不同，它并没有要求引经据典、旁征博引、左右逢源，也不需要反复论证、不厌其详，更无须追求论述的力量、厚度和深度。新闻评论重在有的放矢、分析扼要、说理明快、画龙点睛、恰到好处。此外，新闻评论在深入分析当前论题的实践过程中，要敢于与当前工作、思想的实际情况进行辩论交锋，敢于与各种时弊发生冲突，进行思想上的论辩。否则，如果连这些问题也不敢去触碰，那就谈不到问题如何解决，这样的新闻评论就没有必要写作和发展。

至于在评论中要说什么道理，当然要求是正确的、深刻的、经得起实践检验的道理。对此，于宁、李德民等同志作出了客观的答复："党报新闻评论既不是用来抒发文人墨客的个人情怀，也不是夸夸其谈的书生论政，而是紧扣时代的脉搏，紧密结合我国各族人民在革命和建设中的实践，宣传党的路线、方针、政策，以利于革命和建设的顺利进行。无论是关于重大政治原则的评论，还是对日常工作的评论，无论是对哪个领域的评论，还是对哪一部门的评价，它总是帮助读者澄清某些认知模糊的问题，提醒读者在实际中注意某些被忽略了的问题，或者为读者明确一些认知问题，寻找解决这个问题的办法和策略。那么，如何使道理说得既正确又科学呢？范荣康在其《新闻评论学》一书中写道：努力用历史唯物主义的观点分析各种纷繁复杂的社会现象，从中得出必要的结论，而决不允许对所要评论的问题进行主观、唯心和随心所欲的分析。这也是由中国共产党的党报性质所决定的。我们党把马克思列宁主义和毛泽东思想当作自己行动的指南。马克思列宁主义、毛泽东思想都要求我们从历史唯物论的角度分析、解决问题。这样的分析，才是科学分析。这样的答案，才是一个十分有力的答案。今天，作为我们的行动指南，当然也应该包括邓小平理论、"三个代表"重要思想、科学发展观、习近平新时代中国特色社会主义思想。评论工作需要我们这样做，并且力求把它做好。事实上，广大新闻评论工作者也是这样开展工作的，他们通过努力撰写了很多有影响力的评论。比如《人民日报》《解放军报》《光明日报》《中国青年报》等报纸上的评论。

三、论说具有广泛的公众性

新闻评论，从论题到论理，从语言到文风，从内容到形式，都要面向公众，具有大众化特征。这是由新闻媒体作为大众传播工具这一特性所决定的。我国现代著名报人戈公振在他的《中国报学史》论著中，在给"报纸"一词下定义时，就说了"为公众而刊行"。正因为报纸是"为公众而刊行"的，毫无疑问，作为报纸四大件之一的新闻评论，作为其他新闻传播工具诸如通讯社、广播、电视、网络的新闻评论，也是为"公众"而写的，是写给广大公众看的、听的，绝不是面向少数人的。这就是新闻评论的公众性。

我们认为，媒体的社会责任，是媒体在新闻宣传过程中由"全心全意为人民服务"的指导思想来体现，是一项自律和自觉的责任，也是面向社会不同层次受众应尽的一项普遍责任。新闻评论必须具有广泛的公共性，要求其提出并解决的问题，应该是具有实际意义的问题，是当前工作中、日常生活中迫切需要解决的，也是广大人民最关注和最感兴趣的问题，是与人民群众实际利益紧密相关、能反映群众要求与呼声的问题。失去公共性，新闻评论就没有价值。

第八章　新闻导向

本章重点阐述中国特色社会主义新闻理论对坚持党性原则的必要性和重要性；在政治上，与党中央保持高度的一致，以及基本内涵；始终坚持实事求是的思想路线，及其具体含义、基本内涵；深入贯彻落实全党监督办报，群众监督办报的思想路线、工作方式和基本含义。

我们国家是由共产党领导的社会主义国家，新闻传播一定要坚持党的原则，坚持事实求是，把握舆论的正确导向。社会主义新闻媒体的主要功能是：它们都是党的喉舌，当然也是人民的喉舌，它们是党的思想政治工作的一种重要舆论手段。新闻评论，又是各式各样的宣传形态中最重要和最权威的形式，特别是党报社论等重要评论，最集中、更鲜明地体现了媒介的立场、观点以及其党派性质。因此，在新闻评论中，忠贞不渝地坚持党性原则，既是做好评论工作的第一条件，也是改善和加强传媒工作，提高新闻宣传质量和核心竞争力的基本前提。

新闻传播工作中，如何坚持和体现党性原则？毛泽东在《对晋绥日报编辑人员的谈话》中说："同志们是办报的。你们的职责，就是对群众进行教育，让群众了解自己的利益、自己的任务以及党的方针政策。"因此，可以这么说，坚持马克思主义的世界观与方法论，坚持从党的立场出发，观察与处理问题，自觉地维护党和人民的利益，与损害党的言论的行为作斗争，这就是新闻媒体包括评论工作都必须遵循的党性原则。对于新闻评论，必须抓住三点，即把握正确的舆论导向，坚持实事求是的思想路线，贯彻全党办报、群众办报的方针。

第一节　把握正确的舆论导向

社会主义新闻事业具有鲜明的阶级性和党派特征，尤其是作为传媒的旗帜和精神灵魂，其立论必须是建立在马克思主义的世界观和方法论基础上的，为广大观众开辟认识真理的道路。其内容必须准确地体现党的路线、方针、政策，体现党的基本主张。一句话，就是要把握正确的舆论导向。这是新闻传播坚持党性原则的第一个要义。实践表明，舆论无小事，它往往代表着一个国家的形象。"如果舆论导向正确，是造福党和人民的巨大福音。如果舆论导向错误，是危害党和人民的巨大灾祸。"

为了坚持新闻报道的党性原则，把握正确的舆论导向，首先必须做到在政治上与党中央保持高度一致。我们知道，只有无产阶级及其政党才能代表历史前进的方向，才能代表广大人民的最大利益，无产阶级党性正包含了这个要义。如何坚持党性原则，具体来说，就是在新闻报道工作中，坚持习近平新时代中国特色社会主义思想，说到底，就是坚持党的全心全意为人民服务的宗旨。

在这一方面，需要强调的是，在新闻报道中，既要体现党的主张，又要反映民意，把对上和对下负责相结合；既要关心人民疾苦，反映人们的呼声和要求，勇于与各种损害人民利益的不正之风作斗争，密切与人民群众联系，使人民群众在亲身体验中，一步步提高觉悟，理解党的政策，拥护党的主张，又要注意引导人们树立全局观念，自觉维护人民的根本利益，决不可"言不及义、好行小惠"，在任何时间、任意情况下，新闻报道都必须坚持党的主张和立场，坚持以经济建设为中心，正确处理改革与发展的关系，必须坚持社会主义制度，必须加强对党员、干部、群众的教育，以正确的舆论引导人，从而凝聚力量、鼓舞士气。

坚持党性原则，在政治上与党中央保持高度的一致，并非空话，而必须落到实处。例如，党中央高度关注社会转型时期的道德文化建设，因为它是制度的基础。一种社会体制的形成、巩固与发展，需要相应的文化来指导与引领，为其奠定基础，并提供软实力。在这一方面，我们应该看到，在改革开放的进程中，文化建设取得了巨大的进步，但同时还必须看到文化建设，特别是道德文化建设，与经济发展相比，仍然是短板，诚信缺失以及道德滑坡依然存在。这就要求新闻媒体，积极主动地加强与市场经济、民主法治与和谐社会建设相适应的道德文化建设，在全社会营造讲道德、讲诚信、讲责任、讲良心的浓厚的舆论气氛。

当然，坚持新闻报道原则的同时，也必须加强党的宣传组织纪律。作为新闻记者，必须具备政治敏锐性，切忌贻误和危害党和人民的事业。对于党中央的路线、方针、政策和各项具体决定，哪些应在媒体公开传播，哪些不宜公开传播；哪些现在不可以公开宣传，以后则可以进行宣传，怎么做，把握时机、讲到何种程度、采取何种方式，等等，都必须符合党的要求，也就是说要遵循党的纪律规定。

第二节　坚持实事求是的思想路线

我们党的思想指南就是辩证唯物主义与历史唯物主义，其思想路线就是实事求是。毛泽东在《改造我们的学习》一文中对这一解释说："实事"就是客观存在的一切事物，"是"就是客观事物的内部联系，即规律性，"求"就是我们去研究。我们要从国内外、省内外、县内外、区内外的实际情况出发。从其中引出固有的、而不是臆造的规律性，也就是要找出周边事物之间的内部联系，作为我们行动的指南。"新闻报道也是如此。新闻报道要坚持的党性原则，不能仅表现在世界观与认识论之间的根本问题上。还应该表现在坚持实事求是上，这是衡量我们有无党性的标准。如何坚持实事求是，应该努力遵循党中央对"宣传工作的三个基本要求"（即讲事实、讲真话、讲道理）的规定。

一、讲事实

新闻报道就事论理，析事明理，都离不开以事实为依托，以事实为基础。事实最有说服力，事实是最好的宣传。毛泽东 1925 年在《〈政治周报〉发刊理由》一文中，讲到怎样打破反革命宣传时，曾经指出："并不多用辩论，只是忠实地报告我们革命工作的事实"，我们的报刊"十分之九是实际事实之叙述"。他在驳斥敌人的谣言时，总是提醒人们："请看事实。"我们的新闻宣传，一定不能违背事实，更不能歪曲事实，要坚持讲事实。夸夸其谈，歪曲事实，隐瞒真相，粉饰太平，是错误的，是我们新闻工作者所不应有的一种恶劣作风。当然，在一些重大问题的宣传上，我们也要注意时机，掌握步骤和分寸，做到内外有别。

二、讲真话

我们党和政府的政策要做到清明，符合实际，符合人民群众的意愿，就必须倾听来自群众的意见，集思广益。我们要敢于讲真话，提倡讲真话。新闻报道的风格，旗帜鲜明，不吞吞吐吐，不含含糊糊。方式、方法要稳，不能放弃原则。毛泽东说："我们必须坚持真理，而坚持真理必须旗帜鲜明。我们共产党人从来认为隐瞒自己的观点是可耻的。我们党所办的报纸，我们党所进行的一切宣传工作，都应当是生动的、鲜明的、尖锐的，毫不吞吞吐吐。这是我们革命无产阶级应有的战斗风格。"

三、讲道理

新闻报道要讲道理。讲道理是不容易的，要下很大的功夫。不要讲无依据的话，不讲大话、套话、空话。要深入事物的内部去，弄清楚事物的内在必然联系。道理要讲得透彻，就要抓住事物的内在联系，讲出事物的发展规律，还要讲究表达的技巧和方式。把摆事实、讲道理作为新闻评论的内容，持之有故，言之成理。不要感情用事，不要以势压人。写东西、讲话，要有感情，没有感情不行；但感情太过头了，甚至感情用事，就容易偏激，空话就多，片面性也就大。对于人民内部问题，不要采取冷嘲热讽的态度、讲闲话的态度。不同意见的争论，要持平等的、探讨的态度，多作分析，多讲道理。

第三节　贯彻全党办报、群众办报的方针

贯彻按照党的宗旨办报和人民群众的利益办报的方针。全党办报、群众办报，是我们党做好新闻工作的优良传统，是我们办好新闻报纸的坚实基础。办好广播、电视和网络也是如此。能否贯彻执行好这条工作路线，同样是对新闻单位和从业人员的检验。要始终坚持党的主张，坚持党性原则，通常要抓好三个"结合"。即上下结合、点面结合、内外结合。下面以新闻评论为例来分析这三个结合。

一、上下结合

所谓上下结合，即领导与群众的结合。1958 年 1 月 2 日，毛泽东在写给刘建勋和韦国清两位省委领导的信中说："精心写作社论是一项极其重要的任务，你们自己、宣传部长、秘书长和报社总编辑，要共同研究。第一书记要动手对一些重要社论进行修改，是必需的。"这里所指的是一个省，要关注、支持和参加新闻评论的工作，尤其是社会舆论。就新闻媒体的内部而言，主要是总编、副总编辑，更多的是要去过问评论。特别是撰写某些重要社论，总编辑和副总编辑应尽量参与，从明确主题、撰写纲要到最终定稿，给予具体的指导。至于评论的产生过程，评论部（组）主要负责人几乎都要参加。这样做，能充分发挥领导长处。一般而言，领导同志因工作关系，思想水平、政策水准要高一点，对政治形势、全局情况了解得多一点，对党的方针和政策也要了解得多一点，这一点是写好评论的有利条件。事实证明，凡在社会影响较大的，对实际工作有推动性的评论，往往都是领导与群众共同努力的产物。

二、点面结合

所谓点面结合，就评论而言，即评论部（组）与全体编辑结合。搞好评论工作，光靠专业的评论作者还不行，还要发起编辑部其他各个部门（组）的同志联合撰写，努力改变一个人出题、一个人撰写的局面。1958 年 1 月 15 日，毛泽东在南宁会议上对《人民日报》的同志说：要大家都写报纸，你们就用包干方法来做。总编辑为统帅，组织所有人写作。分部包干的"生产关系"，可发展"生产力"。各部门和各版面都可以进行竞赛。为了达到这一目的，编辑和记者在学习政策、调查研究的基础上，可以对各种具有重大意义的社会问题进行评论，使自己逐渐成为一名政治观察者和评论员，真正达到政治家的要求。各部（组）的同志，应经常写所管条线的评论，开辟一个固定的评论栏目，联系一大批相对稳定的兼职评论员，使这一工作体系化、常态化。简言之，每一位编辑、记者都应根据所掌握的典型事件，主动发表不同形式的评论，把这一工作作为自己的职责。这样，我们的媒体可以努力实现"天天有评论，版版有声音"，充分发挥新闻评论在传播中的独特作用。

三、内外结合

所谓内外结合，即报社内部和外界力量相结合。媒体之外，应聘请具有丰富的工作经验和真知灼见的同志为特约评论员，应组织党委和有关部门负责人撰写评论。因为这些同志熟悉部门的工作，了解现实情况，能够把握好方向，更能提出独到见解，具有权威意义。同时，由于社会分工日益细密，有些特殊领域涉及的主题，媒体专职评论人员已难以应付，这就要求有一批专家级评论作者，以及在社会各个方面都有影响力的评论家，如政治、社会、经济和文艺，以及国际问题的评论家。由各个行业的评论作者来完成各自领域的评论撰写，就能达到有的放矢、切中时弊、抓住主要矛盾、揭示事物本质的目的。比如，由人民日报社主办的《环球时报》的社评，在国内外都有影响力。由编辑部想出的每篇社评的题目确定后，至少向社外两位专家征集对该题目的看法和观点。初稿完成后，应立即将其传送给几位专家，听取对社评的观点，直到他们在文字中表达出具体的意见为止。这样评论的质量就会大大提高，媒体的影响力就会增强。

然而，评论工作光有这些人还不够，还要面对更多的基层作者和网络写手，形成一支内外结合的庞大评论员队伍。为此，应该积极引导大众在媒体上就各种问题发表评论，通过不同的形式，开辟一个让公众发表言论的平台，征集公众的意见，丰富评论的思想，吸引更多作者参与评论写作。说到底，这也是发扬民主、反映民意的一项有力举措。此外，从传播的效果上看，有些问题是通过公众的现身讲话，自己对自己进行教育，比媒体人说得更好。总之，这样的做法不仅可以使我们传媒经常有一定的评论，而且可以使我们的媒体经常有较高质量的评论，从而使评论质量不断提高。这些年来，从中央新闻媒体到地方新闻媒体，开设了不少公共话语论坛和评论专栏，为大量来自基层一线作者撰写的新闻评论提供了园地，受到了普遍的欢迎。

至于组织集体撰写，那也是贯彻群众路线的一种好办法，发挥群体智慧。当然，在通常情况下，这种办法不宜也不必采用过多，但撰写一些应急的和特别重要的评论，又不失为一个多快好省的办法。组织集体撰写，一定要坚持从确定主题、选择内容到表现形式，认真进行充分讨论。由一位同志执笔写出初稿后，再经过大家研究，反复地、不厌其烦地修改。有些特别长的评论，可以集体研究之后，由两个或多个同志分段写成，然后再由一位同志统稿，使风格统一。这样做的好处：一是快，二是能够集思广益，三是可以带徒弟。不过，这样做一定要研究得透，主题要明确，认识要一致，而且又要有一个切合实际的统一的提纲，这样才能够达到既提高效率，又能保证质量的目的。"任仲平"作为《人民日报》的集体笔名，几乎每篇文章都是这样写成的。

当然，我们强调新闻评论必须始终坚持党性原则，正是为了在评论工作实践中，将新闻性、指导性、思想性和科学性具体地统一起来，真正做到既对党负责，又对人民负责。

四、作风建设

近几年来，从中央到地方各级单位都加大了作风建设的力度，并且取得了显著的成效，各地党风、政风、作风发生了较大的变化，促进了经济和社会的健康发展。但是，有些地方、某些党政机构、一些领导干部，仍然存在或出现了极个别弄虚作假、敷衍塞责的行为，具体表现如下：

第一，形式上的变化。贯彻中央的指示，抓工作，不是以实际为根据，而是以上级为标准，以领导为中心。上面如何部署，下面依样画葫芦。上级的精神没有吃透，下面的情况也不清楚，就照抄照搬或"穿鞋戴帽"，以不变应万变的方式层层出击，把工作做成了文字游戏。千篇一律的会议及生搬硬套的官样文章，被群众称为"常说的老话多，正确的废话多，漂亮的空话多，严谨的套话多，违心的假话多"。工作方法越弄越烦琐，远离了目标任务。

第二，唱得很高。由于急功近利，为急出"政绩"浮躁不安，有些地方和一些领导喜欢唱高调，往往不顾条件具不具备、社会需不需要，也不顾是否能做到，什么事都要高端、高标准、高规范，什么事都要大、快、优，都要最佳、最优、世界一流；动不动就是"新高度""新概念""新思路""新规划"，或什么中心、龙头、高地。说的、写的、唱的、吹的调子越来越高，却没有采取具体的措施来抓落实，或者说根本就没有做好准备；只有想法，没有行动，或想得多做得少，或者想法不切实际，工作没有方向，行动成了无头苍蝇，乱撞，那样会得不偿失。

第三，玩花架。喜欢赶时尚、变花样、造气氛、装"门面"，追求轰动效应，提倡建立一个主体的功能区，到处可见"中心区""示范区""国际会展区""金融服务区""生态旅游区""休闲度假区""欧陆风情区"，一个比一个更好听；有些"重点工程"，不计成本、不惜代价，原来好好的建筑也统统拆了，推倒重来或新建，反反复复折腾，成了浪费资金、影响群众工作和生活的"扰民工程"。热衷于建设大规模、影响深远的"路边工程"和"形象工程"。这样的"政绩"看起来不实用，却兴师动众，劳民伤财。

这些不正的政治风气严重违背了我们党实事求是的思想路线，违反了党的宗旨，妨碍了我们党的路线、方针、政策的贯彻实施，破坏了我们党和人民的关系，损害了人民政府的良好形象，腐蚀了党员干部，严重破坏了党的政治风气，那是很危险的。

造成这种情况的原因有很多。归结起来，就是有些干部心中没有老百姓，一心只想着自己的仕途，千方百计投领导所好，以表面"政绩"谋求升官发财。这需要采取强有力的措施，从教育、指导、督促和建立科学选人机制开始，狠刹形式主义，摒弃唱高调、耍花架子等不正之风。

第四节　党报评论舆论引导力提升应把握四个方向

党报评论舆论引导力提升应把握四个方向，即坚定正确的政治方向、社会的前进方向、群众方向和公平正义文明和谐方向。把握住了这几个方向，就把握住了正确的舆论导向，就能提升引导力。

评论是党报的主要栏目之一。各级党报都设有评论栏目，这个栏目可以设置在各个版面，有的党报在前面四个版都安排了评论，说明评论十分重要。这是根据办报的要求决定的。媒体的责任是传递信息。新闻除了消息、通讯、特写、速写、报告文学、采访手记、群众来信等类型外，还有评论。新闻是新近发生的事实的报道，具有时间、人物、地点、事件、结果等五要素特征，而新闻评论是社会各界对新近发生的新闻事件所发表的言论的总称。不需要完全具备五要素。新闻和新闻评论是报纸的两大主要文体。新闻评论是一种新闻形式，具有较大的传播力量，它以传播意见性、观点性、思想性、言论性信息为主要目的。这些意见、思想、言论传播出去，或启发观众针对某件事应该做什么、应该怎么做、应该怎样对待、应该保持什么态度。概括起来说，就是引导观众怎么去想、怎么去做，教给观众正确的应对方法。那么怎样才能达到引导正确、启发有效、形成统一意见的目的呢？怎样才能提高评论舆论引导力呢？笔者认为要把握好四个方向。

一、把握坚定正确的政治方向，围绕中心服务大局。这与其他新闻的要求是一致的，新闻必须讲政治，新闻评论也首先要讲政治。政治是新闻的生命，政治自然也是新闻评论的生命。就是说，新闻评论提出的意见、观点、思想、言论必须与党中央保持高度一致，与党中央的路线、方针、政策保持高度一致，与各级党委政府的决策部署、工作意见保持高度一致。党媒姓党，要服从党的领导、坚持党的主张、传递党的声音、传播党的言论，按照党的要求引导观众，把观众引导到党的主张上来、党的要求上来。比如，新冠肺炎暴发以后，一度引起了恐慌和不安，怎么办，各地报纸的新闻评论都在正确引导舆情，旗帜鲜明地表明党中央高度重视防控疫情的态度和举措，和各地开展防控的积极态势，引导公众理性看待疫情，积极应对疫情，只有大家按照各级党政的要求行动起来，就一定能够战胜疫情。要旗帜鲜明地表明党和政府采取的果断措施，让人们看到希望，提振人们的信心，进而积极配合当地组织防控围堵，大家都朝着正确的方向行动起来，防控目标就一定能够实现。这其间，各地报纸都推出这样内容的评论，发出了积极向上的声音，尤其是《人民日报》《湖北日报》《长江日报》，紧锣密鼓地发出评论声音，比如《湖北日报》的《以更严格的封闭换取更大的安全》的评论文章、《长江日报》的《防控疫情要坚持底线思维》的评论文章等发挥了及时高效的引导作用，稳住了人心，稳住了阵脚，实实在在地提升了新闻评论的舆论引导能力，充分发挥了媒体影响社会的功能。

二、把握社会的前进方向，体现辩证法对人类进步的重要指导作用。一方面新闻评论要符合辩证法，符合事物的发展规律；另一方面新闻评论要运用辩证法思维引导舆论。就是说在评论中倡导的思想、观点，要与当前时事紧密相联，符合当前大事的发展趋势，符合辩证法理论，否则，评论的观点连自己都站立不稳，谈何影响他人。笔者在一份县级报纸上看到一篇《向先飞的笨鸟学习》的评论文章，觉得很有见地。

《向先飞的笨鸟学习》的作者在文章中讲述了一个基层干部写作成功的故事，引起人们称赞，这位干部回答是笨鸟先飞而已。作者就这一回答展开论述。他说"笨鸟先飞"都能获得成功，秘诀就在一个"先"字，这个"先"正是"笨鸟"们的智慧所在。"笨鸟"要先飞，说明他明方向，为着理想勇敢前进；说明他知不足，拟订计划奋起直追；说明他补漏洞，敢于抢抓机遇；说明他惜时间，亡羊补牢为时不晚；说明他勤学习，兼收并蓄学以致用；说明他善总结，方法经验皆成武器。时代为各行各业中所有勤奋、执着、刻苦、顽强、拼搏奋斗的先飞的"笨鸟"们给予了丰厚的报答。如果人人都来做先飞的"笨鸟"，为梦而飞，天下哪有不能干好的工作？哪有不能攻克的难关？哪有不能解决的困难？哪有不能实现的梦想？这一评论揭示了实践、认识、再实践、再认识，量变质变，矛盾双方相互转化等哲学道理，概括起来就是"勤能补拙"。这是一篇励志性质的评论，遵循事物的发展规律，能启发人们勤奋努力，实现理想，成就事业，能启发人们积极行动，勇敢拼搏，创造辉煌人生，为建设强大祖国贡献力量。评论以小见大，层层深入，论述透彻，以理服人，引导效果明显。

三、把握群众方向，体现人文关怀。笔者曾在《光明日报》看到一篇评论：《〈花繁叶茂〉：做好群众工作要面对面、心贴心、实打实》。这篇评论从国家广电总局脱贫攻坚重点剧目《花繁叶茂》在央视播出后引起作者的感想开始，展开评说，这部电视剧重点反映基层干部群众在脱贫攻坚行动中攻坚克难、共克时艰的拼搏精神风貌，是一部做好群众工作的活教材。那么怎样才能做好群众工作呢？作者在论述时把握住了群众方向，就是要接近群众，关心群众，与群众做朋友，要与群众面对面、心贴心、实打实交流沟通，争取得到群众理解支持。作者在评论中写道："每一个矛盾的解决，无一不是基层干部与群众面对面接触、心贴心交流、实打实做事的结果。无论是与煤矿老板针锋相对，还是处理三改过程中村民不愿意拆自家酒坊的问题，抑或是处理养蜂农户蜜蜂死亡和逃离的问题，基层干部都是第一时间赶到现场，直面问题，在现场了解真实情况，在现场寻找解决问题的办法，在现场化解误会，也在现场增进了解和友谊。"只有这样，才能解决问题。否则，什么事情都办不成，更不要说脱贫攻坚这样特别困难的事情了。

评论中还提到,做好群众工作要尊重群众。要能包容群众身上的缺点,个别群众认识不深,觉悟不高,见识肤浅,怕担风险,自私心重,都是客观存在的。《花繁叶茂》并没有回避这些现实问题,那么,面对这些问题怎么办?剧中情节显示,基层干部做到了尊重群众、热爱群众、与群众打成一片,比如同桌吃饭,一起聊天,交心谈心,嘘寒问暖,这些都是做好群众工作的方法。剧中有关土陶制作技艺提升、酒坊的改造、房屋改造、黔北民居风格保留等问题的分析、讨论,就充分征求了群众的意见,这就是尊重群众意愿的真实例证。

评论还提到了"从群众中来,到群众中去"的群众路线,这是我们党的领导方法和工作方法。我们党自成立以来,做到一切为了群众、一切依靠群众、一切让群众受益,坚持群众路线,就一定能从胜利走向更大的胜利。这也是电视剧《花繁叶茂》给我们的启示。概括地说,群众路线就是群众方向,新闻评论把握住了这个方向,评论的舆论引导能力就会不折不扣地上升。

四、把握公平正义文明和谐方向,为构建法治社会、文明社会奠定思想基础。评论提出的思想、观点、意见要充满公平正义,要倡导文明和谐。维护公平正义、推进文明和谐,是建设富强、民主、文明、和谐、美丽社会主义现代化国家的客观要求。新闻评论务必把握住这个方向,要大张旗鼓地宣传公平正义和文明和谐,为推动文明进程营造浓厚氛围,体现媒体人的担当作为。下面以《中国妇女报》上的一篇评论《对侵害儿童行为必须零容忍》为例加以分析。

这篇评论强调,保护未成年人,一刻也不能放松。评论列举了4岁女童遭受严重家暴、高管涉嫌性侵养女、以招募童星为名侵害儿童等近期已发生的多起性侵、家暴案件,要求社会必须对施暴行为"零容忍",必须严惩施暴者,为未成年人健康成长保驾护航,维护公平正义。这是时代的呼声,更是国家长治久安的保障。

评论指出,当年1月至3月,全国检察机关对性侵害未成年人犯罪行为起诉4151人,同比上升2.2%。这组数据,揭示了两个问题,第一,侵害儿童行为的严重性;第二,司法机关对未成年人保护的担当作为。

侵害儿童行为,与公平正义、文明和谐背道而驰,造成许多孩子和家庭因此坠入深渊的恶果，甚至会造成几代人痛苦，严重影响家庭和谐与社会稳定。因此，必须严厉打击侵害未成年人的行为，从重从快严惩违法分子。要让"零容忍"成为全社会的"价值共识"和"行动指南"。

作者进一步在评论中论述对侵害未成年人行为的"零容忍"，要解决好法律问题、社会问题，家庭要履行责任，国家要承担义务。要建立完善保护未成年人的法律制度体系、社会工作体系、家庭责任体系，让儿童优先理念成为国家意志、公民素养、社会风尚。

为此作者在评论中呼吁，为了避免让孩子们承受"生命不能承受之重"，每个人都不能置身事外，全社会都要行动起来，以关怀关爱织密"保护网"，以法律机制拉起"警戒线"，以利剑锋芒斩断"罪恶手"。

评论既重视问题提出，又深入问题分析，既阐明意见观点，又提出解决办法，彰显着满满的正能量，流露出关爱人民的深切情怀，扛起了履行社会责任的大旗，为推进公平正义、推进文明和谐提供了强大的思想支撑和积极的舆论引导。

党报评论把握了这几个方向，就把握住了正确的舆论导向，就把握住了党的新闻观。

第九章　基本素养

本章讲述新闻工作人员的基本素养，如何着力提升新闻工作人员的基本素养，评论员的基本素养与写好新闻评论的关系；评论员的政治水平；评论员的理论水平；评论员的社会素质；评论员的知识水平；评论员的文字水平。

新闻评论工作做得好不好，评论质量高不高，关键一条是取决于评论者的基本素养。

对于新闻评论者的基本素养，我国的一些新闻评论学者有各自不同的说法，但却都各有惊人之处。评论员要具备哲学涵养，政治才能和写作技巧。评论员对媒体立场的持久判断是否正确，有赖于内心的积淀。

"对于新闻评论作者来说，除了必须具备新闻工作者的基本道德修养外，在某些方面还应该具有更高的道德要求。他们必须不断提高政治思想觉悟、政策把握水准，必须知识丰富、眼光敏锐。尤其是要具备自觉运用马克思主义基本原理认识社会问题和主动解决实际问题的能力。"

其素养包含多个方面内容，一是政治意识强烈；二是角色定位准确；三是坚实的理论基础；四是新闻的敏锐嗅觉；五是强烈的求知欲；六是职业道德良好。

评论作者应从下列几个方面提高业务素养：（一）强化政治修炼。评论作者应该提高政治意识，站在时代前沿，把握社会前进方向，展现时代精神。（二）评论作者应该学习并掌握马克思主义科学理论，并运用到评论工作中，全面深入分析问题，强化政策理念，做好党的"耳目喉舌"。（三）评论作者必须重视文化知识修养与基本功训练，做到博学、精通。好的评论文章的写作，是综合利用各方面的知识和写作功底集中体现的结果。这就要求评论作者勤奋学习，重视知识的积累，提升丰富的想象力。在丰富知识的同时，还要努力提高自身的文字表达能力，提高写作水平。

综上所述：评论作者不仅必须具有新闻工作人员（主要是编辑和记者）应具有的基本素养，而且必须具有评论者特殊的素养。称职的评论作者，应该是媒体的代言人，也应该是编辑部的参谋长，既能发表观点，又能把握脉搏。总之，对评论作者的要求很高。评论作者的基本素质如何，往往在某种程度上代表并反映一个媒体团队的基本形象和素质。目前，新闻机构普遍认为评论作者缺乏，评论作者素养也不够理想。如果认为要培养合格的编辑、记者不容易，那么要培养合格的评论作者就更难了。从新闻工作人员的整体情况来看，目前解决评论作者青黄不接、水平不高的问题，显得比较突出。这个问题不仅应该提上新闻单位的培训日程，而且应该提到大学新闻教育专业设置的日程上。因为，多年来，我们的新闻教育一直侧重于培养记者（当然也是必需的），而忽视了培养新闻评论工作者。目前，许多大学的专业评论教学力量薄弱，师资不足，评论课程的设置也不尽合理，学生学习评论专业的兴趣不浓，等等。这种情况与新闻工作的实际要求差距较大，需要改变。

评论作者究竟要具备哪些基本素养？作为党报评论作者，首先要是一位有着真知灼见的政治家，其次要求是一位具有远见卓识的观察者，是一位有深刻思想的理论者，是一位关心现实生活的、充满热情的社会活动家。换句话说，一个有领悟力、剖析力、表现力和知识范围广的优秀评论家，应该具有政治学者的热情、眼光，理论学者的头脑和判断，社会活动者的活力和本领，杂家的智慧与博学，作家的技能和感情。最重要的一点是，评论作者首先应该是合格的政治家。当然我们不需要每一位评论作者都是政治家，但每个评论作者应该把这个目标定得高一些、严一些，以便高标准要求自己、磨炼自己、提升自己，不断提高自身素养。

第一节　政治家的眼光：目光四射，触觉敏锐

新闻评论作者的观点往往代表所在出版单位的编辑部的态度，在某种特殊情况下，甚至至少可代表同一行政级别的党委的意见，同级党委指导工作，经常以新闻评论员的方式对社会、广大干部、群众提出一些全局性的重大问题，从思想政治的角度深入阐述党的路线、方针和政策，分析新闻工作在社会实践中的重要指导作用。因此，评论作者首先需要自己具备更高的思想政治理论素养。

评论工作人员的政治素养，主要表现在立场正确、信念坚定，潜心研究

党的路线、方针、政策，坚持四项基本原则，同党中央在政治上保持高度一致等方面。这也是党的新闻评论工作者最基本的政治要求。因此，我们写新闻评论，千万不要从自己的兴趣、感情出发，而一定要站在党的立场上，体现党的重要思想、部署、方针和政策。从这个意义上讲，评论作者在新闻评论工作中不能随心所欲、乱发论断。这就必然要求每一位新闻评论作者都必须像政治家一样，始终充满政治热情，随时关注党和国家的重大事务，随时胸怀大局，目光如炬，力求通过分析评论，动员、激励、引导广大干部群众努力为实现社会主义现代化国家这一目标而奋斗。

当然，强调评论作者要与党中央在政治上保持高度一致，丝毫不意味着照搬硬套。不知何时，撰写评论就形成了一条不成文的规定，即无论大小，必求有根据，所有文件或权威人士的讲话、文章都是全面正确的，是"持论有据的"。这显然是个误解。我们认为，阐述党的路线、方针、政策和一些有关党的重要工作部署问题的评论，力求从内容到文字准确可靠，切不能掉以轻心，评论工作人员的政治素质，表现为吃透两头，现实生活中的新事物、新问题层出不穷，评论面广而丰富，我们要根据实际问题进行分析，提出新的问题、新的见解，发表新的观点，正确引导读者。这也是评论作者不可或缺的一项重要素养。

第二节　理论家的头脑：以其昭昭，使人昭昭

评论家要具备深刻的新闻观察力，独到的新闻视角，较高的理论水平和通过错综复杂的社会现象来把握问题实质的能力。政治上的坚定，首先要取决于理论素养。所谓理论素养，是指能够自觉地运用马克思主义的世界观和方法论，运用全面而不孤立、系统而不零碎、发展而不静止的哲学方法观察事物，剖析问题。很难想象，一位理论水平较低的评论员，能够通过错综复杂的社会现象，抓住事物的本质，写出有质量的评论。只有综合能力较强的评论作者才具有见微知著、鞭辟入里的透视力，进而进行纵横深入的剖析。新闻评论要正确阐述党的方针政策，及时分析社会上各种现象，帮助广大受众提高对世界的认识和改造世界的能力，需要评论作者具备较高的理论水平。

马克思在《黑格尔哲学批判导言》中说："理论只要说服人，就能掌握群众；而理论只要彻底，就能说服人。所谓彻底，就是抓住事物的根本。"评论作者的政治理论水平，主要体现在他善于充分运用辩证唯物主义与历史唯物主义的理论观察社会，提出社会问题、分析社会问题，善于从复杂的社会现象中揭示事物本质，解决社会问题。这就是新闻评论工作人员常常所说的具备透视和剖析的能力。这两个方面的理论水平越高，写出来的评论质量就更高，说服力就更强。实践说明，评论作者的理论素养，主要是运用世界观、方法论来研究新的问题，把具体的问题、特殊事件提升到理论高度上，进行透彻的、精辟的、深刻的分析，从而帮助广大受众提出解决问题的方法。

有的评论作者在写作时，常常在强调一个倾向时忽视了掩盖着的另一个倾向，只讲过头话，不讲科学性，这主要是理论素养不高，缺乏科学的思维方法和评论方法。事实一再表明，评论工作者是否具有科学的思维方法和评论方法，是提高评论文章的水平和质量的重要因素。那么，科学的思维方法和评论方法包括哪些内容呢？可以概括为"十要十忌"：一要有客观的观点，忌主观；二要有全面的观点，忌片面；三要有深入的观点，忌表面；四要有具体的观点，忌抽象；五要有灵活的观点，忌一刀切；六要有比较的观点，忌自以为是；七要有反复的观点，忌操之过急；八要有全局的观点，忌坐井观天；九要有发展的观点，忌一成不变；十要有群众的观点，忌"唯上""唯书"。这"十要十忌"，概而言之，也就是要遵守唯物辩证法，忌唯心主义、形而上学，不断在实践中培养自己的科学思维方法，这样，可以大大提高观察问题、分析问题的能力，增强自己的理论素养。

评论工作是一项政策性很强的工作。政策有对不同时期的形势和实际情况的中肯分析，有对各种具体思想和理论问题的阐述，它总是切实地反映客观规律和事物的本质。所以，认真学习、切实掌握党的各项政策，是评论工作者增强理论素养的一个十分重要的方面。政策水平的高低同理论水平的高低是一致的，或者说是相辅相成的。由于新闻评论涉及各个领域，所论问题极为广泛，因此，一个有作为的评论工作者，对于党和国家各方面的基本政策，诸如农村政策、经济政策、对外开放政策、知识分子政策、财税政策、工商业政策、文艺政策、金融政策、干部政策、侨务政策、科技政策、民族政策、统战政策、教育政策、卫生政策、军事政策、外事政策等，都必须认真学习，努力把握。有些地方报纸由于政策观念不强，不时因报道或文章违反宗教与民族政策，引起轩然大波，几乎酿成重大政治事件，受到严重警告甚至停刊整顿或取消刊号等处理。这些教训应该认真吸取。因此，把握政策，牢固树立政策观念，是评论工作者理论素养的重要内容，也是衡量有无强烈政治责任感的重要标尺。

第三节　社会活动家的本领：上"天"有路，入"地"有门

新闻评论应该"吃透两头"，一头是党的路线、方针、政策和党委的工作目标；一头是群众的要求、愿望、社会实际状况。这就要求评论作者能够"上天入地"。上了"天"，掌握党的路线、方针、政策和重大部署及工作目标；下得"地"，就是对下情的充分了解，了解事实、了解群众真实的想法。在前面两节的政治素养与理论性素养中，我们已经讨论了"吃透上头"的问题，在这一节中重点讨论"吃透下头"的问题，即评论作者一定要具备社会活动家的本领，熟悉社会情况，了解群众意愿。

社会是评论作者的一个大课堂。社会给评论作者提出了一个关键而迫切的问题，就是如何千方百计地关心并了解社会每天发生的人和事，要眼看六路，耳听八方，善于与干部和群众交往，脑子的触角伸向不同的领域，要三教九流无所不接触，不断地积累和丰富社会知识。总之，丰富的社会生活，永远是评论工作者取之不尽、用之不竭的源泉。观察社会，了解社会，注意从群众的行为动向中把握情绪，判断社会的发展趋向，从而掌握丰富深刻的评论信息，并产生写作欲望和激情。这是评论作者对社会素养不可缺乏的锤炼过程。写评论要有的放矢，要有针对性，要深入了解社会。为什么有些报纸的评论专栏办得尖锐泼辣、生动活泼、有棱有角，很受读者的欢迎，而有的报纸的评论专栏则泛泛议论，没有紧扣社会上那一根根绷紧的弦，让读者感到平淡无味呢？这与评论工作者的素养密切相关。

社会活动者的主要特征，就是密切联系群众，了解社情民意。评论作者要有社会活动者的本领，就必须关心群众、了解群众，努力向群众学习。要了解群众的想法，就应当与群众交朋友，多与他们接触交流，了解他们有何

需求，他们支持什么、反对什么，然后分析归纳，得出普遍结论，就能代表群众提出意见建议，明确思想方向，找到解决问题的钥匙。使自己写出的评论接地气，入地有门。

总之，评论作者必须努力培养与社会上各类人员交往的本领。要乐于与他们交往，这样才能获得丰富而重要的信息，才能了解真实的情况，才能听到真实的声音，达到庖丁解牛、游刃有余的效果。

第四节　杂家的智慧：视野开阔，知识渊博

评论作者要具备比较全面、扎实、广泛的知识。新闻界老前辈邓拓是一位典范。他博学多才，知识渊博，无论是写新闻报道，还是写社论短文，都能笔走龙蛇，下笔成章。他还是著名的明清史学家，18岁时参加了上海左翼社会科学家联盟，23岁时出版了专著《中国救荒史》。在新闻评论领域，25岁的他任晋察冀报社社长，30多岁任人民日报社社长，撰写了数百万字的评论作品，是我国著名的政论家，曾担任中国新闻工作者协会会长。在文学创作上，他是著名的诗人、散文家，也是颇有造诣的书法家和鉴赏者。1961年，他在《北京晚报》开设专栏"燕山夜话"，发表了150多篇佳作。他平时勤奋学习，积累知识，经常边吃饭边看书，连洗脚都要看书。他涉猎广泛，涉及的范围包括文史、哲学、经济和大自然等。

知识就是力量。视野开阔，知识广博，是评论作者必须具备的一项素质。一篇好的评论作品，与作者丰富的知识积累是分不开的。很难想象，一个知识浅薄、不善学习的人，能够写出一篇以理服人、思想深刻、文采飞扬的评论。我们通过阅读评论文章，就可以了解作者掌握多少知识。有些人写的评论总是几句司空见惯的旧话，那种格局老话、套话显得狭窄，思路不开。而同一个题目，由另一个人执笔，则会写得妙语连珠、警句迭出，寥寥数语就能写得栩栩如生，引人入胜，甚至让人热血沸腾。差别是由作者掌握的知识决定的，也是由作者语言运用能力决定的。一般来说，评论文章本身是多种知识的综合结晶，严密的理性论证需要逻辑知识，精巧构思需要有文学知识，语言要准确、有力，需要语法修辞知识；精辟的论述，典故的运用，背景的穿插，更离不开哲学历史知识，等等。实践证明，具有丰富的知

136

识的人与只有浅薄知识的人相比，更易产生联想，更具有独到的见解，更具有发散思维，写出的评论更富有感染力和说服力。

大凡政论家，都是勤奋学习、博览群书的人。宋朝的三苏（苏洵、苏轼、苏辙）擅写策论（也就是古代的政论文章），文章横纵无羁，机锋雄辩，正是由于他们长期潜心阅读、精通六经和诸子百家著作的结果。王安石"自百家诸子之书，至于六经、素问、本草等无所不读，家夫女工无所不问"，因此他写的文章才能传到后世，至今让人拍案叫绝。英国著名哲人培根说过：阅读使人充实，会谈使人敏捷，写作与笔记使人精确。历史使人智慧，诗歌使人巧妙，数学使人精细，博物使人深邃，伦理学令人庄重，逻辑学和修辞令人善辩。评论者往往需要通过大量的文字阅读，像蜜蜂一样，通过辛勤的采摘百花，才能酿出蜂蜜，只有大量阅读才能从中吸取更多知识，使自己变得充实、敏捷、精确、明智、巧慧、深邃和能言善辩。

知识的海洋辽阔无垠。天下书籍汗牛充栋，然而人的生命却有限，所以阅读必须注重方法，要有侧重。英国诗人柯勒律治把读者分成四类，第一类好比计时的沙漏，注进去，漏出来，到头来一点痕迹也没留下；第二类好比海绵，什么都吸收，挤一挤，流出来的东西原封不动，甚至还脏了些；第三类像滤豆浆的布袋，豆浆都流了，留下来的只有豆渣；第四类是宝石矿厂里的苦工，把矿碴甩在一旁，只拣些纯净的宝石。评论作者应该成为第四类读者，要去挑选宝石。对于重要的理论著作、史书、文学书籍和科技著作，评论作者要自行阅读，仔细品味。只有学懂弄通了，运用起来才能够得心应手。

新闻评论牵涉到各行各业，针对种种不同的问题，这就要求评论作者成为杂家。知识储备越多，知识范围越广，其发展潜力也就越大。爱好单一，过窄，则把自己限制在一个极小的空间，正如井底之蛙，自然就写不出好的评论来。因此，评论作者要多读马列著作，多学历史、文学、法律等方面的知识。邓拓曾经说过：深入实际兼读史，立定脚跟做圣人。评论作者应该把现实与历史结合起来，从历史中吸取经验，从哲学中获取智慧。对此，评论作者应该认真阅读《史记》《汉书》《三国志》《资治通鉴》等书籍，认真阅读《四库全书总目提要》，不断丰富历史知识。

当今世界，信息的浪潮波澜不平，高新技术也在蓬勃发展。在这样的信息时代，评论作者还要学习社会科学、市场经济、贸易管理等领域的知识。

知识是不断积累的。"不积跬步，无以至千里；不积小流，无以成江海。"不勤奋学习，就不可能掌握丰富渊博的知识。

第五节　编撰家的素养：文字编辑应具备的素养和综合能力

文字编辑是新闻工作者的重要组成部分，承担着把握导向、正面宣传、传播正能量、处理文字的职责，是宣传报道的重要环节。无论报纸、电视等传统媒体，还是微信、微博等新媒体，都离不开文字解说，都需要处理好文字。文字表达的准确与否、文稿层次的清楚与否、逻辑的严密与否，都由文字编辑的水平和功底来决定，就是说，文字编辑必须具备多种能力。

文字编辑应该具备坚定的政治能力、严密的辩证思维能力、较强的文字组织能力、独立完成文案的编写能力、密切联系记者的沟通能力、摄影及图片的应用能力。

文字编辑的主要任务就是要根据编委会确定的报道重点、栏目安排、版块设置拟订编辑计划，根据党委及政府的中心工作和近期工作重点策划选题；组织和预约相关稿件；对来稿或资料进行整理、修改和润色；负责文稿或资料的校对及审核工作；安排文稿的版面位置；与作者建立良好的合作关系，并培养自己的作者队伍；阅读读者来信，收集读者的意见和建议。然后完成一期报纸或一组电视新闻的编辑审核工作，最后呈送部门负责人和分管领导把关、定稿，直至播出或付印，把新闻产品交接读者观众，完成宣传报道工作。

根据这些工作职责，文字编辑应该具备上述多种能力。具备这些能力是编辑好新闻的前提条件和必然要求。

坚持正确的政治方向。坚定的政治能力是所有新闻从业人员必须具备的。这是党媒姓党的客观要求。习近平总书记要求新闻工作者要坚持"四向"。一是要坚持正确政治方向，同党中央保持高度一致，坚持马克思主义新闻观，坚守党和人民立场，坚持中国特色社会主义，做政治坚定的新闻工作者。二是要坚持正确舆论导向，深入宣传党的理论和路线、方针、政策，深入宣传全国各族人民为实现"两个一百年"奋斗目标、实现中华民族伟大复兴中国梦进行的奋斗和取得的成就，弘扬主旋律，释放正能量，做引领时代的新闻工作者。三是要坚持正确新闻志向，提高业务水平，勇于改进创新，不断自我提高、自我完善，做业务精湛的新闻工作者。四是要坚持正确工作取向，以人民为中心，心系人民、讴歌人民，发扬职业精神，恪守职业道德，勤奋工作、甘于奉献，做作风优良的新闻工作者。一句话，就是要做党和人民信赖的新闻工作者。文字编辑首先要做到这些要求，要牢牢守住四向要求，把握全局，协调各方，周密部署，保证宣传报道程序科学有序、报道及时高效。

把握正确的舆论导向。记者和通讯员的稿件交到编辑手里，编辑有责任把握好方向和导向，要让每一篇新闻稿件都符合党的要求、人民的愿望，都有满满的正能量，都能鼓舞干部群众感党恩、听党话、跟党走，积极工作，勤奋学习，为建设富强、民主、文明、美丽的中国而努力奋斗。要传递丰富生动的信息，为干部群众提供精神动力和智力支持，激发干部群众干事创业的激情，让大家团结一致，戮力同心，群策群力，为祖国建设贡献力量。要扼制反面新闻、负面新闻、消极新闻，避免腐蚀群众，危害群众，造成重大影响，干扰党和人民的伟大事业。概括地说，文字编辑必须讲政治，要有政治意识，要有讲政治的能力。

严密的辩证思维能力。文字编辑是社会的观察者、调查者、瞭望者，必须全面把握各种问题的宣传报道方法，要对各种问题进行全面的分析研究，确保宣传报道正确、生动、及时、高效。这就要求文字编辑要熟练掌握辩证法常识，运用辩证法理论指导新闻报道，指导新闻编辑，以保证报道客观公正，遵守客观规律，顺应时代潮流，推动社会平稳向前。记者的水平参差不齐，撰写的稿件千差万别，无论是电视稿、报纸稿、新媒体稿，还是会议报道、深度报道、大众评论等各种稿件都要通过编辑综合审视、全面把控、修改提炼，达到文稿内容既遵守党的新闻纪律，又遵守辩证法，保证报道出去的新闻传递的是社会需要的信息，充满正能量的信息，激发人们的精气神，提振人们积极向上、勇于拼搏的进取信心，引导社会走向团结、和谐、美好。这样宣传报道的目标才能实现，新闻媒体的任务才能完成，文字编辑才算得上履职尽责。

较强的文字组织能力。较强的文字组织能力是文字编辑必备的基本条件，编辑的新闻稿件的质量优劣取决于文字编辑水平的高低。只有具备了较强的文字功底，记者的稿件或材料到了编辑的手里，通过编辑整理、修改、调整、提炼、润色、校对及审核，才能使原始稿件中心明确、结构严谨、条理清楚、符合逻辑、语言流畅、符合语法及约定俗成的语言习惯、没有错别字。让观众或读者在听电视解说、看报中品味平实、流畅的语言艺术，领悟生动感人的新闻故事，从而受到教育，获得健康的休息和愉快的享受。因此，文字编辑必须具备较强的语法功底和文字运用技巧。没有这些能力，很难胜任文字工作。要具备这些能力，必须多读书、多看报、多写作，熟练掌握新闻基础理论、新闻稿件写作规律，认真学习中央级、省级党报党刊刊（播）出的新闻和获得中央级、省级新闻奖获奖作品，从中获取真知灼见，获得间接经验，提高文字组织能力和新闻编辑水平。

独立完成文案的编写能力。无论是电视台还是报社，一年之中，总会根据党委及政府的中心工作安排一些重大、特别的报道，比如深度报道、系列报道、专题报道、人物专访等节目或专栏，以丰富报道内容，深化报道主题，让读者、观众能够更加全面深入地了解各级党员干部、广大群众在中国特色社会主义伟大事业中的生动实践，以及他们苦干实干取得的突出成绩，激励大家继续奋斗，再创佳绩。这样的报道就需要策划，编委会和文字编辑都承担着策划职责，这些报道由谁负总责，安排哪些记者采访，采访对象如何确定，什么时间完成采访任务，什么时间刊出、播出，都需要形成文案，文字编辑就要认真编写好文案，分管领导把关认可后，就按照文案开展工作，做到有安排、有督促、有检查，确保报道顺利推进，按时完成报道任务。文案编写质量高，宣传报道就会平稳顺利；反之，就难以达到目的。因此，文字编辑必须具备独立完成文案编写的能力，然后，在此基础上完成高质量的文案编写，为宣传报道提供理论遵循和方法步骤。

密切联系记者的沟通能力。文字编辑与记者的关系好比厨师与食材的关系，记者采写的稿子就是食材，食材交接厨师以后，由厨师根据主菜、配菜、汤菜、凉菜等食材进行搭配烹饪，来完成一桌美食。搭配烹饪过程中，厨师会发现有些食材没有清洗干净，有些食材分类不清，有些食材没有摘择，无法下锅，就好比记者的稿件出现了新闻的五要素交代不清的情况，要么人物姓名、职务写错，要么领导顺序排错，要么时间、地点有误，要么层次不清，结构混乱，等等。面对这种情况，编辑就要与记者沟通，对存在问题进行核实、修改、提炼，进行调整、加工、打磨，使之表达清楚，结构完整，主题突出，达到刊出和播出要求。在沟通过程中，编辑要注意礼貌、技巧，要尊重对方，在和风细雨润物无声中达到沟通目的，解决好问题。这种沟通是常态的，因此需要沟通的时候，编辑都要调整好心态，不过急、不带情绪，做到快乐沟通、轻松沟通，确保双方愉快。这种能力需要培养、历练。为了干好工作，为了履行好职责，就要锻炼这种能力。

摄影及图片应用的能力。报纸类的文字编辑还要负责图片编辑，根据报纸的编辑规律，每个版面可以安排一至三张甚至更多张图片，必要时，可安排专版图片，这是图文并茂的需要，也是直观审美的需要。图片是报纸不可缺少的重要组成部分，编辑好图片就是编辑好整张报纸。鉴于此，文字编辑要把图片新闻与文字稿件相提并论，同等看待。一方面要精心选择记者拍摄回来的图片，安排在一个版面中特别影响视角效果的位置，配上文字说明，让读者既能审美，又能明白图片的辅佐功能。另一方面，文字编辑可以根据版面需要，自己到现场拍摄，需要什么拍什么，需要多少拍多少。这样图片新闻就更接地气，报道就更及时，特别是遇到图片新闻匮乏时，文字编辑直接到一线拍摄尤为重要，至少保证图片新闻素材充足，选择空间较大，游刃有余。也可以避免选择次品或图片资源不足。

除了这几方面的能力必须具备外，文字编辑还需具备撰写评论的能力、编辑理论文章的能力、编辑副刊的能力、开设文化专栏的能力。

综上所述，文字编辑要成为杂家，要熟练掌握社会的运行规律，把握社会的前进方向，悟深悟透党的宗旨和使命、党和国家的路线方针政策，并认真践行好、贯彻好、落实好，旗帜鲜明地唱响主旋律，打好主动仗，完成好新闻工作者举旗帜、聚民心、育新人、兴文化、展形象的使命任务，做党和人民信赖的新闻工作者。

第十章　融媒时代的新媒体

　　融媒体时代的到来，有效改变了传统媒体的发展方式，使之由白热化的竞争格局逐步向融合模式转变，既完成了媒体环境的优化，也保留了媒体形式的多样性，属于一种最佳的新闻行业转型方案，为新闻媒体的发展提供了更为丰富的路径。融媒体是新时代媒体技术及理念发展的产物，该理念广泛存在于媒体领域，并逐步成为竞相探索的媒体发展方式。其核心是依托全新媒介载体，将传统的纸媒、广播及电视等媒介，在原有领域通过优势互补，利用现代媒体发展方式进行融合，在保证各自优势的前提下，进一步拓展发展空间，成为内容兼容、资源通融和利益共融的新型媒体。

第一节　融媒体时代新闻媒体的传播方式及特征

一、新媒体的传播方式

　　基于融媒体时代下的新闻媒体，其传播的方式也日益丰富，更打破了传统固定的新闻传播方式，通过资源渠道的共融互通，满足了社会多样化的新闻需求。其一，广播电台传播。广播虽然属于传统媒体，但在融媒体发展背景下，其焕发出了新的优势，依托其低成本、高覆盖的优势，大量电视节目被转化为音频进行传播，打破了空间与地域的限制，如《新闻联播》所打造的广播电台版，也属于融媒体时代的新尝试。其二，移动终端传播。随着 5G 时代的来临，新闻媒体"小屏化"似乎成为必然走向，人们对移动终端的依赖远超传统方式。因此新闻媒体的网络 App 客户端逐渐成为"香饽饽"，满足了大部分新闻受众的信息获取需求，加之我国庞大的移动网民群体，进一步扩大了其生存空间。其三，网络平台传播。网络属于环节信息的基础，融媒体也同样如此，作为基础性新闻传播渠道，网络新闻越发受到关注，依赖其即时、高效、迅捷的传播优势，必然属于未来的发展主流。

二、新闻媒体传播特征

伴随媒体技术的快速发展，其所发挥的时代支撑性也日益增强，更为融媒体时代的创新发展提供着关键滋养。融媒体环境下的新闻媒体，在传播方式的变革下具备了显著的特征。其一，互动性特征。传统新闻媒体发展理念中，对于互动性的理解并不深刻，忽视了对互动性的关注，并且受传播渠道及方式的影响，难以真正完成有效的互动。而在媒体技术的不断发展下，借助媒体平台的互动渠道，赋予了受众更自由的空间，新闻受众可以依据自己的意愿和看法，对相关新闻事实进行评论，而充分的自我表达和参与感的提升，也营造出了良好的新闻氛围，让新闻媒体更能够获得大众的接纳和喜爱。其二，广泛性特征。融媒体时代的关键词是"融合"，这需要建立在网络平台之上，而随着我国网络的快速普及，不仅为网民的信息获取带来了便利，也为新闻媒体的融合提供了支持空间。事实上，网络之所以能够获得广泛应用，根本在于网络中蕴含着海量的信息资源，能够满足社会多元化的信息需求。同样，为充分利用好网络平台，新闻媒体也在不断地进行着深耕，借助互联网广泛的传播性和融合性，使新闻信息得到最大限度地推送，使之能够渗透到各个角落。其三，时效性特征。顾名思义，在快节奏的社会背景下，人们对新闻信息的筛选日趋严格，尤其在新闻媒体之间的竞争中，一旦落后发布便意味着信息价值的消失，虽然融媒体时代降低了竞争强度，但对于信息本身的竞争却从未停歇。因此，新闻媒体传播的时效性成为根本保障，在实际的新闻发布上，均借助移动网络对新闻事件进行即时转播，让新闻受众第一时间掌握信息，并利用直播等创新平台进行现场报道，极大地提升了新闻传播的时效性，发挥出极强的融合效应，更为新闻兴趣的保持提供了保证。

第二节　融媒体时代新闻媒体的发展途径

一、以人为本，夯实新时代媒体传播理念

随着融媒体时代的来临，新闻媒体的发展模式迎来了深刻变化，逐步

由"市场为中心"向"用户为中心"转变，这种变革也是对融媒体时代的深刻诠释。对于新闻媒体而言，需要积极构建"以人为本"的新闻传播思维，在新闻策划、编辑与发布等过程中，要切实以用户需求为导向，利用科学有效的新闻加工手段，在提供新闻信息的同时，能够给予用户积极的反馈和引导，从而尽量保持新媒体环境下的优势。与此同时，在快速的新闻模式和传播渠道的变革下，新闻媒体要不断更新传播理念，关注媒体技术的发展趋势和受众的新闻取向，结合实际打造出更具魅力和内涵的内容，通过深度模块化的新闻方式，适应新闻受众的新闻需求。在新闻信息传播的过程中，新闻媒体要围绕受众利益和主观意愿，深化新闻服务意识与传播责任，开辟全新的新闻传播模式，改变传统新闻领域的弊端。如民生新闻作为一种社会生活的反映，新闻媒体在民生新闻的报道中，应当真正走进群众的生活，以真实、全面的角度进行新闻挖掘，并且在新闻报道中要贴合群众的利益，充实新闻事件的主体，确保新闻信息的完整性、真实性、连贯性，切实发挥新闻信息的引导与监督作用，提升新闻媒体的社会公信力和影响力。

二、深化报道，不断提升新闻的传播价值

在融媒体时代背景下，新闻信息的爆发式增长是其最显著特征，因此新闻信息的价值便显得格外重要。对于新闻媒体而言，新闻工作属于复杂性的存在，既需要依据实际进行策划，同时也要关注编辑、审核等环节，如何真正在融媒体环境下体现出"新、快、全"的优势，则需要不断地加强探索与创新，以促进新闻媒体的全局式发展。而从现阶段的新闻媒体竞争中，由于受利益的驱使，部分新闻媒体功利化思维严重，在新闻报道中存在歪曲事实、博取眼球的现象，使新闻传播价值不断丧失，严重干扰了新闻行业的健康发展。为此，优化新闻媒体传播环境显得尤为重要，作为负责任的新闻媒体，必须要以宏观的新闻视角进行分析，避免在新闻报道中夸大其词，切实从客观、专业、负责的角度，对新闻事件进行挖掘和报道，而非是仅仅为寻求新闻的新颖性，一旦出现新闻信息的失真，不仅会给新闻对象带来严重损害，更会使新闻媒体面临法律风险。如上所述，在新闻信息快速更迭的媒体时代，新闻媒体要想真正取得竞争优势，必然要在新闻信息的质量与效率上下功夫，树立"独此一家"的新闻意识，全力打造全新的新闻影响力品牌，

力求获得大众的广泛接纳与认可。

三、转变思路，积极创新新闻传播方法

如今，要想满足融媒体时代的新闻需求，不仅要突出与各个渠道之间的融合，更要求新闻媒体转变新闻采编思路，利用好各类新闻传播平台的优势，寻求更深层次的发展与创新。首先，坚持内容为主意识。新闻媒体之所以能够获取信息市场，其根源就在于其内容的丰富性、多元性和精准性，作为主要的媒体传播渠道，新闻媒体必须要从自身的实际出发，将"采"和"编"的工作紧密结合，创新内容、更新观念、拓展方法，将更具价值的新闻信息向公众推送。新闻报道全过程中，应始终坚持新闻报道的专业性及道德底线，不夸大、不诱导、不功利，真正尊重新闻事实，着力挖掘新闻事件的根源，同时融入更多的新闻解读，使道理浅显、观点独特成为其主要特征[3]。其次，拓展大数据的应用。大数据的提出和应用，给新闻领域带来了极大便利，利用大数据平台传播信息，可以获得广大受众的认可，给新闻策划提供可靠依据，赋予新闻采编更敏锐的洞察力，打造出更符合受众口味的新闻内容。最后，注重媒体态度彰显。媒体属于社会公众的喉舌，具备一定的社会责任，在新闻报道中必须突出新闻态度，让新闻不再是单纯的复述事件，而是成为一种社会公知的反映。如此一来，既让新闻受众的理解更为便利，同时也能够彰显出积极的新闻态度，让受众感受到新闻创作的"温度"和"热爱"。

四、拓展平台，竭力打造宣传服务新阵地

网络信息技术的发展推动着新闻领域的进步，本质上看，新闻工作所涉及的领域众多、内容复杂、渠道多样，如若要推动新闻媒体的持续进步，必然需要借助更为丰富和优质的媒体平台，通过不断的创新、融合和再创新，逐步使之能够"为我所用"，打造出更具特色的新闻传播模式。一方面，新闻媒体应加强资源整合。融媒体环境下的新闻传播，着重强调了对优势资源的开发和利用，在整合媒体资源的过程中实现高效传播。因此，对于现阶段的新闻媒体发展而言，首要任务便是要打造全方位的媒体传播平台，在拓展中寻求渠道的变革与创新，以更高的传播效率和更广的传播纬度，满足受众

的新闻获取需求。另一方面，新闻媒体要注重平台的融合。基于传统纸媒、广播及电视等媒体，同时加强对网站、微博、微信等平台的开发，建立多元平台的联络机制，通过新闻信息的融合编辑，再利用多种平台进行广泛的传播，使用户能够通过不同的平台，以最为便利的方式获取新闻信息。利用这种信息集成发布的方式，使新闻媒体能够大幅压缩成本，提升了新闻传播的效率。

新闻媒体属于信息传播的关键媒介，为社会提供着丰富的新闻信息。随着媒体技术的不断发展进步，媒体传播方式同样迎来了新的变革，网络信息时代下的新闻媒体，日益开始向融媒体转变，也标志着融媒体时代的来临，并具备了互动性、广泛性及时效性等特征，发挥了重要的新闻信息传播功能。当然，面对日益复杂的媒体环境和大众需求，新闻媒体要想进一步保持优势地位，必然需要契合融媒体时代传播模式，不断通过理念、内容及方式的创新，实现新闻媒体领域的持续跃升。

鉴于此，结合融媒体时代背景，探讨新闻媒体的传播方式及发展途径，以期为行业发展开辟全新路径，全面提升新闻传播的影响力。

总而言之，网络信息时代的深入发展，推动着各领域发展方式的转变，新闻媒体作为信息时代的前沿领域，更面临着广泛而深刻的变革。融媒体时代是一个新旧媒体交织与绽放的时代，其中既拥有激烈的博弈，也存在着广泛的合作，面对未来媒体信息主导权的争夺，新闻媒体必然应当迎难而上，不断通过传播方式的变革，融合更多元化的发展途径，发挥出新闻传播的时代特征，实现融媒体时代的全面转型和华丽蜕变。

第三节　发挥融媒体整合优势，提高宣传工作引导服务水平

习近平总书记要求："要扎实抓好县级融媒体中心建设，更好地引导群众、服务群众。"中央关于县级融媒体中心建设的一系列部署，指明了县级融媒体中心建设的基本思路，确定了县级融媒体中心建设的具体目标和实现路径，为县级融媒体中心及省级技术平台规范要求规定了操作指南和建设规范。把原来功能传统的县级报社、电视台、外宣中心等新闻单位整合成多功能、高效率的县级融媒体中心，是巩固舆论阵地的迫切要求，是提升基层媒

体传播力、引导力、影响力、公信力的迫切要求，是更好地服务群众、满足群众美好生活需要的迫切要求，是新闻事业向前发展的重大举措，也是新闻宣传工作的探索和创新。县级融媒体中心建成一年多的实践表明，新闻资源更集中丰富、宣传报道更快捷高效、传播手段更多元多彩、观众收看更方便容易、报道内容更加全面、人才资源更容易集中等已成为必然趋势和显著优势。

一、新闻资源更加集中丰富，宣传效果得到提升

县级融媒体中心建成前，报社、外宣中心、电视台都是独立的新闻单位。新闻资源流向各家新闻单位，通过分散处理，然后通过报纸、电视、广播、手机等传统手段报道出来。新闻资源采访是分散的，报道是分散的，观众收听收看的效果也是分散的。因为记者的差异，容易导致采访侧重点不同、报道角度不同，采访对象不同，容易造成同样的新闻资源报道的效果不一致，报道的重点不一致，对社会的影响不一致，达到的目的也不一致。存在着内容同质化严重、原创内容偏少、报道方式陈旧、表现手法单一等问题。县级融媒体中心建成后，所有新闻集中统一采访、统一编辑后通过中央厨房流向各个报道平台，再传播出去，这样既保障了新闻资源利用的集中统一，又确保了宣传报道的相同效果，让观众从不同的报道平台获得相同的新闻信息，既加大了报道密度，又提高了宣传效果，使党的声音集中统一传达给广大群众，这是传达县级党委和政府中心工作的需要，也是整合新闻资源，丰富新闻产品的需要。当然，特别重要的新闻资源，融媒体中心会考虑派出几组记者分头采访，从各个角度、不同侧面挖掘深刻的新闻事实，进行集中组合，形成系列报道、深度报道，促进报道内容丰富全面，报道手段生动多元，报道效果集中有力，以致新闻报道更具感染力、引导力，达到传递信息、影响社会的效果。

县级融媒体中心建成后，新媒体报道方式灵活快捷，容量大增。加速了与各部门、各乡镇、街道、企业、社团等组织的密切联系，建立了新闻信息联络群、评论群，把各部门、乡镇、街道宣传干部、通讯员介绍到群里，鼓励他们积极采写新闻稿件、提供新闻线索，并与部门、乡镇、街道开展栏目合作，大大增加了报道信息量，各种新闻资源大量见诸报端，登上电视屏

幕，进入收音机和手机。海量的信息，给观众带来方便，尤其是新媒体产品，出品频率大幅度增加，基本上每天都有三、四批产品生产出来，随时更新，随时可以看到最新新闻信息，点击率成倍增长，广播节目全天都在播，观众坐在出租车上，随时都能听到广播声音，了解到社会大事，丰富了知识，开阔了视野，受众对这种优质高效的新闻服务感到满意。

二、生产流程更加严密规范，传播手段多元多彩

县级融媒体中心具有统一的运作模式和生产流程。首先是融媒体策划，通过一体策划、一次采集、多种生成、多元传播等程序进入中央厨房。中央厨房的功能是融媒体采访、拍摄、编辑、发稿，即通过中央厨房形成了统一的视频和文字，然后把这些视频文字发送到若干编辑室。具体流程是：第一步，发送到微信编辑室，制作成微信新闻产品。第二步，发送到微博编辑室，制作成微博新闻产品。第三步，发送到短视频编辑室，制作成短视频新闻产品。第四步，发送到视频直播编辑室，制作成直播新闻产品。第五步，发送到报刊编辑室，编辑成纸质新闻产品。第六步，发送到电视编辑室，制作成电视新闻产品。第七步，发送到广播编辑室，制作成广播节目。同一组新闻通过中央厨房分发到各个编辑室后能够快速形成新闻产品传播出去，这是媒体融合前做不到的。融合后，虽然报纸和电视的速度没有加快，但广播加快了，广播可以在电视前面播出来，甚至每天可以播出几期节目。当然主要是增加了新媒体，除去电视、报纸，其他五种新媒体模式都可以在极短时间发布出去，并且每天可发布 1～3 次，报道速度极快，报道频率更高，报道信息量更大，报道手段更加丰富多元，就像新闻超市里的商品，流通比以前快多了，不时有丰富的新产品上架，琳琅满目，选购空间更大，令人心旷神怡，更吸引顾客眼球。同时传播的手段增加了很多种类，比如五种新媒体，传播形式丰富多元，图文并茂，配音视频效果俱佳，点击量特别高，观众收看收听更方便，只要手机在手，随时随地都可以看到丰富的新闻节目。一句话，给观众带来了丰富的信息享受。

媒体融合后的生产流程与融合前是有较大差别的。融合前，基本就是采访、编辑、发布三个流程，报纸、电视、广播各干各的。融合后，要实行统一的调度指挥，通过媒资管理、技术支持，首先安排全媒采访，记者完

成图像拍摄、稿件撰写，然后传到素材库，交接编辑审查、制作，形成初步成品，进入初审程序，再通过编辑系统打磨，形成成品再进入二审、三审程序，接着进入下一个程序，全媒体分发、新媒体产品制作，最后进入可视化多媒体呈现。生产流程严密，环环相扣，层层推进，操作规范，使得产品丰富、质量高，信息量大，能够最大限度地满足观众的新闻需求，传播形式多元、传播速度快捷，方便观众收看。此外，县级融媒体中心还具有贴近基层、贴近群众的优势，只要手机在手，无论群众在什么时间，在什么地点都能通过新媒体收看到新闻信息。

三、人才资源更容易集中，为人尽其才提供了平台

融媒体中心建成后，新闻工作者不仅仅是原先几个新闻单位工作人员的简单相加，更需要掌握多种技能的复合型人才。由于融媒体的特殊功能，要求新闻工作者具备更高的素质。采访记者既要能够策划新闻，捕捉新闻信息，分析新闻现象，把握新闻导向，又要熟练掌握摄像、摄影技术，能够快速撰写新闻稿件、初剪图像、传送各种信息，还要具备组织协调能力，沟通合作能力，凝聚团队力量，分工协作，确保采访任务高质量高效益完成。文字编辑必须具备坚定的政治能力、严密的辩证思维能力、较强的文字组织能力、独立完成文案的编写能力、密切联系记者的沟通能力、摄影及图片的应用能力及报纸的编排能力，要掌握中央厨房的运作模式，熟练处理文稿的一审、二审、三审流程，确保把好文字关。图像编辑要具备娴熟的图像剪辑能力，要完成好前期单条新闻剪辑成片、中期多条新闻相互组合和后期切换导播。要有统筹好文字、图像、配音三者一致的能力，要有制作片头、角标的能力，要有制作图像、表册的能力，以帮助观众直观、生动理解文字的内涵。新媒体出现后，还要掌握运用图片的能力，力求达到图文并茂，美观好看，赢得受众喜爱。既然是新媒体就要有新的信息内容、新的传播手段、新的吸收方法，引导观众想看、爱看，从而达到新闻传播的最大目标。新闻工作者要具备的素质是多方面的，还包括摄像机的运用能力、直播录播能力、专题报道能力等，只有具备这些能力，才能顺利完成新闻宣传任务。这就需要原有工作人员要积极学习，掌握融媒体技能，适应融媒体的发展需要。融媒体中心要经常组织干部职工开展业务技能培训，进行学习交流，不断提高

综合素质。在人才的引进方面，则要按照融媒体发展的要求，把高素质的新闻人才聚集到新闻战线上来，补充新鲜血液，壮大新闻队伍，让新闻人才充分涌流，为人尽其才提供宽阔舞台，为保质保量完成新闻宣传工作任务提供人才保障。

县级融媒体中心建成后，传播信息量大、传播速度快、传播方式多元、方便观众收看的优势已经明显体现出来。发挥好这些优势，就能提升传播力、引导力、影响力、公信力，就能更好地引导群众、服务群众、鼓舞群众，就能更好地履行新闻媒体的职责，推动县级融媒体工作迈上新台阶。

第四节　新闻媒体文化栏目潜在功能及作用

新闻媒体报道的内容囊括社会生活方方面面，包括政治、经济、文化、医疗、卫生、军事、教育、科学、体育等各项事业，包括社会管理、制度制定、法治建设、生态环保、民生保障、城市文明、农村改革、旅游发展等各项工作战略举措。其中，文化是重要组成部分之一。传承弘扬传统文化、创新发展先进文化都是中国特色社会主义事业的本质特征。

毛泽东同志将"新文化"与新政治、新经济并列，把文化建设作为"新社会、新国家"建设的重要内容，强调了文化的重要地位。邓小平同志强调尊重文化建设规律，体现文化发展的人民性，建设与发展有中国特色的社会主义文化。习近平同志提出"坚定文化自信（四个自信之一）"。历届党和国家领导人都强调了传承、发展文化的重要性。因此，加强文化建设是国家战略，各级各地都要积极为文化繁荣发展作出重大贡献。新闻媒体尤其要承担起宣传职责，营造文化发展的良好氛围，推动文化向前发展，为建设文化强国贡献力量。新闻媒体中的文化栏目潜力无穷，作用巨大。新闻工作者要加强宣传引导，重视栏目创新，加强栏目策划，提高栏目影响力，充分发挥好栏目的潜在功能和作用。

一、文化栏目丰富报道内容，为读者提供文化享受

新闻媒体以报道时事新闻为主，也包括文化方面的新闻，把文化方面的新闻集中到一个版面或一个板块里面，报道会更集中更高效，这就形成了

文化栏目。有了文化内容的新闻报道，内容就更加丰富多元，读者在一张报纸上或一组电视新闻上可以了解天下大事、文化盛事，既丰富阅读内容，开阔阅读视野，丰富文化知识，又调节阅读品位，激发阅读兴趣，提高精神境界，意义是多方面的。新闻传递信息的目的就会明显展示出来。尤其是文化副刊，一般都安排了文艺作品，如诗歌、散文、小说、戏剧、书法等应有尽有，给读者带来丰富的文化食品，满足读者的精神需求。还有比副刊版面小的文化栏目，比如"文苑""品味文化"等专栏。这种栏目短小精悍，或讲解一个文化故事，或介绍一个文化现象，或宣传一种文化时尚，新颖别致，吸引眼球，激发读者的阅读冲动，然后有滋有味地阅读起来。这样，新闻报道的目的便达到了，文化的启迪功能也能充分发挥出来。

二、文化栏目传播先进文化，构筑精神高地

中国文化历史悠久、源远流长、丰富多元、博大精深。上下五千年，文化放光辉。文化推动着历史走向前进，推动着社会走向文明。传播先进文化是一项系统工程，也是一项长远工程。无论各级各单位及其宣传部门、出版社、杂志社，还是新闻媒体、教育机构，都承担着传播先进文化的职责。因此，作为新闻媒体，更要积极发挥好传播的职责。要通过文化传播，引导读者学习文化、了解文化、领悟文化、研究文化、传承文化，发挥文化功能，构筑人类精神高地，提高人类综合素质，让人们具备远见卓识和高贵品格，从而实现精神文明建设的宏伟目标。对此，新闻媒体开设的文化栏目就要围绕宗旨，服务读者，认真梳理中国文化、研究中国文化，按照文化类别和历史分期讲述中国文化，把中国文化陈列在读者面前，让人品味、咀嚼、领悟、深化、吸收、运用，达到文化传承的目的。比如《人民日报》的文化副刊，编辑根据情况安排诗经解读、戏曲名家介绍以及短篇小说、散文、诗歌等文艺作品，读者看了新闻，翻过来就能看到文学作品，马上就会感到耳目一新。比如中央电视台的"中国诗词大会"，主持人在栏目中解读了一首首古诗词，从"天生我材必有用，千金散尽还复来"到"随意春芳歇，王孙自可留"，从"野火烧不尽，春风吹又生"到"黄鹤一去不复返，白云千载空悠悠"，从"春蚕到死丝方尽，蜡炬成灰泪始干"到"会当凌绝顶，一览众山小"，从"海内存知己，天涯若比邻"到"但使龙城飞将在，不教胡马度

阴山"，从"稻花香里说丰年，听取蛙声一片"到"大江东去，浪淘尽，千古风流人物"。十分丰富。主持人在诗词中关于金戈铁马、琴棋书画、大漠孤烟、水墨江南、忠肝义胆、千里婵娟的解说，让观众感受到了炎黄子孙的浪漫人生、家国情怀。可以说，这个文化栏目传播了最美中国诗词文化，栏目的效应从观众雷鸣般的掌声中就能感受出来。当然，各级各地的报纸一般都开设了副刊，既丰富了报纸的内容，又给读者提供了更多的信息，方便读者获得更多知识。这就是副刊的功能。几乎各级报纸都开设了副刊，这足以说明文化栏目的重要性。它是人们构筑精神高地的非常重要的奠基石。副刊是报纸的文化大栏目。报纸还设有小栏目，这种小栏目仅限于某一文化现象介绍，某一文化典故的来源探寻，或某一文化产生的效应展示，等等。这种小栏目灵活快捷，方便高效，读来如饮甘露佳酿。

三、文化栏目便于文化搭台、经济唱戏，推动发展

文化栏目有利于宣传本地文化资源，深刻揭示本地文化资源的丰富内涵，把它们集中起来综合利用，通过介绍本地文化现象、特色、影响，打造旅游景点景区，推动旅游业发展，或吸引外地客商前来投资兴业，彰显文化效应，发挥文化最大功能，为经济社会高质量发展贡献力量。比如长城、故宫、红军长征会议会址、秦皇陵、莫高窟等，因为它们有丰富的文化资源，而成为最重要的文化景区、景点，吸引旅客前去参观、了解、认识、学习，既促进旅游业兴旺、经济社会全面发展，又让游客增长知识才干、丰富人生阅历。这样，文化的多重效应就显露出来了。所以，各地都在大打文化牌，充分利用文化资源，聚集人气，搞活经济，推动发展。比如，浙江杭州的"宋城千古情"大型歌舞表演、"印象西湖"实景演出、广西桂林的"印象刘三姐"文艺表演等，都给观众带来宽广的视野和超然的感受。文化栏目对于传播文化发挥着极端重要的作用。经济发展了，又有利于文化遗迹的保护，形成在利用中保护、在保护中利用的良性循环，从而让文化熠熠闪光。

四、文化栏目坚定文化自信

习近平总书记指出："要坚定文化自信，用文学艺术鼓舞人民，启迪人民，从而振奋民族精神。文化自信，是更基础、更广泛、更深厚的自信，是

更基本、更深沉、更持久的力量。坚定文化自信，是事关国运兴衰、事关文化安全、事关民族精神独立性的大问题。"

坚定文化自信，就是要相信中国文化源远流长，博大精深，丰富多元，要相信中国文化在推进人类文明进程中发挥了重大作用，提供了强大的精神动力和智力支持，对世界文明也产生了重大影响。今后，当然还会发挥更大的作用。国人要为中国文化骄傲自豪，更要学习、领悟、传承中国文化，探索文化发展规律，研究文化的前进方向，充分发挥文化的潜在能力，让文化为中国发展作贡献，为世界文明作贡献。新闻媒体开设的文化栏目，有传播文化的责任，可最大限度地发挥文化对经济社会高质量发展的促进作用，为建设富强、民主、文明、和谐、美丽的社会主义现代化国家作出文化贡献。党媒文化栏目还要加强保持对自身文化理想、文化价值的高度信心，保持对自身文化生命力、创造力的高度信心的报道，大力宣传广大文艺工作者创作出的具有鲜明民族特点和个性的优秀作品的报道，让这些优秀作品成为激励中国人民和中华民族不断前行的精神力量。

五、文化栏目应担负起文化振兴的使命任务

新时代宣传思想工作的使命任务是"举旗帜、聚民心、育新人、兴文化、展形象"。兴文化，就是要坚持中国特色社会主义文化发展道路，继承和弘扬中华优秀传统文化，收集、挖掘、整理地方文化，创新发展先进文化，激发文化创新创造活力，振兴中国文化事业，建设社会主义文化强国。新闻媒体文化栏目就要围绕"兴文化"的要求，积极思考、主动作为，重视主题策划，对文化信息深入分析研究，寻找文化根源，挖掘文化内涵，拓展文化外延，丰富文化种类，做大文化产业，推动文化事业繁荣振兴。

新闻媒体文化栏目具有较大的潜在能力，发挥着为读者提供文化信息、传播先进文化，构筑精神高地，搭台唱戏，推动发展，坚定文化自信，振兴文化产业等重大作用。新闻媒体和新闻工作者要肩负起职责使命，为文化振兴营造浓厚氛围。总之，新闻媒体文化栏目任重道远，使命光荣。新闻工作者要坚定文化自信，增强文化自觉，大力宣传文化发展，努力为文化创新创造、发展先进文化提供舆论支持和精神力量。

第五节　文化与电视融合互补

文化是一个民族的灵魂和精神支柱。一位哲学家曾比喻：政治是骨骼，经济是血肉，文化是灵魂。这个比喻形象地说明了文化对人类社会发展所起的作用。那么什么是文化呢？

《现代汉语词典》给文化下的定义是："人类社会历史发展过程中所创造的物质财富和精神财富的总和，特指精神财富，如文学、艺术、教育、科学等。"也有学者从不同角度对文化给出了不同的定义。

在近代，英国人类学家泰勒指出："据人种志学的观点来看，文化或文明是一个复杂的整体，它包括知识、信仰、艺术、伦理道德、法律、风俗和作为一个社会成员的人通过学习而获得的任何其他能力和习惯。"

20世纪30年代，英国人类学家马林诺夫斯基发展了泰勒的文化定义，认为"文化是指那一群传统的器物，货品、技术、思想、习惯及价值而言的，这概念包容着及调节着一切社会科学"。

英国人类学家拉德克利夫－布朗认为，文化是一定的社会群体或社会阶级与他人的接触交往中习得的思想、感觉和活动的方式，是人们在相互交往中获得知识、技能、体验、观念、信仰和情操的过程。

中国现代文化学者余秋雨说："文化是一种包含精神价值和生活方式的生态共同体。它通过积累和引导，创造集体人格。文化的最终目标是在人世间普及爱和善良。"

在这里提及文化的概念，便于切入到"文化与电视的融合互补关系"这个议题上。随着文化的发展和科技的进步，电视这种传媒手段成为人们获取知识、信息，提升精神境界、增强审美能力的有效途径，成为传播文化、弘扬文化的重要工具。于是文化与电视就有了相辅相成、融合互补的关系。一方面，文化的发展创造了电视，即是说，电视是文化发展的产物。文化的存在决定了电视的存在。从古到今，全球各地都有文化产生，都有文化伴随。但电视是"二战"后的科技成果。文化是大概念，电视是小概念，文化包含电视。或者说，电视是文化这棵大树长出的一根枝条、一枚果实。另一方面，电视是文化的重要组成部分，有了电视这个分支，文化这棵大树就更丰满、充实，从而郁郁葱葱、生机勃勃。它不但丰富了文化的内涵，还对文化的传承、挖掘、发展、保护具有反哺功能。简言之，文化与电视相辅相成、融合互补。下面，以贵州省遵义市遵义县电视台文化栏目《播雅书苑》为例，来论述这种反哺功能。《播雅书苑》对文化的挖掘、传承、弘扬发挥了重大而积极的影响。尽管它是县级电视栏目，但有部分节目却站在全国高度和国际前沿诠释文化历史，再现全国乃至国际历史大事件。让观众在了解本地历史文化的同时，也有机会了解国内国际事件。下面，根据播出情况进行简要分析。

《播雅书苑》创办于 2012 年。以传承文化，倡导文明为宗旨。专栏分为"翰墨溯源""笔耕心语""好书大家看"三个板块。两周一期。每一期，负责栏目的编导都精心策划、周密安排三个板块。既让它们独立成章，发挥各自优势，又让它们有机统一，浑然一体。下面举例分析。在第 65 期"翰墨溯源"栏目里，节目以访谈形式介绍了"二冉与钓鱼城"的故事，向观众讲述了冉进、冉璞两兄弟与钓鱼城修筑故事的历史。遵义人都知道，冉进、冉璞兄弟简称二冉，是贵州遵义南宋时期著名的历史人物，这两兄弟对历史的主要贡献是建议策划并组织修筑了位于四川合川的军事重镇钓鱼城，使南宋军民在此之后长达三十多年的时间里仅凭此城一次次地抵挡着强大的蒙古军队，粉碎了蒙古人从长江上游顺流而下轻取南中国半壁江山的战略企图。而且在期间击毙了御驾亲征的蒙古皇帝蒙哥，使蒙古铁骑再也无力进行大规模的世界扩张，从而改写了世界历史。钓鱼城位于合川市合阳镇嘉陵江南岸的钓鱼山上，占地 2500 平方米，是中外闻名的古战场遗址。至今保存完好。1982 年被列为国家重点风景名胜区，1996 年列为全国重点文物保护单位。节目还详细介绍了二冉的家庭背景、成长经历、以及当时的社会状况。当主持人问及二冉为什么要远赴重庆提出这个军事构想并实施时，主讲嘉宾道出了缘由。他说二冉深知"皮之不存、毛将焉附"的道理，一旦蒙古军队占领了重庆，遵义（即播州）能够安然无恙、独善其身吗？何况国家沦亡了，个人的命运又能好到那里去呢？于是，二冉顾全大局，前往重庆策划并修筑了钓鱼城。钓鱼城在之后的岁月里，一共抗击蒙古军队两百多次进攻，无一失手。直到 1276 年南宋灭亡后的第三年，守将王立在得到忽必烈不杀一人的保证后，为了保存一城百姓，方才开城投降。总计从 1243 年到 1279 年，从钓鱼城开始建造到最终陷落，一共 36 年。此城的建造和在这里纵横驰骋的金戈铁马、热血丹心，共同谱写了一部冷兵器时代民族征战、保家卫国的不朽篇章。

如果不通过电视再现这段历史，人们很少有机会了解二冉与钓鱼城的故事。电视播出后，有的观众打电话询问有关情况，对历史进行追寻，对文化进行思考。

再看第 68 期的"翰墨溯源"栏目中的"浙江大学在遵义"节目。观众便能通过电视节目了解抗战时期浙江大学流离失所的艰难岁月。通过讲述了解浙江大学西迁至遵义、湄潭后文化与学术取得丰硕成果的情况。主讲嘉宾根据主持人的提问去回顾那段峥嵘岁月，让观众了解。

1937 年 7 月，抗战爆发。8 月，日机开始轰炸杭州。国立浙江大学随着日寇的步步入侵，被迫一迁再迁。一迁浙西天目山、建德，二迁江西吉安、泰和，三迁广西宜山，继而迁往黔北的遵义、湄潭。遵、湄人民热情欢迎浙大的到来，让出若干公房、庙宇祠堂和出租私人宅第作为校舍。为大学正常教学创造各种条件，使学校在 1940 年 1 月至 1946 年 6 月获得了一个相对安宁的办学环境。一大批杰出的科学家、教授得到保全，数千学子得到了良好的培育与熏陶。在遵、湄的六年半时间，成为浙大由一所普通大学崛起为全国著名大学的重要时期。

这期间，享有全国以至世界声誉的竺可桢、苏步青、王淦昌等教授都在此任教。诺贝尔奖获得者李政道，当年就曾在湄潭永兴就读。据 1989 年统计，中国科学院学部委员中，有曾在浙大任教者 27 人，浙大毕业生 40 人，这 67 位一流的科学家中，80% 在浙大西迁时期，吃过遵义的米，喝过湄潭的水。

浙江大学在抗战中的这段遭遇，在中国现代史里很少有人提及，很多人自然不知道。70 年过去了，不知道的人更多。但今天我们用电视把这段历史再播放出来，就会让更多观众去了解、去认识、去思考，从而感知浙江大学对遵、湄两地作出的文化贡献和经济影响。

在《播雅书苑》的"翰墨溯源"板块里，报道的文化现象还有很多。而且有一部分在全国都有影响。比如"沙滩文化"、遵义会议、苟坝会议等内容，栏目部分章节进行了全面介绍。"翰墨溯源"成为了遵义历史文化的电视图书馆。

在"笔耕心语"这个板块里，编导邀请了贵州省的作家、历史学者、文化学者，遵义市的大学教授、人文学者、历史学者、播州区的文学爱好者畅谈自己的写作感受、收获、对文化的认知以及文化对人生的影响。让观众了解作家的悲悯情怀、成长经历和成才之路、对社会问题的关注，不能不说没有启发作用。

"好书大家看"这个栏目，由编导精心选择图书，由主持人作解说。简要介绍图书的内容和特点。相当于导语式的推荐。给观众提供阅读捷径。在第38期"好书大家看"板块里，编导把财经作家吴晓波撰写的《激荡三十年》推荐给观众。主持人把这本书摆在演播桌上，对观众作了概括介绍。作者在书中描绘了1993-2007年部分国企和民企在改革和崛起中的艰难历程。其中有柳传志、张瑞敏、王石、马云、吴仁宝等成功的典型，也有禹作敏、牟其中、姬长孔、沈太福等昙花一现的悲剧人物。使人们能从宏观上看出经济体制改革的艰难和民企在突围中的奋斗，无论成功与失败，都真实地映衬出中国腾飞中沉重的翅膀。作者在企业史的写作中，以人物为主体，以事件为血肉，勾画出这一时期中国企业界的脉动，具有一种史诗般的力量。

在第55期"好书大家看"栏目里，编导把《谋生》一书推荐给大家。《谋生》的作者叫工志纲，他在书中写到："一个人要成功，不管你是才高八斗还是学富五车，在与人打交道的时候需要经历这么三个阶段：一是让别人接受你，二是让别人喜欢你，三是让别人离不开你。接受你你才有机会展示自己的才华，喜欢你才会把更多的机会和更重要的事情交给你，最后因为你有了核心的能力人家才会离不开你，这时候你的舞台就会更广阔了。想谋得好工作，想提升自己、发展自己，想拓展自己人生空间的年轻人，《谋生》都是一本值得一读的好书。

还有余秋雨的《中国文脉》、美国作家索尔兹伯里的《长征——前所未闻的故事》、季羡林的《读书与做人》、梁衡的《政治散文集》等众多书籍，被编导通过《播雅书苑》的"好书大家看"栏目推荐给观众。这无疑为观众朋友提供了众多信息，让观众从中找到自己心仪的图书。

电视节目《播雅书苑》就是这样通过编导的精心策划、特邀嘉宾对文化的梳理讲解、专家学者对创作感受的理性分析、主持人对好书的推荐介绍，来完成了对文化的追溯与弘扬，再现与影响，发挥了电视传递信息、影响社会的重大功能。

第十一章　文字编辑与记者职责

第一节　文字编辑的责任

文字编辑是新闻传播的重要组成部分之一，是新闻报道的关键环节，承担着把握导向、统筹稿件、处理文字、策划版块、编排组合、选择图片、导读编写、编后解说等职责。读者的稿件交到编辑手里后，文字编辑要对文稿进行综合研判，整体把握。如果是一组电视、广播新闻稿，就要分清楚要闻、社会新闻、消息、通讯、系列报道、深度报道。首先地方党政主要领导的新闻要重点考虑，编在头条，引领整组新闻，其次是社会新闻，社会普遍关心的事件安排在要闻之后，再次是消息和通讯，最后安排系列报道、深度报道，这样编排的目的是突出重点、分明主次，既报道当地党委政府中心工作，又报道经济社会全面发展，还报道社会生活的方方面面，包括火热的生活场景、人物故事、先进典型、突发事件，为观众提供丰富多元的新闻信息。如果是一期报纸新闻，编辑则要考虑更多方面，以四版报纸为例，第一版，上级领导的调研考察、督导检查，当地党委主要领导参加的会议、调研以及考察、参观访问，当地重点工作综述，时事评论等。第二版，当地政府主要领导参加的会议、调研、考察，当地全局性工作安排、实施进度、取得的成绩，经济发展态势、专业论文、各行各业的理论文章。第三版，基层视野，包括各地动态、教育科技、农业生产、企业运行、生态环保、脱贫攻坚、乡村振兴等。第四版，深度报道、专刊副刊、法律法规条例公布。编辑要根据版面特点固定部分新闻位置，也要根据现实变化调整深度报道、系列报道，更要增加基层报道和人物报道。让每一个版面各有特色，各有侧重。每一个版面可以安排一至三张照片，可以是某条新闻的配图，也可以是单列的图片新闻。新闻图片可以激发观众的审美享受，也可丰富报纸的内容。专刊、副刊不是每一期报纸都要安排，但文化副刊要明确时间，或每月一期，或两月一期，要长期固定下来，要按时推出。没有安排专刊副刊的时候则要关注系列报道、连续报道、栏目报道。如果是一期新媒体报道，文字编辑要把好导向关、文字关。

第二节　文字编辑把握正确导向

首先把握正确的舆论导向是文字编辑的重要职责之一。把握正确的舆论导向是新闻传播的基本要求。也是衡量文字编辑政治觉悟的极其重要的因素。就是说，文字编辑必须讲党性，必须坚持党的领导，按照党的宗旨、纲领、目标、主张、要求开展新闻报道。要求文字编辑要增强四种意识：政治意识、大局意识、核心意识、看齐意识。坚定四个自信：道路自信、理论自信、制度自信和文化自信 。做到两个维护：坚决维护习近平总书记全党核心、军队统帅、人民领袖的崇高地位，坚决维护以习近平同志为核心的党中央权威和集中统一领导。新闻传播的信息要与上述主张一致，违反了，政治关过不了，新闻就不能播出来。如果把关不严播出了，就违反了党性，违反了新闻原则，就要受到严厉处罚。新闻的党性原则是统揽新闻传播的根本，动摇不得、糊涂不得，必须政治过硬。这是文字编辑的必备素质，也是大方向，总方向。其次要围绕地方党委政府的中心工作开展报道，地方党委政府统揽地方新闻媒体，指导地方新闻传播。文字编辑必须坚持地方党政统一领导，按照地方党政工作要求，开展新闻报道。为地方经济社会发展提供精神动力和舆论支持。要坚持团结为主，正面鼓劲，通过新闻报道凝聚力量，营造激发干部群众干事创业的良好舆论环境。推动政治、经济、文化、教育、卫生、体育等各项事业全面快速发展，为建设富强、民主、文明、和谐、美丽的社会主义现代化国家努力奋斗。

文字编辑要遵守辩证法。辩证法是指导一切工作的行动指南。文字编辑要按照辩证法思维编辑新闻、传播新闻。新闻信息除了要讲党性，还要遵守辩证法，符合辩证法，要按照辩证唯物主义原理、历史唯物主义原理规范新闻传播方向、传播方法、传播行为。

文字编辑要坚持群众路线。群众是新闻的主体，新闻传播要充分体现广大人民群众的意志、代表广大人民群众的利益，反映人民群众的意愿，急群众之所急，想群众之所想，帮助群众做实事、办好事、解难事，让人民群众当家作主，为国家富强、民族振兴贡献力量。

第三节　文字编辑把好语法文字关

文字新闻稿件是新闻传播的基础材料，无论电视、报纸、新媒体、都离不开文字新闻稿件，文字新闻稿件统领图像、同期声、照片、编前导读、编后总结等新闻元素。没有文字新闻稿件，新闻传播就无从谈起。报纸电视广播这些传统媒体如此，新媒体亦如此。记者采写的文字新闻稿件统一传送到编辑手里后，编辑要认真阅读稿件，了解稿件篇章结构、段落层次、中心意思，发现稿件存在的问题，了解新闻五要素交待全面与否，然后对稿件进行修改打磨。对稿件进行修改打磨的内容包括：一、新闻导向是否正确；二、新闻的要素交待得是不是清楚；三、结构是否严谨、层次是否清楚、前后是否照应；四、是否存在语法错误、逻辑错误；五、语言是否平实流畅、重复啰唆、表达是否准确；六、用词是否得当、是否有错别字；七、常用概念、表述前后是否一致；八、领导职务、姓名、排序是否正确；九、同期声是否短小精悍、抓住重点；十、导语是否概括全面，切中主题。十一、标点符号是否准确；十二、标题是否突出主题、是否标新立异、能否吸引观众……一篇新闻稿件涉及的问题有很多方面，文字编辑务必面面俱到，方方面面都要把握准确、得当，才能提高表达效果和宣传质量，才能提高传播水平。对此，文字编辑务必要反复修改打磨，认真仔细推敲，并与稿件作者沟通核实，确保新闻事实真实准确，为电视新闻配音员配音、广播主持人播音、新媒体新闻制作提供高质量的文稿，从而提高新闻制作效率，提高新闻传播质量，发挥新闻传播效益，达到传递信息、影响社会的目的，完成新闻编辑任务。

第四节　文字编辑与策划

文字编辑还承担策划新闻的职责。新闻需要策划。策划是指积极主动地想办法、定计划，或者说叫策略、筹划、谋划、计划、打算，它是个人、企业、组织结构为了达到一定的目的，充分调查市场环境及相关联环境的基础之上，遵循一定的方法或者规则，对未来即将发生的事情进行系统、周密、科学的预测，并制订科学的可行性的方案。在现代生活中，常用于形容做一件事的计划。根据策划的这一定义，我们得出新闻策划就是新闻计划的结论。采访新闻需要计划吗？需要，十分需要。会议召开、领导调研、活动举办、读者来信等已经安排好了的新闻素材可称之为主动新闻素材，记者接到通知后，稍作准备，便可前去采访。这类新闻不需要策划。除此之外的新闻素材，包括消息、通讯、人物专访、系列报道、深度报道、专题报道、报告文学、评论等，这类新闻素材没有像上面的会议、调研、活动那样实实在在的摆在面前，需要记者自己去寻找、发现、挖掘，可以称之为被动新闻素材。这类新闻采访起来难度会大得多，耗时会长得多。如何去寻找、发现、挖掘需要计划思考、需要安排部署，选择什么主题的新闻，明确什么人去采访，点定在什么地方，素材如何确定，采访什么人，什么时间行动、什么时间完成等，都需要计划、需要思考、需要安排，形成一个周密的方案，采访才能获得成功，否则，将会一筹莫展，达不到目的。

策划工作是文字编辑的职责，文字编辑有责任提前思考、提前确定选题，提前撰写方案，力争在年初拿出全年策划方案，同时，要根据地方党委政府的中心工作或不同时期的重要工作，临时确定选题，临时策划，形成大策划、小策划齐头并进的格局，确保把地方党委政府的中心工作宣传到位，落实到位。策划时要考虑政策导向、工作实绩、带动效应。策划需要提前、提早，尤其是节日类的新闻策划，要在节日前半个月或更长的时间内策划，策划结束后，迅速进入采访状态，然后编辑包装，确保在节日前或节日期间与观众见面，以便提高新闻的时效性，让新闻更新、更与实际相符，让新闻感染激励观众，达到更加高效快捷的宣传效果。

第五节　编辑稿件

编辑稿件是编辑最重要的工作。编辑的较多时间都要用在编辑稿件上。编辑稿件就是我们常说的改稿，即修改稿件。编辑对于记者、通讯员交来的新闻稿件的修改主要有纠错、压缩、增补、改写等几种方法，用什么方法，要根据文稿事实决定。

一、纠正错误

纠正错误是指纠正原稿中存在的错误，这些错误涉及时间、地点、人物、事件、结果，就是新闻的五要素。五要素错误会导致报道失实，会误导观众。编辑把好纠错关十分重要。这五要素中，时间是一个既具体的概念，又是一个范围收缩性较强的概念。可以具体到某天某时、上午下午，也可以是近日、近段时间、前段时间、前不久、半年来、一年来、今年、五年来，等等，务必根据新闻事实明确时间。会议和领导调研考察类新闻事实，那一定是具体的时间，总结性的新闻事实可以用大概时间。人物是一个关键、是最重要的新闻元素。新闻中人物涉及的内容有几个方面，包括姓名、职务、排序等，都必须正确，编辑在修改过程中要重点关注。

二、压缩稿件

压缩稿件就是通过删减段落、删除句子、删除词语、文字等方法，把有新闻价值的内容留下来，把与新闻信息无关的内容删减掉。使新闻稿件内容突出、结构严谨、节奏紧凑、表述简练、语言平实流畅。删减时，要先考虑原稿的构成，确保原稿的主题、思路、体裁与所报道的事物相符合，只是表达的信息过量，要删减掉，即与新闻信息主体和主题无关或关系不大的信息材料过多，形成文字的烦琐冗长，不加以删减，既影响稿件的质量，又会挤掉其他稿件，影响新闻传播质量和效果。

压缩方法有两种，一是不改变原意，尽量保留有用信息，把多余的句子、词语、文字或者信息符号删去。采用这种方法，要求编辑工作细致，反复斟酌，切忌违背原稿事实，改变记者原意，不能删减的一定不删减。二是保留主要信息内容，把次要内容和无关内容删掉，保证主题内容不变、基本结构不变、新闻事实不变。采用这种方法可从句式、段落、先后顺序着手，边删减、边调整，用更少的文字表达更大的信息。总之。通过压缩，达到短小精悍、言简意赅的效果。

三、增补内容

增补内容就是在原稿基础上增加补充缺乏的内容，编辑在改稿过程中发现新闻稿件表达的意思不全面、不准确、不深刻，缺乏支撑新闻事实重要的内容，就要增加补充上去。编辑可以增补的内容有如下几种，一是资料性内容补充，即新闻中五要素（时间、地点、人物、事件、结果）以及人物的背景、事件的历史、数字的运用等内容的增补。增补这些内容的目的，是为了表达更加全面、丰富、准确，让观众获得更多的新闻信息，更好地把握新闻思想。二是对新闻报道进行回顾，即在系列报道、连续报道中对已经播出（刊出）的内容进行简要复述，让观众把握整体内容，这种报道前后是连贯的，一开始就关注的观众，不一定记得住，中途开始关注的观众，前面部分并不知道。增补回顾的目的，就是让观众对这类报道有一个完整的了解。三是增补导读和编后语，增补导读，就是对新闻进行引导，增补一段文字，简要提示新闻内容、表达的思想和揭示的深刻内涵，引导观众读者准确把握新闻导向。增补编后，就是在原稿后面写一段简短文字，对新闻进行总结、思考，深化新闻的现实意义。无论哪一种增补，目的都是促进新闻更加饱满充实、深刻全面，让观众读者获得丰富信息。提高新闻传播效果，提高新闻舆论引导能力，体现媒体的责任担当。

四、改写原稿

改写就是根据原稿情况作比较大的改动，比删减压缩、增加补充难度会大得多。编辑一旦确定要改写，说明文稿存在问题较大，通过删减压缩、增加补充都解决不了问题。而这条新闻又必须要播出或刊出。在这种情况下，就要改写。改写是一种以原稿为基础的重写，难度较大、操作比较复杂。改写可以是局部改写，也可以是全文调整。局部改写是对原稿的某一段落、某几个句子，某几个方面进行重写，以使表达更清楚明白。

全文调整是以原稿反映的内容为基础，改变文稿的主题思想、篇章结构、报道角度。让主题更突出，结构更合理，前后逻辑更强、报道角度更新颖。

改变主题。改变主题即改变原稿的中心思想。之所以要改变主题，往往是因为原稿主题缺乏新意、缺乏典型意义，需要编辑从原稿内容中提炼出更有意义、更有价值、更有鲜明特点的主题。这种改写相对较难，应该谨慎小心，为了避免矛盾或不必要的误会，可以与记者商量，建议记者自己改写。如果记者有困难，不愿改写或没有时间改写，同意编辑代劳，那么编辑方可改写。

改变篇章结构。改变篇章结构就是调整原稿段落，把前面的段落调到后面去，把后面的调到前面来，或从中间抽取一个段落，提到最前面去，作为切入点，增强新闻故事性，通过讲故事的形式吸引观众欣赏新闻。除了调整还需要改写，有些段落位置调整了，意思就变了，这个时候就要改写段落。使之前后一致、首尾连贯。

改变报道角度。改变报道角度就是改变原稿内容的着眼点、立足点和侧重点。摆在编辑面前的稿件材料丰富，但是写作角度把握不当，影响了主题思想，或者与新闻编辑的业务要求相去甚远，因而需要改变角度，根据内容需要可以把领导角度改变为群众角度、可以把工作角度改变为生活角度，可以从介绍经验的角度改变为报道成果的角度。改变了角度，新闻更具有吸引力，更能影响观众。

第六节　记者职责

记者与编辑的职责不同，履职的形式不同，前者在前方一线采访，后者在后方编辑制作，但对政治素质的要求都是一样的，都要讲政治、讲党性，必须坚持党的领导，为党发声，为党立言，这是最重要的要求，也是最重要的职责。记者必须深入一线，冲锋在田间地头、工厂小区、学校医院、楷模家里、竞技赛场、灾害现场、以及社会生活的方方面面，去了解党的路线、方针、政策的贯彻落实情况，去记录政治、经济、文化、教育、医疗、体育等事业的发展情况，去发现人民群众的精神面貌、思想意识、生产生活状况，去思考各级领导干部带领广大人民群众发展经济、脱贫攻坚、增收致富、乡村振兴、阔步小康、圆梦中华的伟大实践。通过摆事实、讲故事，把这些记录、思考撰写成新闻信息，传播出去，引导观众、启迪观众、激发观众，统一思想、凝聚力量，共同为建设富强、民主、文明、和谐、美丽的社会主义现代化国家而努力奋斗。工作中，要围绕中心、服务大局，把握好政治方向和舆论导向。要把党委政府的会议、决策、部署，党政主要领导的调研、考察，人大政协的参政议政，作为最主要的采访任务，放在更加突出的位置，发挥好这些重要新闻资源的作用，超常发挥采访能力，写出高质量的新闻稿件。要把镜头对准各级、各工作部门，这些部门是政府的派出机构，承担着政府某一方面的业务，代表政府开展工作、履行职责、为民服务，要记录这些部门或部门领导干部的工作态度、责任落实、任务完成等情况，反映他们在工作中表现出来的苦干实干、敬业奉献精神，以及他们为党分忧、为政府分忧的责任担当。要密切联系群众、广泛深入群众、到群众最需要的地方去，了解群众在想什么、在做什么、需要什么。收集他们对党委政府决策、部门单位服务的意见建议。习近平总书记说："党的政策好不好，看乡亲是哭还是笑。"要了解乡亲是哭还是笑，就要与群众交朋友，主动联系群众，了解群众心声，听取群众意见建议。同时要把镜头对准群众的生产生活实际，把他们的增收、吃穿、住房、教育医疗、环境改善、精神文化生活等情况记录下来，把他们的创业兴业、产业发展、务工培训等实践探索传达出来，形成生动鲜活的新闻作品，通过电视广播报纸新媒体传递出来，营造浓厚的舆论氛围，推动社会全面进步。以上这些都是记者的职责。

第七节　记者观察能力

记者履行采访职责，完成采访任务，需要具备观察能力，观察能力即综合能力、采访能力，表现为分析能力、研判能力、挖掘能力、撰写能力、拍摄能力，这些能力具备了，就为采访工作创造了客观条件。分析能力是对新闻事件进行思考、分析的能力，要了解掌握新闻事实的特点，分析新闻事实的优势，透过新闻现象看新闻本质，创作出有思想、有深度、有带动效应的新闻作品。研判能力是对新闻事实与当前中心工作直接联系的研究判断能力，让新闻事实所表现出来的信息优势为当前的中心工作增添动力，营造氛围。或者围绕当前中心工作研判新闻事实，让新闻事实成为中心工作的载体，创作出围绕中心、服务大局的新闻作品，为中心工作的开展加油鼓劲。挖掘能力是发现新闻事实背后新闻的能力，表面上看，发生了某件事，内在看，为什么发生某件事，是什么促使这件事取得理想成果，导致某件事成为经验、成为样板，把平常事放入时代大背景下，写成有轰动效应的新闻，这就是挖掘，记者应该具备挖掘能力。地球表面是平静的，但地下有火山、有温泉，新闻记者要善于发现新闻事件背后的火山、温泉。火山、温泉都是地球的特色，新闻记者要善于发现特色。同理，挖掘人的内心世界，才能发现人是不同的。撰写能力主要表现为文字能力，就是把发现的新闻事实用文字表达清楚，表述得完美、生动、准确。要具备最基本的写作功底，确保用词准确、语言平实流畅、结构严谨、层次分明、中心突出，还要做到文字短小精悍、标点准确、无错别字……这是新闻记者最基本的能力。具备了这个能力，提升前面几个能力才有意义，否则，皮之不存、毛将焉附？拍摄能力表现为使用摄像机、摄影机的能力，新闻记者要熟练掌握摄像机、摄影机的功能，并熟练运用它。同时，具备构图能力也是重要的方面，既能摄像、又能摄影，还需要构图，二者同等重要。记者被称为社会的瞭望者、观察者、记录者，说明记者务必具备多方面的能力。可以说，记者也是杂家，记者要辩证地认识社会、把握社会的运行规律，正确地书写社会，为社会进步提供精神动力、提供理论指导，进而推动社会向前发展。

第八节　记者采访

采访是记者的天职，记者的主要工作就是采访。采访分为两部分，一部分是到新闻现场，用眼睛看，用耳朵听，用嘴巴问，收集各种素材，获取第一手资料。一部分是根据素材撰写新闻稿件。两部分工作都完成了，算是完成了一次采访任务。采访分为两种形式，即主动采访和被动采访，主动采访是记者自己策划的采访，记者根据编辑部明确的任务制订采访计划，就是前面提到的策划。计划要明确采访类型，或消息、或通讯、或系列报道、深度报道、专题报道，根据采访主题确定报道形式，要明确采访时间、采访地点、采访对象、采访内容，并要提前通知采访对象，以防采访对象在确定的采访时间外出。被动采访是单位安排的采访，党委政府的重要会议、主要领导的考察调研，各种类型的活动举办，突发事件等，都是被动采访，被动采访一般情况都是临时安排，时间比较急，没有策划的空间，有可能提前一两天接到任务，有可能当天接到任务，还有可能临时接到任务，比如，突然发生的交通事故、洪水灾害、地质灾害、火灾事故、地震、疫情等，记者接到通知后，马上就要出发，哪怕是深更半夜，哪怕正在睡梦中，都容不得迟疑，更容不得讲条件，遇上了，就要上，就要去，这是党和人民的需要，新闻事业的需要，也是本职工作的需要。无论主动采访、还是被动采访，记者都要随时做好准备，就是要准备好采访器材，包括摄影机、摄像机、备用电池、三角架、话筒、采访本、笔、笔记本电脑等。没有这些器材，采访就不能正常进行，采访电视新闻，没有摄像机或者笔记本电脑不行，采访报纸新闻或新媒体新闻没有照像机不行，采访广播新闻没有话筒不行，笔和采访本，采访哪一种新闻都需要，因此，记者或管理设备的部门要随时准备好这些采访器材，要随时检查设备，坏了要迅速修好，要随时充满电池，做到闲时做来急时用，否则，到了采访现场，忘记这样，坏了那样，电池用尽，线路不通，采访就不能正常进行，就要错过采访时间，采访任务就难以完成。比如领导调研，假若摄像机没电了，图像就拍摄不了，采访就完不成，想弥补都没有可能。那是要被问责的。即便有些新闻可以重新采访，那要重新安排时间，时间被耽误了，除了耽误记者的时间，还要耽误被采访对象的时间，损失很大。因此，准备要充分。采访结束后，还要检查拍摄的图像完整不完整，清晰不清晰，听听录制的声音有没有，清晰不清晰，看看记录情况，新闻事实记录清楚没有，记录完整与否，新闻的要素明确与否。如果有差错，在现场还有弥补的空间，否则，回到单位才发现这些问题，那就迟了。即便如此，还得留下采访对象或陪同人员的电话，以便在撰写文稿时发现遗漏，可以打电话核实。此外，采访还有直播、录播、联合采访、陪同采访、接受别人采访等类型，这类采访比例很小，一年遇不上几次。遇上了，要积极主动去应对。

第九节　采访方法

采访方法包括现场采访、电话采访、资料采访等类型。

一、现场采访

现场采访就是到新闻事实发生的现场去采访，这个现场可能是固定的，也可能是变动的，一条新闻里可能有一个现场，也可能有几个现场。因为一个新闻事实可能同时在几个地方出现。现场采访是所有媒体记者都必定用到的方法，也是最重要的经常性的采访方法。用这种方法采访，获得的信息全面、生动、具体、可感。电视新闻记者绝大部分要采用这种方法。电视新闻要用画面表达，就要到新闻事实发生的现场去，才能拍到画面，通过具体生动的画面丰富新闻内容，感染观众，把观众也带到现场，让观众实实在在感受新闻事实，就是让观众见人见事，体现真实。再配上文字解说，一条新闻就能完整地呈现给观众。现场采访也是报纸新闻常用的采访方法，报纸新闻不需要视频，就用不上摄像机，但可以用摄影机，报纸需要图片，图片只能到现场去拍摄。因此，报纸新闻记者也必须到现场去采访。文字方面的记录，在现场采访可以通过分析、比较、察看、核实等得到充实完善，可以通过记者与被采访对象的交流，丰富记者的思维、拓展采访空间，增强新闻的故事性、真实性。广播新闻的采访，传统的方法记者也要到现场去，到被采访对象的家里去、劳作的田间地头去、工作的单位去。一方面要充分尊重被采访对象，另一方面要锻炼记者的"四力"，促进记者深入基层、深入群众，这是新闻工作的需要，也是新闻事业的需要。实施媒体融合后，所有的新闻类型都要选择现场采访，一次性现场采访的素材可以综合运用到各种报道渠道。

二、电话采访

电话采访就是记者接通被采访对象的电话，通过电话获得新闻素材。不用到现场去。电话采访是报纸、广播常用的方法之一，电视也有涉及，但很少。采用这种方法要有前提条件。第一，被采访的新闻事实很重要，需要马上安排播出或刊出，而安排记者到现场采访已经来不及。第二，因记者繁忙，多重任务在身，一时抽不出时间，而新闻内容又特别重要，必须马上播出或刊出。第三，被采访对象外出，与记者相距较远，或因特殊原因不能与记者相见，现场采访十分困难。第四，采访对象在省外工作或学习，或是外省人。无论哪一个前提条件，都要给对方说明原因，求得对方理解支持，为采访打好基础。采访之前，先要准备好采访提纲，列出提问问题清单，根据提纲和清单依次采访，边采访边记录边录音，才能保证采访一次成功。

三、资料采访

资料采访就是收集被采访对象的资料，也不用到现场去。实施这类采访的前提是被采访对象所在地的宣传干部、镇村干部已经写好与新闻事实有关的材料，包括事迹报告材料、工作总结、汇报材料等，而且这些材料反映的事实必须真实。尽量考虑要求对方加盖公章。这些材料不是新闻稿件，还不具备新闻的要素，需要记者根据材料进行提炼、修改、加工、添加上新闻要素，才能成为新闻稿件。具备了这个条件，被采访对象便可以把材料传送给记者，记者可以省去采访、写稿的时间，直接进入修改程序，这类采访相对容易一些。这类采访一般适应于报纸或新媒体类型，电视一般很少采用。即使对方提供了视频，也会因为传送、剪辑等原因而难以被采用。资料采访可以事前安排，记者事先与提供材料的干部约定好，需要什么主题、什么体裁、什么性质的材料，先作一个明确，以便对方根据要求提供材料，做到有的放矢，目标明确，做到在规定的时间完成材料，达到事半功倍的效果，从而提高新闻报道的效率和质量。

第十节　记者与编辑

记者与编辑是新闻传播的两个组成部分，虽然任务不同，但联系密切，就像流水线上紧紧相联的两个环节，好比食材采购员与厨师的关系，记者是食材采购员，编辑是厨师。记者把菜买回来了，交给编辑搭配。新闻稿件亦如此。记者把新闻稿件交给编辑后，由编辑整理编排，形成新闻产品。特别重要的新闻，记者可以向编辑介绍特点，为编辑搭配、修改稿件提供参考，编辑把握不准的问题，反过来要向记者求证、核实，了解记者的想法。双方应该保持良好的沟通关系，如果记者发现前一期新闻编辑没有编辑到位，可以在下一期向编辑提出，与编辑沟通，提出意见建议。编辑可根据记者的意见作出调整，如果不能调整，可以分析原因，说服记者，让记者思考。反过来，如果编辑发现记者采写的新闻存在问题，照样要与记者联系沟通，了解记者采写的情况和想法，记者要如实回答编辑提出的问题，以使统一思想，达成共识，提高新闻质量，扩大新闻影响力。记者写稿要遵循新闻规律，除了写清楚新闻事实，还要善于讲述新闻故事，把新闻事实以故事的形式表现出来，使之生动，吸引观众。要完整交代新闻的五个要素。文稿写完后，要反复修改，整体把握文稿结构、中心内容、语言逻辑，反复核对人物的姓名、职务、排序。好文稿是改出来的，记者要养成良好习惯，重视修改、反复斟酌推敲，提高质量，使文稿交到编辑手里后，让编辑感叹："好文章！"反之，如果敷衍了事，写完就交卷，那么，编辑就可能头痛，就可能多次打电话与你核实，那样就要耽误双方时间，费力不讨好。当然，偶尔打电话核对是正常的，不可能一点问题都没有。反复修改就是要避免一篇文稿出现很多问题。如果文稿出现很多问题，记者就是不称职的。编辑应该与记者建立良好的沟通关系，或者安排时间交流心得体会，互相谈谈写新闻的感受，编辑新闻的要领，促进采写与编辑统一方法、统一格式、统一技巧。编辑还可以根据安排，为记者举办业务培训，讲解新闻写作要领、注意事项，激发记者努力学习业务知识的劲头，引导记者不断探索采写规律，掌握较为全面、熟练的报道方法，能够在报道中游刃有余、科学高效，推动宣传报道任务的圆满完成。

第十二章　深度报道（上）

第一节　红色文化报道典例

[真理之光在苟坝闪耀]

红军长征是中国历史上的大事件，是现代史的鸿篇巨制，是中国工农红军的伟大创举。气壮山河，威震寰宇。就像毛泽东主席在七律《长征》一诗中所写的那样："红军不怕远征难，万水千山只等闲。五岭逶迤腾细浪，乌蒙磅礴走泥丸……"

长征的要义在于责任担当，在于追求真理，在于中国人民的解放事业，在于人类的和平与进步。今天看来，长征的目标已经实现。毛泽东主席说，长征是宣言书，长征是宣传队，长征是播种机。长征开天辟地，亘古未有。长征把中国人民带入了光明灿烂的前景。

长征历时两年，长驱两万五千里，纵横 11 个省。经历了众多艰难险阻，冲破了无数惊涛骇浪。试看哪一件不艰难，哪一件不精彩，哪一件不闪烁着智慧之光？遵义会议、娄山关大捷、四渡赤水、苟坝会议、巧渡金沙江、强渡大渡河、飞夺泸定桥、爬雪山、过草地。漫漫征程，浸透了血和泪；道道险关，彰显着精与神。时时绝处逢生，处处惊心动魄，件件大智大勇，让这一片承载它的土地也艰苦卓绝、热血沸腾、激情奔放，充满了传奇色彩，继而形成了气冲霄汉的"长征路"。更重要的是它展示了我们党领导的红军队伍坚持真理，修正错误，正确决策，实事求是的博大胸襟。避免了在这样艰难的时刻，任何一次误判和失策都将带来灭顶之灾的恶果。这是长征生命力强大之所在，这是长征伟大神圣之所在，这将永远成为中国人民的重大经历和宝贵财富。并将永远警示和启发后人，永往直前，不屈不挠，建设强大中国。

笔者在这里要把目光聚焦到长征中的一件具体事件上，通过回顾这件事，分析这件事，展示我们党坚持真理、修正错误的伟大气概。这件事就是苟坝会议。虽然苟坝会议没有遵义会议规模大、影响大，但同样闪耀着真理之光，同样是长征最关键的环节。其历史意义和文化价值同样重大。那么，苟坝在哪里？苟坝会议是一次什么样的会议？这次会议对于中国工农红军长征胜利和中国的未来具有什么作用？本文将在下面一一陈述。

苟坝地处大山深处，被称为"藏在深山的圣地"。是贵州省遵义市播州区枫香镇的一个小村庄，距城区南白46公里，距历史文化名城遵义50公里，从遵义市区出发，经龙坑、鸭溪两镇便进入枫香。枫香集镇有乡村公路通往苟坝。

苟坝的地形为山地，平均海拔约1000米。四周有高山环绕，中间为田坝。东、西、北三面分别有海拔1300米的石牛山、崖头山、银屏山、马鬃岭。南面是坝子，坝子南北长约3公里，东西宽约1公里，坝上梯田层层叠叠、绵延更替。由马鬃岭脚渗出的二道地下水，汇成一道溪流自北向南流动，称为白腊坎河。村子依山而建，座北朝南，与二道地下水同向。村子里居住着二三十户人家，房屋全为木结构，有四列三间、长五间、四合院等造型。1935年3月9日，红军中央纵队进入枫香镇，就住在这个村子里，中央红军的军事指挥机构驻扎在村子最东端的一栋四合院房子里（又称新房子），而中央政治机构则设在附近。当时的中央领导人张闻天、博古、毛泽东等都住在这里。这便是苟坝。这里过去是古朴村庄，今天则是红色圣地。这一切都源于一次会议——苟坝会议。

苟坝会议是一次坚持真理、修正错误的会议，是一次决定长征取得胜利的会议。

这里，我们首先来了解这次会议的内容。要了解这次会议的内容务必先了解它的背景。

这就得从著名的遵义会议说起。因为遵义会议和苟坝会议不仅有时间上的先后关系，而且有逻辑上的因果关系，这两个会议是密切相关的。应该说遵义会议是中央红军从1934年10月开始长征在突破四道封锁线，特别是经历了惨烈的湘江战役后，在湖南和贵州两省召开的一系列会议在党史上的一个总称，是一系列会议的历史概念。在它之前有为遵义会议的召开打基础、做铺垫的通道会议、黎坪会议、猴场会议。在它之后又有为会议的完善和落实而召开的扎西会议和苟坝会议。遵义会议明确了下一步战略的基本路线。就是由黔北北渡长江进入川西北和张国焘领导的红四方面军会合，然后寻找新的稳固根据地。于是就有了一渡、二渡赤水、再战遵义和苟坝会议等事件。下面是苟坝会议的具体情况。

据《从转折走向辉煌》一书记载：在红军进入枫香苟坝的第二天（即1935 年 3 月 10 日）下午 1 点左右，中革军委收到了红一军团司令林彪、政委聂荣臻发来的一个万急电报。电报内容是建议中革军委改变攻击驻坛厂的国民党中央军周混元纵队的作战计划，而改打打鼓新场。打鼓新场就是与今天的播州区毗邻的金沙县城。接到林彪的电报后，中共中央总负责张闻天在苟坝村子东端的四合院（新房子）的堂屋组织召开了政治局扩大会议，专题讨论是否改变作战计划，攻打打鼓新场，会议一直开到深夜，讨论非常激烈。参会的领导都同意改变作战部署，改打打鼓新场。但只有毛泽东一人坚决反对。毛泽东认为，打是手段，走是目的，不利于脱身的战斗是不应该考虑的。张闻天是非常讲求民主的中央领导，提议举手表决，结果这一举手啊，攻打打鼓新场的计划通过了，同时把毛泽东才任职 6 天的前敌司令部政委也给表决掉了。会议结束后，周恩来和朱德回到了长五间起草作战命令。深夜，毛泽东回到所住的阁楼，对红军的前途和命运充满忧虑。就在这时，中革军委的情报人员破译了国民党的一系列情报，并准备送到会上，当情报人员到达苟坝时，会议已经结束了。恰好这时候遇到了毛泽东，就及时把情报向他做了汇报。电报的内容是国民党的中央军、川军、滇军、黔军正从几个方向向枫香、仁怀、打鼓新场区域压来，最近的敌军离打鼓新场只有两个小时的路程。毛泽东迅速叫上警卫员提着马灯，沿着 1.5 公里崎岖山路（后被称为真理小道）去找到了周恩来。把电报内容和他的分析担忧向周恩来一一作了陈述。接着两人又找到了朱德、张闻天。张闻天听了汇报后立即通知白天的所有参会人员紧急开会。会上，大家深为毛泽东透彻的分析、对形势理性的判断所折服，都不再坚持自己的意见，于是，这次会议否决了攻打打鼓新场的作战计划。①

---

① 朱存福:《从转折走向辉煌》，中共中央党校出版社，第 80—81 页。

3月12日，张闻天又在这栋四合院里召开中央政治局扩大会议。会议决定成立由周恩来、毛泽东、王稼祥组成三人军事指挥小组，即"三人团"，全权负责军事指挥，并对政治局负责。这就是苟坝会议的全部内容。[①]

苟坝会议结束后，毛泽东构思并实施了"调出滇军，甩掉追兵，假道云南，进军四川"的宏大战略构想，亲自指挥红军三渡、四渡赤水，南渡乌江，佯攻贵阳，挺进云南等战略，把蒋介石的几十万追堵之兵彻底甩在乌江南岸，跳出了蒋介石设置的大大小小的包围圈。1935年5月，中央红军巧渡金沙江，飞夺泸定桥，强渡大渡河，胜利地实现了和红四方面军的合师，取得了中央红军长征的阶段性战略胜利。

苟坝会议可谓千钧一发，有惊无险；可谓厚积薄发，水到渠成。

可以说，苟坝会议为长征胜利奠定了坚实基础，这个基础根深蒂固，稳如泰山。

苟坝会议以"坚定信念、实事求是、坚持真理、修正错误、敢闯新路、民主团结"为特点，让长征取得胜利，也留给今天众多启示，敦促后人继承、发扬。这些启示包括：第一，任何正确的决策都来源于对客观实际全面地了解，对客观事实规律性的把握。就是要实事求是。第二，真理在某些时候也许不被多数人理解接受，但掌握真理的人必须要顽强地发出声音，并用真理的力量去影响多数人，即要坚持真理，修正错误。第三，苟坝会议一波三折的肯定、否定、再肯定，体现了民主基础上的适度集中，就是坚持了民主集中制。

为了保护这一红色圣地，传承革命精神，坚持真理要义，贵州省委省政府、遵义市委市政府、播州区委区政府高度重视会议旧址的恢复和修缮。立即建机构、拨巨资、派人员，按照修旧如旧的原则，对会议旧址进行了复原性修复，使之先后成为省级文物保护单位、省级爱国主义教育基地、省国防教育基地、全国爱国主义教育示范基地。同时，枫香镇党委政府也积极争取资金翻修了到达苟坝的公路。从此，播州区各级各部门分别在建党节期间到这里来缅怀先烈、回顾历史、重温入党誓词、体验红军生活、重走长征路、重走真理小道，接受爱国主义教育、革命传统教育、党风廉政建设教育以及

① 朱存福：《从转折走向辉煌》，中共中央党校出版社，第82页。

三观教育。紧接着,市级、省级乃至全国各地都有党政机关、团体干部职工、企业员工到这里来接受教育。

围绕苟坝会议这个历史优势,区镇两级又以苟坝为中心改造农民住房,提高农民居住质量。近几年共在周边改造或新建黔北民居近 5000 栋,改造率达 45%。在此基础上,引导农民发展乡村旅游、红色旅游,开办农家乐餐馆,仅苟坝村和苟坝毗邻的花茂村就发展乡村旅馆和农家乐数十家。2017 年和 2018 年,两个村旅游的人数分别达 143 万人和 147 万人,旅游收入分别达 873 万元和 1445 万元。据"红色之家"农家乐餐馆业主王志强介绍,由苟坝会议引发的红色旅游日益兴旺,每天到他家就餐的游客很多,他因此招聘了 16 名当地群众到他的农家乐上班,平均月工资 4000 元,这些员工就此一项收入就足以脱贫。此外,红军食堂、枫香苑餐馆、九丰餐厅等农家乐也风声水起、游客盈门。由旅游业带动的农业产业经济效益也十分明显,具有"转嫁辐射现代高效农业技术、助力脱贫攻坚、壮大村级集体经济"等职能的遵义绿动九丰蔬菜种植专业合作社投入资金 1800 万元,流转土地 300 亩,建成大棚 110 亩,常年种植黄瓜、茄子、丝瓜、苦瓜、辣椒、西红柿等蔬菜,综合效益一年比一年好。据该合作社理事长何万明介绍,合作社成立后,有 50 名当地群众到这里务工,全年工作 10 个月,每月平均工资 3000 元,让他们有了固定职业和收入。另外,合作社每年承担了 140 户贫困群众的帮扶工作,每年给予每户贫困群众 1000 元资助。同时,全年纯利润的30% 上交村委会,壮大村级集体经济。

由于各项产业的蓬勃发展,农民收入大幅度提高。2018 年,这里的农民人均纯收入达 15180 元,远远超出全市平均水平。

2014 年,在红军长征胜利 80 周年之际,遵义市委市政府再拨巨资在苟坝修建苟坝会议陈列馆和广场,打造红色圣地新农村,把会议旧址内的农民住房全部还原成革命遗迹,进行整体修复,完善相关设施,方便游客观瞻,并在这里召开全市第三届旅游发展大会。播州区也借此机会在这里创建苟坝红色文化旅游产业创新区(这个创新区是全省 100 个旅游景区之一,区域面积为 713 平方公里,辐射周边 6 个镇乡,总投资 20 亿元。总体定位:以苟坝会议会址为核心,以文化创新为导向,以区域内丰富的红色旅游资源、生态资源、民俗文化资源为依托,构筑遵义红色经济新高地。),建设陶艺文化一条街，引进山东农业科技集团九丰公司发展现代高效农业和观光农业。市区两级的这一行动把红色旅游、新农村建设、农村经济发展、农业产业化形成、农民增收致富紧密结合起来，打造富饶美丽的新农村。如今，这里已经发生了翻天覆地的变化。鸟瞰苟坝，掩映在绿树丛中的会议旧址，由小青瓦、坡面屋、穿斗枋、转角楼、雕花窗、白粉墙、三合院构筑成的"黔北民居"、潺潺流动的白腊坎河、集中成片的白色大棚、镶嵌了白色边线的黝黑的公路构成了一幅亮丽无比的风景画。因红色旅游、乡村旅游发展而带动的乡村旅馆、农家乐餐馆、陶瓷产业、现代农业、互联网＋电子商务平台也风声水起，兴隆日盛。一幅农村美、农民富、产业强的画卷正在绘就。

2015 年 6 月，习近平总书记来到这里调研，对这里的红色文化传承、精准扶贫、产业发展、新农村建设等工作表示赞许和满意，并对播州区提出更高的目标要求。据统计，仅 2015 年上半年，从全国各地到此参观、访问、学习、接受教育的各级党政团体、从周边省市前来旅游、度假、娱乐的游客累计达到数十万人次。一时间，这个寂静的小山村车水马龙、人山人海。人气之盛不亚于城市的闹市区。实质上就是人心所向，精神所向。向往哪里呢？向往历史、向往真理。

今天，贵州各级党政都重视这段历史，重视红色圣地保护和革命精神传承，重视农村经济发展和农民富裕。这一切都缘于真理在这里坚持，历史在这里传承，使命在这里担当。各级党政、党员领导干部已经把学习苟坝精神、传承红色文化、坚持革命真理升华到全心全意为人民服务和全面建设小康社会的具体行动上。他们接过接力棒，奋力拼搏，带领广大人民群众为建设富强、民主、文明、和谐、美丽的社会主义现代化国家和实现中华民族伟大复兴的中国梦而努力奋斗。

后人的脚步声如暴风骤雨、扑踏扑踏、踢踢踏踏、匆匆忙忙、轰轰烈烈、铿锵激越。

先辈们：你们听到了吗？

历史永存。

真理永存。

苟坝永存。

第二节 文化自信报道典例

[播州图书馆：彰显文化自信]

2018年1月16日，中共中央宣传部、国家文化部、国家新闻出版广电总局决定，经第七届全国"双服务"评选工作办公室评选，播州图书馆被评选为全国服务农民、服务基层先进集体，是贵州省所有图书馆、文化馆中，唯一被表彰的图书馆。

播州图书馆的前身是原遵义县图书馆，成立于1979年1月，从1994年以来，在3次评估定级中均位居全省县级图书馆榜首，是当时贵州省唯一一家国家县级一级图书馆，被国家文化部评选为"读者喜爱的图书馆"，多次被贵州省评为"红旗文明单位"。是全国文化信息资源共享工程示范县。2018年再次受到中共中央宣传部、国家文化部、国家新闻出版广电总局表彰，彰显了播州图书馆事业的辉煌前景。

播州图书馆新馆于2016年10月28日开馆，因撤县设区而更名。播州图书馆投入3000多万元建成，建筑面积4382平方米，藏书25万余册，开设有少儿阅览室、视障读者阅览室、报刊阅览室、综合图书借阅室、电子阅览室、地方文献室等12个服务窗口及体验区。率先在全省县区级图书馆启动了图书自助借还系统，3D图书定位查询，开通了24小时自助还书服务，开设了3D影视体验、3D打印体验区、红色动漫体验区等服务，为全区读者提供了一个方便快捷、高效安静的读书环境。开馆至今，每天都有千余名群众到此读书，再现了拆迁前24年间的读书盛景。读者们坚信，过去的艰苦岁月已经为今天奠定了良好的基础。他们一定会把过去的经历视为今天的起点，在新的起点上倍加珍惜现在的优越条件，勤奋阅读。

一、起步

遵义县图书馆成立于1979年1月，在至今的38年间经历了三次搬迁、14年租借房屋和两易馆舍的历史。导致图书事业受到严重影响。成立之初，图书馆只有5名职工，3700册图书，租借60平方米房屋因陋就简地开始了艰难曲折、辛勤耕耘的文化创业之路。

历史告诉我们，文化的发展要经历艰难曲折的历程，正如余秋雨先生揭示的文化苦旅。播州图书馆的沿革也不例外，照样经历了38年艰难困苦。

我们可以想象，60平方米的房屋，除了办公桌椅、书架、报架，还能剩下多少空间，还能容纳多少读者。但毕竟开启了图书事业的先河，县城读者有了读书、借书的地方。即便常常读者盈门，借书排队，也没能阻止更多的读者走向图书馆的脚步，因为那是知识的大门、智慧的方向、文化的自觉。正是因为迈出了艰难的第一步，第二步便顺理成章，水到渠成。

二、新建

1985年12月，建在县城南的遵义县图书馆投入使用。不光告别了租借房屋的历史，还成为贵州省唯一的"国家县级一级图书馆"。这一年，成为遵义县文化事业发生重大转变的一年，广大读者对图书馆的建成欢欣鼓舞、高兴激动。因为为他们提供了天高任鸟飞、海阔凭鱼跃的博大空间。图书馆建筑面积2100平方米，可容纳30万册图书，阅览室可同时容纳500人阅读，设置了200余个座席的报告厅，馆内开设有包括"贵州省图书馆遵义县分馆"在内的9个服务窗口。这对当时只有数万人口的县城和相应的读书人群也是绰绰有余，即便最多的时候有300人读书，也还要剩下巨大的空间。从这时至2009年的这24年中，这个图书馆成了县城读书人的家。这段时间同时也成为全县人民崇尚阅读的自觉时期、兴旺时期，和文化发展的关键阶段。虽然远没有形成人人读书、时时读书、抽更多时间读书而让图书馆拥挤不堪、天天爆满的氛围。然而在启发人们从自发阅读向自觉阅读的转变中发挥了重大而普遍的影响，她总是作为文化象征在润物无声中启迪人们向往阅读、向往知识。总有人天天往图书馆跑，总有人不厌其烦地把孩子送到图书馆去，而图书馆工作人员也总是笑脸相迎、笑脸相送。对此，我们看到了文化在烁烁发光。

据第九次全国国民阅读调查显示，2011年我国人均读书量仅为4.3本，远低于韩国的11本、法国的20本、日本的40本以及以色列的60本，成为世界上人均读书最少的国家之一。其中，50.7%的受访国民自认为阅读量少，只有不到10%的国民认为自己阅读数量很多或比较多。一年读4.3本，成为中国人不可忽视的"阅读危机"。可见，如果没有图书馆，很难想象我们国民的阅读量能达到 4.3 本。虽然我们没有调查当时通过到图书馆读书而体现的阅读量，但我们可以肯定因为在图书馆阅读而体现出来的阅读量一定不是一个小数目。尽管这次调查是在遵义县图书馆因城镇化建设而搬迁两年后的事情。

苏联作家布罗茨基曾说过："一个不读书的民族，是没有希望的民族。综合国力的竞争归根到底是人才的竞争，而人才的培养来自教育，来自知识的熏陶，也就是说来自阅读。"可见阅读对于国家和民族有着何其重要的影响。

遵义县图书馆在 24 年的服务中，还在全县 17 个镇乡建设了图书分馆和200 多个村图书室，形成了以县馆为中心，分馆为前沿，农村图书室为补充的三级图书服务网络。开办服务窗口服务农村，覆盖面逐步扩大了，喜欢读书的农民有了借书的地方。本文作者就是这段时间通过在镇乡图书馆借书阅读了《辩证唯物主义原理》《历史唯物主义原理》《从鸦片战争到五四运动》《红楼梦》《鲁迅全集》《第二次握手》《人生论》(培根著)、《红与黑》《教父》等书籍。

这 24 年是遵义县图书事业最发达的时期，因为县城有了这个图书馆，乡镇有了分馆，村里有了图书室，全县的文化品位就自然提升到一个可以仰视的高度。

三、拆迁、再租借和争议

随着改革开放的不断深入和城市化进程的日益加快，旧城改造、新区开发成为当务之急，各级党政都站在时代前沿，科学谋划城市发展，大力改造旧城，建设新城，完善设施，增强功能，增加人口，促进城镇带动战略目标早日实现。2009 年，遵义县县城南白贸易北街被列入改造范围，图书馆成了拆迁对象。

这一拆，图书馆被迫再次租借房屋。遗憾的是在这期间还曾两次更换房主。数十万册图书不得不东奔西走。

这期间图书馆要环境没环境，要氛围没氛围。众多图书进入"休眠"状态。人们还为选址问题争论不休。旧馆拆了，新馆建在哪里？哪里才是归宿？围绕选址问题，开发商和相关部门最先提出方案。开发商建议，在图书馆原地修建商品房后，在商品房内空出一层或两层留作图书馆。这个方案被县委县政府领导否定了，理由是，把图书馆建在商品房内太嘈杂，进出不便，会削弱阅读氛围。相关部门建议，把图书馆建在离县城中心三公里远的遵南大道旁边。那里征地容易，可以安排较大的空间，让图书馆独立存在，让阅读环境更加优美。但远离了中心城区，远离了读书人群，会失去方便快捷优势。大家也不接受。再一个方案就是与遵义县总工会合建，这个方案提出来后，双方都沉默了一段时间，最后的结论是因相互影响工作而搁浅。

四、重建

转眼间，5 年过去了，县委县政府决定把图书馆建在县城中心地带——原县城公园内。建成一座完全独立的建筑物，并配套建设文化广场。

毕竟文化事业非常重大，需要反复思考、反复论证。县委县政府需要深思熟虑。这次选址和出台的建设方案，让人们看到党委政府重视文化建设的深层思考和推动文化繁荣的百倍信心。原县城公园地处黄金地段，位置特殊，颇受房地产开发商的青睐，经济潜力巨大，然而县委县政府领导坚信，提高人民群众的文化水平比多收点地皮费更重要，县委县政府决定拆掉老公园，在此建设图书馆实在是高屋建瓴之举。这是文化之大幸，文明之大幸。

经过两年的建设，4000 多平方米的崭新图书馆建成了。适逢撤县设区，新图书馆命名为播州图书馆。

播州文化事业站在了新的起点上。新的行政区划、新的办公楼、新的文化广场、新的文化视野、新的精神面貌，都为图书事业营造了浓郁的氛围。

播州图书馆座南朝北，背靠大型居民小区阳光花园，东西北三面被文化广场包围，广场有一万平方米，广场边缘是宽阔的绿化地带，再向外延，各有一排低矮的商品房，穿过商品房，外面分别是城区万寿大街、西大街和公园路三条主干道。三条主干道都有通道与广场连通，无论从哪个方向到图书馆都非常方便。图书馆就像故宫一样成了城中之城。广场下面是停车场，仍然有三个进出口。进出方便、车位众多。条件比原馆好之百倍。再加上现代化的运作模式，播州图书馆成了人们向往的地方，成了人们的精神乐园，成了人们智慧的宝库。

在播州区城区，还没有哪一栋建筑独享一个单独而巨大的空间，唯有图书馆。图书馆虽然只有三层高，建筑面积只有 4000 多平方米，与周围的商品房比起来矮小多了，但被称为播州区的文化新地标。即便四周的高楼把她围在中间，也没有丝毫压抑感，因为她单独成立，并配套了巨大的广场和绿化带。自然透出宽阔、旷达之气，就像学富五车的人具有比大海、天空还要宽广的胸怀。就是住在高楼里的人，也要到她这里来接受熏陶、净化、启迪。因此，她显得非常高贵。需要仰视和敬畏。她作为全区人民的大书房、文献收藏中心、文献检索中心、信息传播中心的功能将日益凸显。她将为人类提供极其丰富的精神食粮。

五、智能化

播州图书馆最鲜明的特色就是智能化。她开启了智能阅读的新时代。

——门禁设备，自动录入信息。踏进图书馆大门，你就能够直观地感受到智能设备带来的多元功能。只要走进大门，门禁设备就悄无声息地将个人信息录入电脑，大厅的电子屏幕上，今日到馆人数、当前在馆人数、借书册数、还书册数一目了然。

——自助借还，一分钟搞定。大厅及阅览室里摆放了四台自助还书机、两台电子图书、报刊借阅机，门外还安装了一台 24 小时自助还书机，方便读者随时还书。在自助借还书机屏幕上点击几下，借书手续就办理完成，而整个办理过程仅仅需要一分钟，完全不像以前那样排队办理借书手续，方便极了，给读者节约了不少时间。

——3D 定位图书检索机，轻松找书不费劲。大厅的另外一台计算机，可以通过 3D 定位系统查找某本书摆放的位置。比如《三国演义》，只要输入书名，点击后，屏幕上马上显示 3D 地图，地图上能清晰看见《三国演义》在综合图书阅览室的 7 排 A 面 1 列 6 层，直接到那里抽出即可，大大缩短了找书时间。

——3D 打印体验区，让梦想成为现实。在二楼的电子阅览室有一台 3D 打印机，读者可以在上面设计自己喜欢的小物品，然后通过 3D 打印机打印出来，你想要什么，在电脑上就能做什么，真是神奇极了。

——更多智能服务吸引众多读者。图书馆还有很多智能化设备。电子借阅机，只要在手机上下载安装客户端，扫描图书二维码，便可把图书的内容下载到手机上，在手机上阅读。红色动漫、AR 体验区、3D 影音体验室、灯光调控阅读等设备，都让读者能够零距离接触智能设备，享受智能服务。

据了解，播州图书馆是目前全省区县级图书馆中设备最先进、智能化程度最高的图书馆，同时也是全遵义市区县级图书馆的新标杆。

在环境打造上，播州图书馆从环境舒适度、服务满意度上下功夫，从色彩搭配、座椅安放等细微细节着手，为读者免费提供热开水，积极主动服务，让读者坐得住、看得进。就连春节期间也采取轮班休息制度，全天候开放。

六、氛围和差距

播州图书馆开放后，迅速形成了浓郁的阅读氛围，每天进出图书馆的读者之多是空前的，超出了遵义县历史上的所有最多阅读时期几倍甚至十几倍。从开馆至今，图书馆没有关闭一天，天天都有至少 800 人前来阅读。多时达到 3000 多人。还有众多读者把书借回家在家里阅读。崭新的图书馆开启了浓郁的阅读新风。

开馆后不久，部分区领导也利用周末到图书馆读书，并与其他读者交流感想。区委宣传部部长还多次到图书馆了解读者阅读情况，要求图书馆尽力创造良好条件，为读者提供优质服务。宣传部长说，现在我们中国人的阅读量与全球相比还有很大差距，不奋起直追，我们的国民素质将成为国际竞争的软肋。因此，要求图书馆一定要大兴阅读之风，要竭尽全力创造条件，激发全区人民阅读兴趣，让全区人民逐步养成勤读书、好读书、读好书的习惯。

第十三次全国国民阅读调查显示，2015 年我国国民人均纸质图书阅读量为 4.58 本。全球阅读最多的前 5 个国家分别是法国 24 本，日本 44 本，美国 50 本，俄国 55 本，以色列 68 本。与 2011 年第 9 次调查相比，4 年时间过去了，我们国民阅读量才增加 0.28 本，仍然是阅读数量最少的国家之一，阅读危机仍然存在。阅读量少，知识贫乏，智慧低下，国民素质自然不高。我们必须明白，知识就是力量，知识就是智慧，知识就是文明。而知识必须通过阅读获得，所以阅读非常重要、十分重要、极其重要。美国前总统尼克松说："所有我认识的伟大的领导人，几乎都有一个共同的特征，那就是他们都是伟大的读书者。"我国著名女作家池莉也说，阅读具有神奇的力量，她说阅读可以让人获得几个一辈子。我们人生只有一辈子，可通过阅读可以体验李白的一辈子、崔颢的一辈子。我们人类没有翅膀，阅读会为我们插上翅膀。阅读就是给人一个非常丰满的想象力，这就是阅读的神奇和力量。

难怪，全球有那么多爱读书的民族。在莫斯科的地铁车厢里，总有不少乘客一上车就埋头看书，尽管莫斯科的地铁比北京的地铁噪声大且灯光昏暗。一些在商店甚至菜市场排队买东西的人，也会如同变魔术一般，从装食品的袋子里掏出一本书来，一边排队，一边阅读。日本人也是世界上最爱读书的人，不论在人均购书量、读书量，还是出版量上，都名列世界前茅。日本人的读书习惯令人感动。无论是在汽车站、火车站，还是在汽车、火车上，多数人都手捧一本书，仿佛置于无人之境。法国素来可谓为最爱读书的民族之一，他们将哲学列为中学必学课程，经过这样的教育训练，年轻人很早就养成思辨的习惯，养成对事物观察的独到见解。将学问当作探究人生的态度，胜过于文凭的追求。法国的传统书店密度极高，而阅读者或思辩在咖啡厅、酒吧等处随时可见。英国人的读书习惯也令人感动，在公众场所，特别是在汽车上、地铁里，你根本听不到人们的高声喧哗，上得车来，找个座位后，都随身拿出书或者报纸在安静地阅读。更有甚者是德国人，我国2500多年前的老子撰写的《道德经》在德国平均每户一册。因为阅读《道德经》这本书，改变了德国人的一个看法，过去德国人认为，全球最久远的哲学起源于德国，但是当他们看到这本书后，他们就不这样说了，现在他们认为，中国的哲学远比他们要早。能够每户购买一册外国作家作品的国家，或许除了德国，绝无仅有。

根据目前播州图书馆的阅读情况看，阅读氛围已经比较浓郁，但还有较大的上升空间，还可以吸纳更多读者阅读。同时还要引导读者提高阅读效率和阅读能力，要通过阅读，把书本知识转化为实际能力和丰富智慧。因此提高阅读层次也是阅读的应有之义。

梁衡说，从广义来说，人有六个阅读层次，前三个层次是信息、刺激、娱乐，是维持人的初级的浅层次的精神需求，可以用"看"来解决。后三个层次是知识、思想、审美，是维持人的高级的深层次的精神需求，只看不行，还要想，这才是真正的阅读，可以称为狭义的阅读。从这个意义上说，阅读了，充分吸收了，懂了，能运用了，就要达到后三个层次。阅读量能逐步升上去，阅读的层次也务必要升上去。正所谓"学而不思则罔，思而不学则殆"。

七、展望

无论是4.3本的阅读危机，还是4.58本的缓慢提高，播州图书馆已经迈出了坚实的一步，而且还有宏观的规划和远大的目标。播州图书馆馆长说，"十三五"期间，播州图书馆将围绕区委、区政府提出的打造"七个播州"中的"人文播州"这个目标，秉承"读者第一、服务至上"的理念，以"打造书香播州、推广全民阅读、引领阅读新风尚"为己任。充分发挥图书馆的功能，激发和引导全区人民多读书、读好书，不断提高综合素质，增强国民竞争力，从而为建设富强、民主、文明、和谐的社会主义现代化国家而努力奋斗。

播州图书馆一位副馆长说，可以借鉴哈佛大学图书馆的训诫来激励全区人民阅读兴趣的大幅提升。就有必要了解哈佛大学图书馆的训诫："此刻打盹，你将做梦；而此刻学习，你将圆梦。学习时的痛苦是暂时的，未学到的痛苦是终生的。学习这件事，不是缺乏时间，而是缺乏努力。学习并不是人生的全部，但，既然连人生的一部分——学习也无法征服，还能做什么呢？请享受无法回避的痛苦。只有比别人更早、更勤奋地努力，才能尝到成功的滋味。谁也不能随随便便成功，它来自彻底的自我管理和毅力。今天不走，明天要跑。教育程度代表收入。即使现在，对手也不停地在翻动书页。没有艰辛，便无所获。"

真正领悟了哈佛大学图书馆的训诫，离政府工作报告中提出的实现全民阅读的目标还远吗？

第三节　时代精神报道典例

[黄大发精神的时代特色]

2017年4月，82岁的村支部书记黄大发被中宣部授予"时代楷模"荣誉称号。人民日报、求是杂志、中央电视台、新华社、光明日报、经济日报、中央人民广播电台、中国日报、中国新闻社、贵州日报、当代贵州、贵州广播电视台等媒体迅速派出精干力量，前往遵义市播州区平正乡团结村草王坝村民组采访报道他的先进事迹，一时间。平正乡沸腾了，草王坝出名了，一个偏僻落后的小山村频频出现在媒体上、人们的视线里。紧接着，5月13日，贵州省委授予黄大发"全省脱贫攻坚优秀共产党员"称号，9月，黄大发获得"2017年全国脱贫攻坚奖奋进奖"。2018年3月1日，黄大发荣膺感动中国2017年度人物。黄大发成了先进人物、时代楷模，是因为他不忘初心，持之以恒，苦干实干，为人民群众改善了条件、创造了福祉，是全心全意为人民服务的农村党员典型，是脱贫攻坚时期涌现出来的当代愚公。因此，要求大家向他学习，学习他的时代精神。现在，我们就黄大发精神的时代特色进行分析，激励大家向他学习，共同为打赢脱贫攻坚战贡献力量。

一、黄大发精神是艰苦奋斗、战天斗地的精神

草王坝村坐落在大山深处，山高坡陡，生活环境恶劣，一直以来严重缺水，村民苦不堪言，生活质量低下。但先辈们选择在那里世代生活，那里就是他们自然的故乡。人无法选择的就是自然的故乡。既然无法选择，就只能改变。怎么改变，23岁时被推举为大队长的黄大发在思考。他决心为村民干三件事：引水、修路、通电。但引水是当务之急。到哪里去引水？黄大发心里有底：离草王坝几公里外的野彪村水源富足，只要打通阻隔两村的灵宝山，就能把水引到草王坝。于是黄大发开始组织村民出钱出力修建水渠。那是20世纪60年代，那个年代经济困难，技术落后，工具简陋，条件极其艰难，村民们面对的是悬崖绝壁，就是爬上去都十分困难，站在上面尤其困难，不要说在上面干劳动强度特别大的开凿工作。面对坚硬的、垂直九十度的石壁，村民没有先进的机器设备，仅凭借钢钎、二锤、锄头、扁担等简单工具，开凿难度之大，不言而喻。再说村民们的生活水平不高，靠吃玉米、小麦、青菜、菜油等没有多少营养的食物，根本就没有强健的体魄与之抗衡。然而，他们与大山较上劲了。悬崖上站不稳，就用绳子把人拴在山顶的树上或悬崖上的石孔里，悬空开凿。工具落后了，他们就用蛮力，一锤一锤猛打，一钎一钎深掘，他们的手磨破了，腰扭伤了，天天汗流浃背，时

时精疲力竭，他们的付出仍如蚂蚁撼树。这样强弱悬殊的较量，注定了修渠没有结果。但是黄大发还是带领村民持续奋战了十多年，即便没能把水引到草王坝来，也展示了他们艰苦奋斗、战天斗地的精神。展示了他们敢于向恶劣环境宣战，有信心、有恒心改变家乡环境的坚强意志。即便在重重困难面前，修渠暂时停止了，村民们仍然没有放弃他们的梦想。相反，第一次的挫折变成了巨大的动力。世上无难事，只怕有心人。不坚持，怎么知道就做不成呢？这正是辩证法的客观反映。失败是成功之母，人们征服自然、改造自然不可能一蹴而就，需要反复实践探索。因此，开始的失败，为以后的成功奠定了基础、积累了经验、增长了智慧。黄大发坚信总有一天一定能修通水渠。或许黄大发和村民们艰苦奋斗、战天斗地的精神已昭示着水渠一定能够修成。

二、黄大发精神是持之以恒、锲而不舍的精神

黄大发对修建水渠一直没有死心，他有一股不到黄河心不死的牛劲。他认为，水引不过来，就是一件非常遗憾的事。转眼到了1989年，枫香区要招水管员协助水利站工作，对于53岁的黄大发来说，这是他和草王坝群众实现梦想的天赐良机，于是他向枫香区委提出申请，枫香区委领导深知他修建水渠的干劲，特批黄大发为水管员协助水利站工作。他暗下决心学习水利技术。三年时间，他积累了大量的修渠知识。

1992年，经过县水电局技术人员的专业测绘，草王坝修渠的客观条件已经成熟，黄大发说干就干，重启修渠工程，并对整个工程拟订了初步计划。在县委、县政府、县水电局、平正乡党委、政府的支持下，黄大发再次带领村民们奋战在悬崖上。

三年时间，草王坝人勒紧裤腰带，风餐露宿，三重大山、过三道绝壁、穿三道险崖，用双手硬生生凿出一条绕主渠长7200米，支渠长2200米的生命渠。从1959年启动至1995年建成，历时整整36年。36年对漫长的历史是短暂的一瞬，但对于人生来说却是漫长的岁月。这期间黄大发和村民们遭受了多少痛苦、折磨、心酸、失望，只有他们自己知道。用一句话来概括，就是他们受尽了不堪之苦，排除了千难万险，以钢铁般的意志战胜了困难。这是他们持之以恒、锲而不舍精神的集中体现。荀子曰："锲而舍之，朽木

不折。锲而不舍，金石可镂。"纵然水渠是金石，也被黄大发和村民雕刻出来了。

三、黄大发精神是自力更生、不等不靠的精神

面对严重缺水的事实，黄大发首先带领群众积极行动起来。既出钱出力，又投工投劳。他带领群众翻山越岭寻找水源、勘测线路，一分一角积累，开启艰难曲折的开山之旅。于是这群面朝黄土背朝天的淳朴村民，放下锄头，举起铁锤，离开贫瘠的土地，踏上悬崖和峭壁。不懂技术，他们就用土方法，竖起竹杆测量，用眼睛瞄。没有水泥，用黄泥与石灰、水混合而成的泥浆（俗称三合土，风干后，黏性很强）代替。没有凿岩机，就操起铁锤、钢钎用蛮力开凿。没有导洪沟，沟渠没有保护设施，洪水一来，被冲得稀巴烂。烂了重修，还没修好又烂了，修修补补十几年，就是修不成功。虽然他们的梦想受到严重冲击，然而他们表现出了草王坝人自立自强，不等不靠的时代精神和英雄壮举，凝聚成了强大的力量，感动着县乡两级党政领导和县级水电工程专家。为后来的成功做好了铺垫、打好了基础。这种精神在任何时代都难能可贵，尤其在今天脱贫攻坚、同步小康的伟大时代，更是金玉一般贵重。

四、黄大发精神是尊重科学，崇尚科技的精神

第一次修渠的失败，折磨了黄大发十几年。但他矢志不渝、不忘初心。总想与恶山再斗一次，不达到目的心不甘。他说，这十多年的失败，根本的原因是没有科学技术作指导。他要克服这个难关。1989 年，黄大发申请到枫香区水利站跟班学习水利技术，这一学就是三年。他从零开始，勤学好问，一点一点积累。不识的字，就一个字一个字地临摹；不懂测绘，就请技术员指导……三年时间里，他掌握了分流渠、导洪沟等概念，学会了开凿技术。即便如此，他还是认为，他掌握的这些技术是初浅的，不足以胜任技术指导。因此，他必须向县水电局提出申请，请求水利专家给予支持。1990年的冬天，他从草王坝出发，在崎岖的小路上徒步奔赴两天到达县城，当时他脸上冻得红一块紫一块，脚上的解放鞋磨破了，露出了脚趾。当他找到县水电局领导时，已经极度饥饿，几乎站立不住。他有气无力地讲述草王坝修

建水渠的愿望，县水电局领导被他和草王坝的群众感动了。他们派出水利技术人员经过 30 多天的踏勘、测量、计算，绘出了详细的水渠线路图，才保证了后来水渠工程的科学、高效、安全推进。可以说，没有科学技术的运用和指导，水渠是不可能诞生的。因此，学习科技、运用科技也是黄大发精神的显著特征。

五、黄大发精神是全心全意为人民服务的精神

在艰难时期、艰苦的条件下，黄大发之所以一心要修建水渠，最根本的原因还是他心中始终装着人民群众。人民群众生活在极其恶劣的环境里，过着极其艰苦的生活，他作为村支部书记不作为，那是失职、渎职，他心慌、不安。"自己过不好是小事，群众过不好是大事""山高石头多，出门就爬坡，一年四季包谷沙，过年才有米汤喝"的民谣随时在敲击着他。草王坝因为缺水，全村种的是苞谷、洋芋，吃不上白米饭，只能吃苞谷沙。无电、无路，男人难以娶上媳妇，光棍村的名声在撞击着他。共产党员不为群众的事考虑，不为群众解决困难，那是违背党的宗旨，与党员的责任背道而驰，他不能成为那样的人。他必须苦干实干，这是他的信仰。正是因为有了这样的信仰，才激发了他拼出老命也要为人民群众解决困难的雄心壮志，才激励他坚持 36 年把水渠修通，让群众过上好生活。他为人民办了好事，人民就会记住他，当地群众深情地把这条水渠称为"大发渠"。唐朝诗人韩愈被贬到潮州做官，八个月为百姓做四件大事。百姓把那一带的江水都改为韩江韩水。有诗曰"八月为民兴四利，一片江山尽姓韩"。大发渠的命名与此异曲同工。还有杭州西湖的白沙堤、苏堤等，大发渠的命名同样与此如出一辙。

六、黄大发精神是干部群众苦干实干、顽强拼搏、和衷共济的精神

大发渠的建成，凝聚着众多干部群众的心血、汗水和浓浓的情结。原遵义县县委、县政府领导在得知情况后，在财政极其困难的情况下拨款 6 万元予以支持，平正乡党委政府在没有现金的情况，划拨 38 万斤玉米予以支持。原遵义县水电局副局长黄著文积极、主动为大发渠立项，并派出设计人员深入大山踏勘、测绘。时任县水电局工程设计室技术员，当时正在本县乌江乡挂职副乡长的张发奎，怀着对边远山区群众的深厚感情，主动请缨，带队奔

赴草王坝测绘设计大发渠。他们在草王坝上坡下坎，攀绝壁、爬险崖。经过一个多月的踏勘、测绘，把科技论文写在莽莽大山深处。他们每天迎着朝霞出门，打着火把回屋；他们每天苞谷饭就着老南瓜和牛皮菜。他们每天翻山越岭、四肢并用攀爬到悬崖边、峭壁旁；他们每天把身体拴在树上或悬崖上的石孔里；他们每天冒着掉落沟谷、悬崖的危险测绘、计算。有一天在擦耳岩测绘时，张发奎未来得及拴绳索，便一脚踩空，滚下山坡，在距离悬崖边两三米的地方，幸好一棵小树挡了他一下，他顺手抓住小树枝，才幸免于难。50多岁的设计队员王廷忠在测绘的第四天，由于测绘工作量大，连续往返山顶和坡脚，在坚持完成最后一项任务后，实在走不动了，累得瘫在坡上。群众用两根木棒绑成滑杆才把他抬了出来。草王坝另一负责人、为工程推进拼命干、长期坚持打眼放炮的张元发，他一直奋战在大发渠建设的最危险的地方，他放了10000炮。更强大的力量是全村上千群众36年不懈的拼搏。事实上，黄大发精神就是全县干部群众苦干实干、顽强拼搏、和衷共济的集中写照。

如今，汩汩清水流到草王坝，不仅解决了数百户群众人畜饮水难，还可满足稻田灌溉用水。草王坝从此旱涝保收，彻底结束了滴水贵如油的历史。有了大发渠保障，黄大发又带领群众开展"坡改梯"，稻田从240亩增至720亩。昔日草王坝的荒山荒坡，如今变成了良田。草王坝因此提前脱贫，村民的腰包日渐鼓起来。恰逢了发展粮食生产，养殖也成了每家每户的产业，少则一两头猪，多则二三十头牛、百多只羊。黄大发自己家，每年最少养五头大肥猪。"单是卖猪，一年少说也能挣个四五千。"

黄大发的事迹感染了中天金融集团。2017年7月1日，民建贵州省委带领会员企业——中天金融集团结对帮扶团结村。针对该村脱贫攻坚中的难题，中天金融集团采取"三方"合力攻坚、创新"三变"实践、促进"三产"融合、坚持"三扶（扶心、扶志、扶智）"结合的"4个三"扶贫模式。中天金融通过探索建立集体股权参与项目分红的资产收益扶贫长效机制，有效盘活农村土地资源和生态资源。中天金融出资4000万元，团结村村集体以土地作价1000万元入股，成立贵州大发农业发展有限公司，导入现代农业经营模式，农户负责养殖，农业公司负责技术、推广、销售等。中天金融出资3500万元，村集体以黄大发老支书带领村民修建的"大发渠"估值

3000万元作价入股，成立贵州大发旅游发展有限公司，其中，价值500万元的股份归"大发渠"109名建设者所有，两家平台公司80%的利益均反哺团结村。让农民积极参与到平台公司发展中，从打工者变成主人翁，激发农民的致富愿望，确保农民稳定脱贫，走向富裕。使团结村的贫困发生率从建档立卡时的31.6%下降到5.84%，到2019年底，下降为零。谱写出统一战线服务脱贫攻坚战略行动的新篇章。

人无法选择自然的故乡，但可以选择心灵的故乡。黄大发和乡亲们通过苦干、实干把恶劣的自然故乡改造成温馨的心灵故乡。人类就是这样凭借坚韧不拔的精神谱写着时代的赞歌。

此外，黄大发精神还有公而忘私、廉洁奉公、两袖清风、堂堂正正、清清白白、光明磊落等时代特征。这里就不一一陈述了。

大浪淘沙，披沙拣金。黄大发精神的这些时代特色，弥足珍贵。我们的党和国家需要这种精神，我们的民族和人民需要这种精神。有了这种精神，脱贫攻坚战就会战无不胜；有了这种精神，建设富强、民主、文明、和谐的社会主义现代化国家就能够永恒。有了这种精神，实现中华民族伟大复兴的中国梦就会如虎添翼。

第四节　爱心与奋进代表报道典例

[爱心与梦想——陈国义的奋进之路与爱心之旅]

"学校是培养人才的摇篮，教育是提升素质的杠杆。"2018年，37岁的陈国义回到母校时，总结了他对教育的看法。这一年的11月1日，他回到母校贵州省遵义市播州区茅栗中学看望老师们。他与老师们热情握手，十分亲切，尽管这些老师他大部分都不认识。他离开母校都20年了，老师们变化了，走的走、来的来，他在学校就读时在校的老师已经屈指可数。同学们的变化就更大了，现在的同学都是下一代了。要是他自己还住在老家，那他的孩子也应该有可能在这儿读书。想想，他对学校的感情还是很深的，他对教育情有独钟。"我回到母校，就是想看看大家，看看老师、同学们，为学校做一点力所能及的事。"他对老师们说。

当天，作为贵州博仁信达企业管理有限公司、中慧力祥项目管理有限公司贵州分公司副总经理、贵州省思源公益协会理事的他率领协会会员回到母校开展捐资助学活动。以奖优、济困、捐资等形式支持教育发展，为农村教育贡献一份力量。

在茅栗中学操场上，全校师生、贵州省思源公益协会全体会员、陈国义在茅栗中学就读时的已调到其他单位的部分老师参加了捐赠活动。陈国义在讲话时引用了美国黑人领袖马丁·路德金的一句话作为开头。他说："一个国家的繁荣，不取决于它的国库之殷实，不取决于它的公共设施之华丽，而在于它的公民的文明素养，即在于人们所受的教育。人们的远见卓识和品格的高下，这才是真正的利害所在，真正的力量所在。"他的讲话在老师和同学们中间响起了雷鸣般的掌声。他欣赏马丁·路德金的这句名言，对这句名言表达的深刻内涵表示认同，他更愿意与大家分享这句名言的力量，希望能够激发大家的激情，为教育拼搏，为教育奋进，大家被他的讲话吸引着、感动着。

在他看来，教育特别重要，教育能够让人们具有远见卓识和高贵品格。远见卓识和高贵品格都是人类必须具有的精神支撑，都是人类文明进步的必备素质。所以，党和国家高度重视教育的发展，各级党委政府、相关部门、社会各界爱心人士也关注教育的发展，都为教育作出了积极贡献，以致改革开放40多年来，我国的教育事业取得了优异成绩，但离教育要面向世界、面向未来、面向现代化的目标还有很大差距，与发达国家的教育相比还非常落后。还有很多需要解决的问题，这些问题中一个重要的环节就是教育的投入受经济发展的制约而显得不足。硬件设施往往达不到国家标准，软件配备也捉襟见肘，学生家庭经济还十分困难，等等，都严重地制约着教育的发展。因此，教育仍然需要引起社会各界的关注，仍然需要更多爱心人士慷慨解囊，捐款捐物，改善办学条件，增添教育设施，为学生创造良好教育环境，让学生安心读书。陈国义就是抱着这样的想法回到了母校。哪怕只尽一份力，只解决一个问题，也让教育少了一个问题，如果天下的爱心人士都参与进来了，那么教育的问题都有可能解决好。人多力量大。他愿做爱心人士中的一分子，尽己所能。他鼓励同学们勤奋学习，刻苦钻研，百尺竿头，更进一步，将来成为社会有用人才。受资助学生代表感谢爱心人士对他们给予的帮助，这份爱心将会转化为他们发奋求学的动力，将会激发他们积极拼搏，努力向上，并表示今后将时刻铭记社会对他们的关爱，在生活学习中勇敢面对困难，树立崇高人生理想，勤奋学习，以优异的成绩回报社会，回报家乡。

最后，他希望学校的师生在校长的带领下，不断走向前进，走向更加美好的未来。

当天，贵州省思源公益协会为茅栗中学捐赠高级教学电子琴 10 台、棋钟 15 台、篮球 30 个、书籍 522 册，价值 5 万余元，向学生发放奖学金6600 元。

活动结束后，陈国义还率协会会员到 5 名贫困学生家中走访慰问，向贫困学生送去慰问金和慰问物资，总价值 3000 元。

陈国义的义举在茅栗镇引起较大反响，毕竟，回到家乡捐资助学的人并不多，他是想到了，就去做。做了，就是对家乡教育作出了一份贡献，这是值得肯定和称道的。他对教育的情结缘于他对教育的领悟。他虽然接受的教育不多、更谈不上好，但他认识到教育非常重要，他说："教育强，则国人强，国人强，则国家强，国家强则国人自豪。"他通过自学和积累对教育还有很多见解。他把教育、科技、经济三者的关系比喻为正三角形的关系，三者各为正三角形的一个角，三条线把它们连成一体，互为因果，连接紧密。教育越发达，科技越进步，科技越进步，经济便越发展。反之，经济越发展，促进科技越进步，科技越进步，更能推动教育大发展。但是教育是基础，是前提。无数事实证明了这一真理。这也是每个时代的政治家都共同关心的战略课题，并且都在为之深谋远虑，共图良策。

教师节的设立、普九、普十二、教师待遇的提高、高考扩招、师范院校实行免费等，都是振兴教育的大手笔。这些都让国人看到了教育在闪烁耀眼光芒。陈国义的见解独到、高远。也难怪他对马丁·路德金的那句名言特别欣赏。

这仅是他组织的协会开展的公益活动之一。类似的活动从 2018 年以来开展了好几次。他既关注家乡的教育事业，又关注省内其他地区的贫困群众和学生，他把捐献爱心视为人生的乐事，把帮助他人视为提高精神境界的途径。他认为积极帮助别人，把爱洒向有困难的人，就能把快乐留给自己。赠人玫瑰，手有余香。这是公民的义务，也是企业家的责任。履行这个义务和责任都是莫大的幸福。

2018年以来，他与协会会员到各地开展爱心活动。

2018年7月7日，到贵州省六盘水市六枝特区新场乡两路口小学开展爱心捐赠活动。为学校送去价值5000元的图书，为优秀学生发放奖金、奖品价值4860元，为三名贫困学生发放慰问金共1500元。

2018年7月14日，到贵州省六盘水市六枝特区新场乡黑塘中学开展爱心捐赠活动。向黑塘中学捐赠图书593册，另有体育器材、学习文具，总价值18000元，为品学兼优的学生发放奖金、奖品价值4500元，为三位贫困学生发放慰问品价值1500元。

2019年6月1日，到贵州省毕节市黔西县中坪镇飞娥村汉琼小学开展爱心捐赠活动。与孩子们共度欢乐，为学校捐款15700元，捐赠校服86套。

2019年11月23日，到贵州省毕节市黔西县中建小学开展爱心捐赠活动。为同学们送去毛毯、衣服、大米、食用油、暖手袋、书籍、文具等沉甸甸的爱心物资，并对中建乡30户留守儿童贫困家庭开展慰问。

2019年12月20日，到贵州省毕节市纳雍县猪场乡开展"国家级非物质遗产——纳雍苗族芦笙舞滚山珠文化传承"爱心公益活动。在寒冷的冬天给那里的老人孩子送去无限的温暖，为他们送去棉衣、滚山珠服饰、芦笙、羽绒被子等价值39000元物资。

2019年12月30日，到贵州省毕节市织金县白泥镇三合村经济合作社开展爱心捐赠活动。为贫困群众、妇女儿童送去大米20吨、电烤炉200个、棉被200床、电热水壶200个、面条200把、洗脸盆500个、洗脸帕500张、炒菜锅200个、矿泉水1000瓶等物资。

2019年9月1日，他因参与资助贵州省贵阳市清镇二中林红同学公益，弘扬了"饮水思源，不忘初心"的精神，被贵州省思源公益协会授予"爱心人士"荣誉称号。

2020年3月2日，他因资助贵州省贵阳市清镇二中林红同学顺利开展"空中课堂"学习的华为手机1台及给予的生活补助，弘扬了"饮水思源，不忘初心"的精神，被贵州省思源公益协会授予"爱心人士"荣誉称号。

他说人生有终点，公益无尽期。只要社会需要，他将尽己所能，继续前行。

　　这与他加入思源公益协会时的初衷是一致的。他是 2018 年 5 月由协会的秘书长张春引荐加入协会的。那时，他从众多企业家朋友那里知道了思源公益协会的宗旨。思源思源，饮水思源。吃水不忘挖井人。每一个成功人士都享受到了前辈的恩泽，前辈为他们作了铺垫，为他们的成功创造了条件。还有身边亲朋好友、父母师长都曾经帮助过他们，为他们解决过困难，引领他们成长。人比山高，是因为人站在山上。所以，一个人成功以后，就应该懂得感恩，应该以百倍的信心感恩党，感恩好政策，感恩好时代，感恩社会，主动积极地去帮助需要帮助的人，为社会温暖和谐奉献爱心，增添动力，从而建设美好社会。他深信："心中有爱、一路芬芳，赠人玫瑰、手留余香，饮水思源、初心不忘，一生漫长、记得善良。"他对思源公益协会的宗旨表示崇高的敬意，并把这个宗旨视为人生追求的目标。因此，他对思源公益协会进行了全方位的了解、分析、研究。

　　贵州省思源公益协会是贵州省民政厅批准成立，由左金祥、邓志才、彭勇、袁洪昌、林冠华、张春、白先国等热心公益事业的爱心人士自愿组成的非营利性社会团体。协会以饮水思源、不忘初心为宗旨，致力于贵州边远贫困山区的公益助学、扶贫等事业，帮助山区孩子进步成长，打造具有传承性和影响力的公益助学品牌及公益慈善积分平台。协会筹备组于 2018 年 5 月 26 日在贵阳百灵国际公寓酒店成功召开了第一次会员大会暨筹备成立大会，按组织程序表决通过《章程》，并选举产生了第一届理事会理事、监事及协会领导班子，于 2018 年 6 月 6 日获得贵州省民政厅批准成立，并颁发社会团体法人登记证书。

　　贵州省思源公益协会成立两年多来，开展了十几次公益活动，上述列举的是其中一部分。这些活动为贫困地区的群众、学生送去了温暖，送去了力量，解决了他们的部分困难，增添了他们的信心，为山区教育事业作出了应有贡献。传递了爱心，传播了正能量，弘扬了社会主义精神文明，意义重大。陈国义每参加一次这样的活动，就激动一次、自豪一次，对人生真谛的领悟也更深一次，人生的境界也通过活动提高得更高更宽更远。

　　他说，热衷公益，大爱无疆。

　　尽管他受教育时，教育条件相对不好，他的成绩也并不突出，初中刚毕业，他就外出打工去了。几年的艰苦拼搏，让他领悟到，必须回去读书，未来才有底气，才有更大的发展空间，才能成就事业。于是，2004 年他又回到学校读书。那一年，他努力冲刺，考上了贵州省经济贸易学校工业与民用建筑专业，2007 年中专毕业。虽然那时中专已经失去优势，但对他的人生意义却很重大，毕竟为后来的经历奠定了基础。毕业后他先后到遵义市鑫前建筑工程有限公司任项目经理、贵州建工集团环境绿化装饰工程有限责任公司任施工员、安全员。工作中，他积累了一定的工作经验，并把这些经验提炼转化成了一种能力。收获最大的是他通过工作领悟到了学业的重要性，他认为仅有中专学业是不够的，为未能上大学感到懊恼。但他迅速厘清了思路，认为至少要具备大专学业。于是他一边工作，一边学习，准备报考大专院校。有志者事竟成，功夫不负有心人。他于 2011 年 3 月考入昆明理工大学大专班建筑与工程技术专业。通过两年的刻苦努力，2013 年 7 月出色完成学业，获得大专文凭。毕业后，他来到贵州省大地建筑工程有限责任公司上班，任预算员。在这个单位，他连续两年获得公司年度先进工作者称号。不久，他又来到贵州建工集团第八建筑工程有限公司上班，任预决算中心主任。2017 年，他来到贵州盛华大地建设工程有限公司上班，任副总经理、总经济师。2018 年至 2019 年，他进入贵州省博睿源建筑工程有限公司，副总经理、经营部部长。2020 年他进入贵州博仁信达企业管理有限公司、中慧力祥项目管理有限公司贵州分公司任副总经理。他的经历足以说明他在勤奋学习知识，刻苦钻研业务，不断取得优异成绩。他每前进一步，事业就向上提升一分，尽管上升像螺旋那样缓慢，但总是在向上上升，学业从中专升到了大专；职称上，从二级项目经理到助理工程师，从拿到二级建造师证（建筑专业）到拿到二级建造师证（市政专业），再到评上工程师（水利专业）；职务上从施工员升到了副总经理。可谓一步一个脚印，踏实有力，掷地有声。

当然，他还想读本科。在他看来，建筑行业发展好与否，与掌握的建筑技术密切相关，把雄厚的科学技术严谨、认真、扎实地运用到建筑工程上，才能保证建筑产品的质量。而质量是生存之本，所以他觉得从事这一行，深钻技术是最重要的事情。毕竟，他的年纪不大，机会还很多，他决定尽快解决这个问题。他严格要求自己要深爱自己所从事的事业，深入研究建筑行业的发展方向，分析建筑行业未来的前景，扎实做好自己参加设计规划的建筑工程，书写了成功人生。他的成功是用拼搏书写出来的。每当想到小时候就有当建筑师的理想、抱负，并且在逐步得到实现的时候，他就特别自豪。

陈国义家住遵义市播州区茅栗镇银都村群乐村民组。这里是典型的喀斯特地形，山高谷深，生产生活条件恶劣，父母在山上种庄稼，他们四姊妹读书。生活十分困难。好在他们读书时，已经用上电灯了，那是农村小水电。1978年，在他刚出生的时候，茅栗公社在他家住房旁边修建了小水电站——柏香塘电站，基本可以满足全公社人民照明用电。处于柏香塘下游的落水孔，地形更为奇特，那里落差更大，建电站条件更好。地权属于与茅栗毗邻的复兴公社紧接着也开始建设电站，并很快建成，用于发电的水能充分发挥作用后，注入落水孔脚下的乌江。乌江是贵州的母亲河，它从陈国义家正前方两公里远的地方向东奔流。这两个相距不远的电站见证了边远地区群众照明从煤油灯过渡到电灯的历史，成为农民生活水平提高的标志，成为当地群众逐步走向文明的标志。与很多边远农村相比，这里用上电的时间相对要早得多。但只有了电，还不行。这里属于半山区，山高坡大，人们的住房分布山坡上、山坳里，水源丰富但得不到利用，因为水从最低的地方流走了。人们靠种植玉米生活，一年中大部分时间吃玉米饭，生活特别艰苦。那时候交通也闭塞，人们劳作全靠肩挑背驮。陈国义的青少年时代正处于比较艰苦的年代。尽管那时改革开放都已经过去了十五六个年头。他因受各种条件的限制，初中毕业就报考了中专。其实他真想上大学。这与他生活的环境、接受教育的条件有关。无论是教学环境恶劣、师资力量薄弱，还是高考名额所限，抑或思想认识肤浅等各种因素，都可能成为他与大学无缘的可能。其实，那时农村青年上不了大学的占了绝大多数，考上的是凤毛麟角。我国高考是1999年开始扩招，他没有赶上，但他并没有因此放弃，相反，他有理想、有抱负，他想成为一名建筑师，他说先读完中专再作打算。

他家属于复兴公社管辖，但离茅栗公社的中学比复兴公社的中学要近三公里。他选择在茅栗中学就读，从他家里到学校仍然有5公里路程，而且有两条路可以走，其中一条是毛马路，拖拉机可以通行，要经过一座石桥，这条路距离要长一些，另一条是小路，要经过一个叫"两河口"的地方，这里有两条小河交汇，距离要近一些，但两河口没有桥，只有跳墩。夏天，河水暴涨后，跳墩被淹没，就过不了河，只能舍近求远。到初中快毕业的时候，他突发奇想，要是在两河口建一座桥，那该有多好。他回家后把他的想法告诉了父母，父亲笑着对他说："儿子，你有这个想法太棒了，那地方一定要建一座桥。你努力吧！"听了父亲的鼓励，他特别高兴。他母亲也对他说："儿子，这座是一座小桥，也许你还没毕业，桥就已经建好了，但这并不重要，重要的是你今后会建大桥，会建很多大桥，那时，你就会更有作为了。"父母都为儿子的想法感到高兴，都又鼓励了儿子一翻。他也因此十分兴奋。从那时起，他就萌芽了理想、抱负，就是一定要读建筑专业的学校。后来的经历证明他的目标实现了，中专是建筑专业，大专也是建筑专业，毕业后，又在建筑行业上班，而且已经获得工程师资格，已经成为建筑师，可谓如愿以偿，也算成就了成功人生。

如今，他家乡"两河口"的桥已经建好了，交通条件明显改善，他回老家全是水泥路，可以直接把车开到老房子的院坝里。党的好政策不光为他的家乡修建了四通八达的水泥路，还在他的家乡实施了乡村整治项目，建起了农民文化广场、篮球场、图书室、娱乐室、污水处理系统，便民农家店，金融服务店，修建了花台花池，改建了黔北民居，整治了畜圈，极大地改善了群众的生产生活条件，群众的生活质量大幅度得到提高。家乡的变化也让他豪情满怀，工作激情在胸中喷涌。即便是为了美丽的家乡，他说他也应该加倍努力。

经过多年的打拼，他已具备多方面的能力。他具有扎实的执行力，非常严谨的工作态度，并在多家建筑公司担任了经营归口的管理工作，能独立完成项目的预算、决算、成本控制、建设工程预算审核、结算审核、编制标底等工作，对企业的管理以及项目的经济资料管理有非常丰富的经验，电脑操作熟练，熟悉一般办公软件操作，具备了很强的工作、组织、管理和沟通能力。这些年来，通过他承包、设计、带领员工们施工的市政工程有若干个，每个项目验收都顺利过关，他的建筑理念就是必须合格，质量必须达标。这是生存的最基本的要求，在此基础上，追求设施的大气、耐用、美观，既能美化城市环境，又追求环保、生态，同时节约用地，保护土地资源，增大城市空间。概括地说就是追求完美，这是他实施、设计、管理每一个工程项目的理念。比如贵阳市云岩区排水大沟整治工程、贵阳市云岩区黑臭水体整治工程、思南县 2018 年双塘街道棚户区改造项目。

陈国义还是各大众筹（轻松筹、水滴筹）平台的资深会员，身边或朋友圈出现困难的人或突发事件，他至少捐出 100 元。他同时还是他们初中毕业班帮扶基金项目的发起人，他与全班同学约定，每人每月存钱到基金账户上，多少不论，每当有同学遇到困难、遭遇不幸，就用这笔基金给予帮助支持。同学们被他的真情所感动，乐此不疲。目前，基金已经积累到 40000 元。

陈国义开启的公益之路是感恩之路、博爱之路。他把感党恩的行动落实到对困难群众的关爱上，对教育的支持上。作为一个企业家，他在尽责，他在努力尽责，他会继续尽责。

陈国义开启的事业之路是奋进之路、拼搏之路，只有奋进拼搏才能成就事业、成就未来，才能实现伟大梦想，创造成功人生。

陈国义的未来，前景广阔。但路慢慢其修远兮，他将上下求索。

思源公益的远景，必将普及爱心和温暖。

构建像春天一般温暖的社会，是他和贵州思源公益协会全体会员的梦想。

这个梦想就中华民族伟大复兴的中国梦的一部分。

第十三章　深度报道（下）

第五节　创业就业报道典例

[谋划人生]

人生需要谋划。人生更需要拼搏。谋划了，拼搏了，才是人生。

钟泽洪，2000年中专毕业，当时18岁。根据当时的政策，是可以给他安排一份工作的。但他没有去争取这份工作。过了不到一年，就没有这个政策了。他没有因为放弃这份工作而后悔。他与别的年轻人特别不同。他年纪轻轻就特别有想法。他选择了自谋职业。他不仅仅只想自己有出路，他更多地想到本乡本土的年轻人有出路，他想带领这些年轻人闯荡城市，到城市打拼。

在他看来，家乡的年轻人初高中毕业后都外出打工了，但是他们很少有成就事业的，大部分只赚到了生活费，几年下来，没有多少结余。收入横竖上不去，日子过得紧巴巴的。与其如此这般辛苦劳顿，不如带领他们在当地的城市找份工作，同时带领他们学习社会知识和业务技能，今后成为技能型人才。他的想法的出发点和落脚点体现在学习知识技能上。农村的年轻人，仅有初、高中学业是远远不够的。必须依靠知识、技能改变命运。必须与愚昧告别，他能想到这些，难能可贵，也许，他受到"莲花山造反，早起晚散"这个故事的影响和启迪。

钟泽洪，1982年出生于贵州省遵义市播州区茅栗镇银都村张田村民组。壁立千尺的莲花山巍然屹立于他家住房的东面，离他家住房不到500米。这座山是茅栗镇合并前的两个乡（茅栗乡、富兴乡）的分水岭，往来于两乡必经此山半山腰上的平坝，改革开放以前，茅栗乡群众到富兴乡砍伐木材修建房屋必须翻越此山，非常吃力。每经此地，人们都会在此歇脚，常联想到歇后语"莲花山造反，早起晚散"。并指点喻迟悲起兵的山顶，以此缓解疲劳。钟泽洪从小就听说了这个故事，长大后，已经烂熟于心，倒背如流。他在初三毕业晚会上就讲了这个故事。

他说，在我们茅栗镇广泛流传着这样一句歇后语："莲花山造反，早起晚散。"这句歇后语来源于一个古时候的故事。故事是这样的。在茅栗集镇附近，有一个姓喻的地主，主人叫喻迟悲。他家田土方圆十里，平坦肥沃，长工众多，经济宽裕，家庭殷实，过着富裕幸福的生活，好让当地贫穷百姓羡慕。但他为富不仁，看不起穷苦百姓。有一天，有一个风水先生路过他家前院，准备到他家讨口水喝，但被喻迟悲拒绝了，并鄙夷他，叫他滚开。风水先生是个有心计的人，当时没说什么便走开了。心想，你让我滚，我要让你败。不久后的一天，风水先生穿了一身新衣服，又来到喻迟悲家，喻迟悲感到面熟，问他有什么事？他说："我来给你报喜。"喻迟悲问："何喜之有？你莫骗我。"他说喻迟悲脸膛发亮，前额宽阔，有阳光照耀，是帝王之相，今后一定会当皇帝。喻迟悲听了高兴地笑了，但他马上醒悟过来，表示否定。风水先生不慌不忙，慢条斯理，没有及时说服，他准备离开，他轻描淡写地说了一句："不信就算了，当皇帝还需要努力呢，你既然不信，自然就不会去努力，有这个命也是白搭。走了。"说完就迈开了步子。喻迟悲让他站住，问他要怎么努力。他说："古代的人当皇帝都必须造反，所以，你要能当皇帝也一定要造反才行。"但这一次，喻迟悲没有表示不信，而是将信将疑。在他犹豫的时候，风水先生已经走了。风水先生暗自庆幸，他想，喻迟悲已经上钩了，改天再说服他。过了几天，这个风水先生又找到他，对他说："喻老兄，你肯定要当皇帝。"喻迟悲反问："理由是什么？"风水先生说："理由是上天已经作安排，这是上天的旨意，难道你也不信吗？"喻迟悲问："上天的旨意在哪儿？"风水先生说："上天的旨意在你家房后的那棵巴蕉树下，你去挖开看看就知道了。"结果，喻迟悲带领家人去挖，不挖则罢，一挖大喜，里面埋藏着众多兵书、宝剑、火枪，并附有劝导书一封，书上说房前的主人如果去造反，一定要当皇帝。喻迟悲这次相信了，就开始着手招兵买马，计划造反。在他家东面有一座山，叫莲花山，山很高，邻居建议到那里起兵造反比较吉利，说居高临下，势如破竹。于是计划某天某时准时起兵，到了这天早晨，兵马粮草都聚集到莲花山脚下，就开始祭旗，拿什么来祭旗？风水先生说只能拿人来祭旗，拿谁？风水先生说："如果你想当皇帝，就要用古稀男人祭旗，如果想子孙都当皇帝，那要古稀女人祭旗（因为风水先生了解方圆几十里古稀女人只有他妈），只能拿你的母亲。"于是，喻迟悲对母亲说："妈呀，儿子要当皇帝了，只能用你来祭旗，你死后，我给你做七七四十九天道场。"他母亲说："儿啊，要不到四十九天，只要做早起晚散（早上起、晚上散）就行了。"说完，喻迟悲手起刀落，杀了自己的母亲。祭旗仪式结束后，造反队伍就出发了。这支队伍举着旗帜，从莲花山山脚向尚稽方向进发，他们走一路，烧一路，把沿途百姓的房子全烧光了，百姓迫不得已跟着他走。下午时分，这支队伍来到莲花山西面的尚稽集镇，就遇到阻击。尚稽集镇有一个大富人家，姓杨，杨家有个老公公精通兵法，听说喻迟悲要造反的消息后，提前做好了准备，组织当地军事力量在集镇外围阻击。大约当天的下午4时，双方相遇，交火后，造反队伍不堪一击，节节败退。原因是造反队伍使用的火枪是走三步打一枪，而杨老公公带领的队伍使用的火枪是走一步打三枪，射击速度是对方的9倍，对方哪里是对手。造反队伍没有选择的自由，只好灰溜溜地退回莲花山。造反行动宣告流产，从早晨起兵到下午败退，还没有一天时间，喻迟悲突然想起母亲的那句话"早起晚散"，但事实上，还没有到晚上就散了，他失败得太快了。从此，这个故事在莲花山周边地方流传开来。后来，越传越远，方圆数十里皆知，并代代相传，只要人们一遇到没有做成的事、失败了的事、流产了的事，就会说出这句话："莲花山造反，早起晚散。"

故事讲完后，他获得阵阵掌声。

但讲完后，老师提出了一个问题，问这个故事说明了什么？从这个故事中我们想到了什么？他没有回答，可能他也回答不了，但他很聪明。晚会结束后，他就开始思考这个问题。

他想了一周，总结了八点：第一，喻迟悲很愚昧无知，他不了解天下大事，也不找别人帮助分析，幼稚地听从了风水先生的一派胡言，导致惨遭横祸。第二，喻迟悲不懂兵法，就想起兵，必败无疑。第三，喻迟悲不知道造谁的反，目标都没有，他根本就不知道要推翻谁才能当皇帝。第四，喻迟悲凭借主观热情，想当然，沿途招兵买马后，烧了人们的房屋，不留后路，祸害了百姓。第五，喻迟悲为了当皇帝，丧失人伦，连母亲也要杀害，十恶不赦。第六，喻迟悲头脑简单，巴蕉树下埋藏的东西，风水先生怎么知道，他不去想想。明明是风水先生在加害于他，他却发现不了，这不是无知是什么？第七，巴蕉树下的东西，肯定是风水先生事先埋藏的，他为了讨回被拒绝的不满，设计了这场灾难，受害的大多数是百姓。这一点是风水先生没有想到的。第八，风水先生的一个计谋就足以让老百姓生灵涂炭、无家可归。这是人类的悲剧，更是人性的悲剧。后来，他又在不同的场合讲述这个故事，讲完后，停下来，让听众思考这个故事说明了什么？他再来作解答，阐述他总结的八个观点。听众深受启发的不是故事本身，而是故事里面蕴藏的哲学道理，即他总结的观点。让故事叙述、议论结合，并进行总结归纳，让故事上升到文化高度，因此，他讲的故事逐步成为最完美的故事。

他年纪轻轻就能想到这些，说明他不简单，善于思考，观察事物的能力特别强，这为他谋划自己的人生奠定了良好基础。他从这个故事里感悟到了，农村青年必须走出去，向社会学习，才会告别愚昧和落后；在社会上摸索方法，才会提高本领，提高谋生的手段。他从小的梦想是成为一名白衣天使，当医生，所以考入遵义中医学校，毕业后，他只身来到城市，先谋一份自己有特长的工作。又感觉当医生不是想象中的那样尽如人意。他想，还是自己创业吧。虽然放弃了工作，但在学校学到的知识没有因此丢失，而这些知识又正好派上用场，而且用在健康行业是有发展前途的。所以，他先在播州区城区的一家经营保健产品的私营会所当销售员，从此踏上了传送健康、奉献爱心的健康事业，在良师益友的帮助下，通过勤奋努力工作，谦虚谨慎勤学，工作经验不断积累，工作毅力得到磨炼，业务技能不断提升，工作起来得心应手，加上他医学基础扎实，对产品性能了解全面，推销的过程中讲信誉，他的业绩非常突出，得到老板的认可，工资不断增加，先后被授予多种荣誉，他感觉很有成就感。不仅如此，他在工作中结识了很多同行业的老板，他便向他们打听用工情况，了解有没有就业岗位，就这样，他开始把家乡的剩余劳动业介绍到城区来，先是三五个，后来十个、二十个，无论是餐饮、卫生、保健、理疗、家政，还是跑车、推销、当售房员，只要有可以接受的收入，就先干起来。为了保证他们能干好，收入有增加，他重视对他们的培训，只要有时间，他就把他们集中起来，给他们讲课，讲为人处世之道，讲业务技能，讲文明礼仪，讲安全意识，讲法律法规，讲怎样保护自己。有些专业的培训，比如保健，他又聘请专业人士给他们讲解，讲解技法、实际操作，让他们掌握，以便运用，提高服务能力，从而增加业务量。这样做的目的，就是要提高他们的本领和能力。事实上这样的培训效果非常好，他们通过努力，都能获得相对较高的收入。大家干起来更有信心。通过他们的宣传，一传十，十传百，更多农村青年都向他这里聚集，他也乐于为大家服务。他真的很希望家乡青年都能到城市里来创业。他愿意为他们介绍职业，联系工作，培训技术，只要他们通过诚实劳动增加收入就行，这样就能实现他的初衷。通过十多年的努力，到他这儿来寻找就业机会的人多达200人，他都一一给予帮忙，安排、指导，为他们解决就业问题，帮助他们成长，帮助他们适应城市生活，遵守文明礼仪，倡导城市文明，做一个城市文明人，并在城市扎根生存下来。

在帮助别人的同时，他自己同样努力工作，尽管自己也是打工仔，是公司里的职员，负责业务接洽、延伸、销售以及业务培训，但他干得井井有条，不断受到嘉奖。工资成倍增长。但他仍不满足，仍在不断学习充实。他先后参加过行业内多种考核，均以优异的成绩获得健康管理师、虹膜检测师、反射疗法师等相关资质。他还经常跟国内外的名师学习各种健康养生理念，来完善自己的学业，积极倡导以五合一体的健康养生理念，即集药疗、食疗、理疗、运动疗法、心理疗法等于一体的健康养生理念。他掌握了这些理论知识和实践技能后，就迅速召集家乡青年对他们开展培训。给他们讲理论、讲方法、讲技巧。

他说，理疗是中医几千年的精髓所在，比如刮痧、足疗、拔罐、推拿，是通过调节人体的经络气血来修复人体体能的理疗方式，这种疗法具有副作用小、方便快捷、适用广泛等特点。食疗，是通过饮食调节让人获得健康的一种自然疗法。食疗以化精微、强脏腑、养身心等特点，越来越走近我们的生活。人的饮食影响着健康，怎么吃和吃什么是当今社会人们普遍关注的问题，因此，生活在食物非常丰富的今天，人们都会为健康着想，易于选择这种疗法。运动疗法，就是要重视运动、锻炼，怎么运动、怎么锻炼这要讲方法。我们的责任就是给顾客讲方法、讲技巧，并现场作示范，这样顾客满意，他才愿意支付服务费。心理疗法与观念疗法有相同之处，比如关于人体健康的四大基石：戒烟限酒、合理膳食、适量运动、心理平衡。他着重强调第四点，就是心理平衡。心理平衡就包括心理疗法和观念疗法。顾客来到我们的店面消费，我们就要给他们讲解这些健康理念，帮助他们纠正不正确的观念和方向，一个人的健康方向弄反了，那就是与健康南辕北辙。

由于他的技术过硬，业务精通，他能同时为几个老板工作。他多次被评为优秀个人、先进典型，并获得市场前瞻奖、最佳协作奖。通过他引导到城里务工的家乡青年，在他的精心组织下，帮忙安排工作，经常聚集相互学习，成为一个有组织、有纪律、有实力的务工群体，他们也跟他一样，可以为不同的老板务工，可以根据业务需要，自由调配补充，既灵活快捷，又让客户满意。因此，他组织的队伍具有较强的稳定性，老板也感到非常高兴，经济效益明显，老板支付的工资就相对较高，形成了良性循环。大家都获得了可观的收入。这些家乡青年中，有的掌握技能后，单立出来，自己当老板，又把之前的同事发展为员工，都获得了较好的效益。可以说，人人有事干，人人有作为，通过这些年的努力，他们都在城里买了房、结婚生子，还买了车，孩子们也在城里读书，成为地地道道的城里人。钟泽林是其中之一，他说，没有泽洪弟的引导，就没有我的今天。张亚也认为，钟泽洪是他们的引路人，是他把他们引到了正路上，让他们在城里站稳脚跟，过上了幸福美好的生活。白中昌则说："钟泽洪是我们的榜样，他在努力工作，同时更关心我们的工作，他总是希望我们多挣钱，让日子好起来。我们感谢他！"同一个地方的青年都集中到城市来务工，取得这个成绩，那是相当了不起的。但他做到了。

他引导他们做人要踏实，做事要认真，为了让客人付出百分之百的努力。他常给大家说的一句话，就是找一份工作不难，但是要把一份工作做深做透做精是非常难的，只有在一个行业里不断地钻研，你才能成为这个行业的行家，才能让自己有所价值。

他还与相关组织一起开展公益活动，为患白血病的病人、困难学生、贫困群众捐赠过现金、物资。

现在他还有一个梦想，希望能帮助到更多的人获得健康，为同享盛世福、共圆健康梦奉献自己的力量。

他坚信：智慧与道德是立世之本，勤劳与善良是成功之本，公心与爱心是自律之本，学习与责任是进步之本。只要勇于去拼搏，积极主动去争取，就会获得成功。

他谋划的人生是智慧人生，既成就了自己，也成就了他人。

这样的人生有高度、有温度、有气度。

第六节 时代楷模报道典例

[大爱无垠——贵州极热科技有限公司董事长付正国的军旅生涯和公益人生]

"这鸡苗不错，就选这里了，老板，给我们装60只。"2020年4月21日，正逢播州区团溪集镇赶集，位于播州区龙坑街道的贵州极热科技有限公司董事长付正国早早地赶到集市，和贫困群众李学武的二哥李学康一起购买鸡苗。

李学武，家住播州区西坪镇白沙村石坎组，因残丧失劳动能力，是低保脱贫户。和李学武同吃同住的还有他的大嫂和侄儿，大嫂因病导致神智不清，40多岁未成家的侄儿李万涛被迫留在家中照料母亲。生活十分困难，付正国知道这一情况后，积极想办法、出资金，为李学武购买小鸡、饲料、饲料桶、饮水桶，让他们叔侄俩养殖。

"你把这间猪圈利用起来，这么宽，养鸡足够了，还有，有洞的地方要堵起来。"刚到李学武家，付正国就查看起养殖场地，边看边说。在李学武、李万涛、付正国的通力协作下，养殖场所被打理出来，60只小鸡也被放了进去。看着活蹦乱跳的小鸡，李学武一家露出了笑容。

付正国表示，只要把这批鸡饲养成功了，他带领他的员工来购买，保障销售。同时还表示会继续购买小鸡、饲料，让李学武继续养殖，以此帮助他们一家增加收入，改善生活条件。

当天，付正国还为李学武一家送去大米、食用油、卫生纸等物资。

据公司总经理董朝玉介绍，从2010年开始，付正国就热衷于公益事业，他先后为播州区三合镇、新民镇、西坪镇的几间中小学捐赠价值约30余万元的投影仪、电脑、打印机、办公桌椅、学生铁床等教学设施，以及20多万元的现金。

一个人做点好事并不难，难的是一辈子做好事。一个人做一次公益并不难，难的是长期做公益。一个长期做公益的人，他的胸怀是博大的，他胸怀里装着世界、装着人类、装着大爱、装着善良。他把帮助有困难的人视为人生的大事、人生的乐事。看到被自己帮助的人渡过难关感到开心，把让别人过得幸福快乐看得远远大于自己的快乐，这样的人生才是丰富的人生、出色的人生。付正国一直在朝这样的人生目标努力。

北宋哲学家张载说，艰难困苦，玉汝于成。付正国能够成就事业，与他的艰难人生密切相关；他具备做公益的能力，与他勤勤恳恳、拼搏奋进密切相关；他热衷公益，与他的人生理念"从不抱怨、只有感恩"密切相关。尽管他在童年时遭遇了人生的重大灾难。

不一样的人生经历，造就不一样精彩的人生。他常常感悟。

一个在青少年时期遭遇过重大变故的人，为社会带来那么多正能量，实属不易。

1994年3月20日，对于付正国来说是一个毁灭性的日子，灾难突然降临，毁灭了他平静生活。这一年，他才15岁。这一天，他的父母、伯伯家的两个哥哥在一场爆炸事故中丧失生命，亲哥被炸成重伤，脸部被炸烂了，他痛哭了很久，不知道生活为什么要这样对待他，他当然也不知道今后该怎么办。所幸他亲哥活下来了，成为他的依靠。在大哥大嫂的庇护下，他完成了初中学业。那时，他就特别有想法，为了减轻哥嫂的负担，他放弃了读书，而选择服兵役。这一选择改变了他的人生局面。生活是艰苦的，道路是曲折的，但前途是光明的。从此，部队成了他的家，党成了他的依靠。他得到了部队领导的关心和培养，并在部队勤学苦练，健康成长起来，进而成就了他丰富的人生。下面，我们一起向他的部队生涯眺望吧。

付正国，男，汉族，1979年11月20日出生，贵州省遵义市播州区新民镇朝阳村人，大专文化。1997年12月入伍，在云南陆军某部服役，2010年9月退役。从入伍到退役，13年来，他在部队取得了优异的成绩，先后荣立三等功两次，获得各级嘉奖多次。其间，他还通过勤奋学习，完成了重庆第三军医大学的大专学业。可以说，他对在部队服役总是充满信心，他在部队的每一天都是积极向上的、勤奋努力的，他总是笑着去面对工作和生活，总是主动去做，争着去做。因此，他最后总能取得好成绩。

1998 年 3 月，新兵刚下连队，他受命参加碌丰县通信光缆工程施工。当时，时间紧，任务重。其任务是开挖 60 公分宽、1.2 米深的光缆沟，第一天结束，每个士兵手上都打满了水泡，第二天水泡破灭，火辣辣地痛，大家都无法工作。但他咬紧牙关继续干，而且他每天可以挖 20 米以上，连队战友几乎没人能比，连队连续挖了二十几天，他所在的班成绩获全连第二，连队在全团成绩第一，得到了团首长和上级的表扬，他个人也获得团嘉奖荣誉。

1999 年，他所在的连担任曲靖双龙乡境内 15 公里光缆施工，他个人因工作突出，获得"团嘉奖"，年底被评为"优秀士兵"。

1999 年 3 月，他们排的排长挑选他和三名战友参加了《突出重围》和《我的连队我的兵》电影的拍摄工作，他负责后勤保障工作，并在影片中饰演群众，他的工作获得导演肯定，导演还准备把他带到电影制片厂，让他从事电影拍摄工作。由于部队需要，没能如愿。

2007 年，成都军区举行爱军精武大比武活动，他所在团的后勤炊事班代表集团军参赛，他作为总教练，每天在团首长和后勤处处长领导下带领炊事班士兵争分夺秒地练习。每一个动作都要练习上百次、上千次、上万次。反反复复练习，重重复复练习，通过半年的辛勤付出，他所在的团队在比赛中取得第一名，他带领的班拿到了单项第二名，团队荣立三等功一次。他的拼劲、闯劲注定了他的团队要取得好成绩。他的付出成就了自己，成就了班组，也成就了部队。他的付出和回报成正比。

2008 年 1 月抗雪救灾，他随部队奔赴昭通地区参加抗雪救灾工作，在那里，他积极主动工作，每天都与战友们一起，在公路上撒盐除冰铲雪，管理交通，在大山深处架设电线，保障群众供电，到居民小区、村民小组运送生活物资，保障群众生活不受影响。在寒冷的冬天里，他汗流浃背，即便在凝冻的山上行走十分危险，他也总是走在前面，冲在前面。为了群众的利益，他不遗余力。一周后，他们出色地完成了任务，他虽然感到心身疲惫，但他觉得意义深刻，这是军人的使命，也是每个公民应尽的义务，累了，休息两天，精气神就又恢复了。

2008 年 5 月，汶川大地震发生后，他所在的部队被派遣到四川救援，那一次，他们在那里一共奋战了 106 天。前面 7 天，全团官兵奔赴四川受灾最严重，人员伤亡最大的北川县城和陈家坝，到灾区后，全体官兵第一时间展开救援，跟死神斗争，跟时间赛跑，争分夺秒抢救生命，不分白天黑夜，哪里有需要他们就到哪里，哪里最危险他们就到哪里，把救人当成是最伟大的、最快乐的、最光荣的事来做。他们与全国各地前来救援的部队官兵一样，都奋战在废墟上，接近瓦砾钢筋、断垣残壁，用生命探测仪探测生命迹象。发现死者遗体，就要研究方法，破除障碍，掏开废墟，取出遗体；发现生命迹象，便要加快工作速度，准确判断生者方向位置，察看废墟实情，制订救援方案，或安抚生者，或传递食物，用以延长生者体力，增添生者信心，然后在安全的前提下，从废墟里把人救出来，每一个环节、每一个流程，几乎都在与死神搏斗，几乎都冒着生命危险。一方面，废墟随时都有可能垮塌，救援军人有可能陷入废墟，有可能被废墟掩埋。另一方面，余震还在不同程度地发生，地震区域都处在危险之中。可部队军人始终战斗在这些最危险的地方。他与队友们就是这样一天接着一天地干，每天大小余震不断，为了抢抓 72 小时黄金救援时间，大家忘记了吃饭，饿了，就吃点干粮，渴了就喝点矿泉水。全体官兵住的帐篷边停放着尸体，大家已经忘记了害怕二字，因为救援中见到的尸体和受伤的群众太多了，已经麻木了。在北川救援 7 天后，最佳生命救援期已经不复存在。全体官兵便转入各乡镇参加灾后重建工作，他所在的营被安排到北川白泥乡，那里，因公路中断，余震不断，通过塌方地段，要实行分散、快速通过。大家马不停蹄，连续走了 24 小时，他们翻山越岭，没有路便逢山开路，或从山沟、水沟中前进。当时，天上一直下着小雨，大家忘记了疲惫饥饿，只知道前面队伍不停，大家就得跟上不掉队，凌晨 5 点左右，他们来到当地一户群众的住房前，领导下命全体官兵稍作休息。这时，饥饿和疲惫同时袭来，大家都和着湿透的衣服在屋檐下睡着了。天亮后，老百姓起床看到眼前一幕，感动得眼泪直流，老百姓赶紧为官兵送腊肉蔬菜，让炊事班下厨。因一周来大家没吃过米饭和新鲜蔬菜，太饿了，所以，那顿饭吃得太香了，那是人生中最难忘、最美味的一顿午餐。吃完饭还没来得及洗碗，马上又要赶往白泥乡政府，接受上级安排。当时，白泥乡有 1600 人没有大米、食用油等生活物资，因山体滑坡车辆无法进入，只能靠全营官兵每天步行 30 公里到乡镇外人工搬运大米和生活物资，加之直升机有时也会从空中投放物资，官兵每天只要看见飞机飞过就会招手呼喊，飞机经常把物资投放到大山半腰、大森林中，取物资特别困难和危险。就这样，他们整整坚持了 70 天以上，道路才基本可以通行。这时，全部官方又转入灾后重建工作，帮老百姓拆除危房、修建新房。他们在灾区整整待了 106 天，部队才返回驻地。他们 118 团作为 1979 年老山主攻团，成都军区王牌部队，在抗震救灾期间成绩突出，勇现出了很多感人的事迹，得到了上级的高度肯定和认可，同时得到了全国人民的拥戴。

他后来说，国家对得起军人，军人也对得起国家。人民对得起军人，军人也对得起人民。正是有了他们的辛苦救援，拯救了很多人的生命。他们用生命书写着生命至上的人文关怀。救援结束后，四川省委、省政府发给他们的各种证书、徽章足以肯定他们的功劳，足以褒扬他们的精神。他说，这 106 天是生与死的较量，是苦与乐的较量，是信心与毅力的锤炼。钢铁是怎样炼成的？钢铁是在雄雄烈火与骤然冷却的一瞬间炼成的，高尚的人格也是在生与死的较量中树立起来的。挺过来了是英雄，挺不过来仍然是英雄，只要你去了，就是英雄。汶川地震牺牲了很多英雄，也成就了很多英雄。无数英雄凝聚成了不可战胜的中国精神。

2009 年 7 月，他所在的团被成都军区后勤部选中，代表成都军区参加全军 12 家大单位后勤装备大比武，他担任总教练，经过三个月的努力，他们团队获得好成绩，荣立三等功，他个人受到嘉奖。

服役过程中，因为表现出色，他顺利转为士官，并逐步晋升为三级士官。根据这个情况，他退役后是可以安排正式工作的，但他放弃了这份工作，他决定自谋职业。2010 年，他退役后，没有立即回贵州老家，而是选择留在昆明经商。2011 年，他成立了云南飞正经贸有限公司，担任法人、总经理。2013 年成立了云南圣环人防工程设备有限公司，任法人、董事长。2013 年任昆明商会副会长、党支部副书记。三年来，由于他诚信经营，在销售汽车配件、钢材等商品时，保证质量，价格优惠，赢得了顾客的青睐，生意做得红红火火，积累了一定资金。收入增加后，他开始回报社会。事实上，此时他挣的钱也只是生活开支后约有结余而已。即便如此，他还是慷慨解囊，尽自己的最大努力帮助需要帮助的人。自此，他开启了公益之旅。

2013 年至 2014 年，两年间，他在云南先后多次到贫困山区慰问困难群众，到条件艰苦的地区学校捐钱捐物，总价值 10 万余元。

2014 年 9 月，他携昆明遵义商会到遵义县三合镇金鸡小学捐赠电脑 10 台，投影仪一台，图书若干册，书包若干个，总价值 10 万余元。

这几次公益让他感觉到特别自信、特别有成就感，他感觉到帮助别人是一件快乐的事情。

接下来，他便决定，通过诚实劳动、诚信经营挣更多的钱，帮助更多需要帮助的人。从那时起，他的公益善举就没有停止过。

——2015 年，携 5 家企业向新民中学捐赠学生铁床近百张，价值 5 万余元，个人捐款 1 万元。

——2015 年 10 月，携遵义商会企业负责人为西坪小学捐赠电脑 10 台，以及其他多种设备，价值 8 万余元。

——2016 年 10 月，他个人单独为新民镇朝阳小学、银江小学、迎峰小学和贫困学生捐赠电脑、打印机、办公桌椅、书包等物资，总价值约 15 万余元。

——2017 年 9 月，尚嵇镇举办春晖行动，他代表理事单位，向尚嵇镇捐赠 5000 元教育基金。

——2017 年 11 月，新民镇成立教育基金捉进会，他捐赠 5000 元现金。

——2008 年六一儿童节，他回到新民镇朝阳小学，与小朋友们一起过节，个人和商会为朝阳小学、银江小学、迎峰小学捐赠办公经费 2 万余元。

——2018 年底，他担任新民镇商会副会长，党支部书记。2018 年 9 月成立贵州极热科技有限公司极热科技分公司西南区运营中心，担任公司法人、董事长，公司各级代理商总共有 70 多名员工。他对员工关爱有加。他说："我不光要解决本地部分群众的就业，还要带领他们学习知识，掌握技术，提高本领，教导他们遵纪守法，诚信做人，并让他们逐步增加收入。"他常说，一个人富裕不算富裕，要带动身边的人一起共同富裕。一个人有钱不算有钱，要让跟随你一起干的人都要一起有钱。他要让员工实现"身有伴、行有车、住有房"的目标。

——2019 年 9 月，他携商会几家企业为新民镇朝阳村簸箕田三个村民组安装路灯 90 余盏，解决村民夜间出行困难。

——2020 年春节期间，受新冠肺炎疫情影响，作为新民镇商会党支部书记、副会长，他充分发挥党员的先锋模范作用和党支部的战斗堡垒作用，率领商会党员冲锋在抗疫一线，为政府分忧解难，和商会会长刘卫华及商会所有成员发动大家第一时间捐款捐物，同时发动全镇乡友捐款捐物，两天时间收到捐款9万余元，马上通过各种渠道购买口罩、消毒液、防护服、酒精等物资送到政府，保障抗疫一线物资需求，并先后捐赠三批物资到政府，不定时地到每个检查点慰问抗疫一线工作人员，同时，还带领极热科技公司人员到乡下购买蒜苗5000余斤，送到新民、尚嵇两镇政府、各村办公室、派出所、医院等，商会成员又组织各村乡友捐款合计30万余元，为各村村民赠送口罩，义务完成消毒工作。

——2020年4月，他带领公司员工多次到播州区贫困户家中慰问帮扶，为贫困群众和贫困学生捐钱捐物。5月的一天，得知老家乡邻李永贵生病去世，家庭特别困难，他本人和公司员工带头，发动好朋友一起捐款，把现金和购买的大米、食用油、蔬菜、猪肉等物资送到他家中，帮助他的家人渡过难关。七一建党节头一天，因一年来工作表现突出，他所担任的新民镇商会党支部被镇党委评为"基层先进党支部"，个人被评为"基层优秀党务工作者"。

他随时都在履行一名共产党员的义务和责任，始终不忘初心，牢记使命，心怀感恩。他是孤儿，但他感受到了社会大家庭的温暖，感受到了部队对他的教育和培养。同时得到了社会各界人士、亲朋好友的帮助、支持，关心和关爱，使他有了今天事业上的小成就，家庭也和谐幸福。因此，他得用实际行动回报社会，感恩社会，感恩曾经关心帮助过他的人，从生活中的点点滴滴做起，虽然个人经济能力有限，但他在用真诚的心去做好每一件事，并表示要永远行走在感恩的路上。

十年来，他一直践行着一名共产党员的职责和使命。

十年来，他以积极的态度书写着丰富的人生，以乐观的精神彰显着大爱情怀。他把对党和祖国的热爱表现在对教育的资助上，对困难群众的帮扶上，对基层组织的支持上，对脱贫攻坚困难群众的就业解决上。

送给他的众多锦旗上书写的是爱心。

在他的心灵上镌刻着的是对祖国和家乡的热爱。

他在人生的道路上播撒的是满满的正能量。

大爱无垠，厚德载物。

付正国名副其实。

第七节　成长励志报道典例

[“铁腿硬汉”显身手　脱贫攻坚结“金果”]

满树如娇烂漫红，万枝丹彩灼春融。何当结作千年实，将示人间造化工（唐代诗人吴融诗《桃花》）。

2020年的阳春三月，站在新民镇龙丰村村口，便能看见梁家湾村民组漫山遍野的桃花，粉红粉红的，像在血液中浸润过，清香扑鼻，鲜艳夺目，吸引众多游客前来观赏，他们熙熙攘攘、络绎不绝涌入桃林。桃花映红了他们的脸膛，桃林飘荡着他们的笑声。这里不是陶渊民笔下的世外桃源，而是看得见、摸得着的成片桃树。这片桃树是创业之树、智慧之树、致富之树、幸福之树。

从遵义市播州城区出发，向南前行40公里，就到了新民镇龙丰村。村头一道桃树造型的寨门横空而立，寨门上“桃源龙丰”四个大字赫然醒目。

再往前行两百米，就是锦绣黄桃精品示范基地。该基地由“遵义市十佳自强残疾人”潘家昌创办，也是新民镇着力打造的一个乡村旅游景点。整个基地地形为盆地，四周为桃林，约130亩。盆底为山塘，约4000平方米。每逢夏季，水量充足，碧波荡漾；山塘上一长廊连接南北两岸，弯弯曲曲，凉风拂面，沁人心脾；长廊上建有观光亭，可坐可倚，观景畅聊，自由自在，令人心旷神怡。底部东面，一条金色雕龙活灵活现，宛如空中飞龙，加之“龙溪谷”几个字遒劲有力，为桃源基地增添了几分灵气活力与文化色彩。

潘家昌，肢体残疾人，遵义市播州区潘家昌种植专业合作社理事长，天命之年组建合作社，创建精品黄桃科技示范基地，实现“一年栽树建园、两年开花结果、三年规模投产”的产业目标和景观效应，为带动新民镇千亩黄桃产业基地发展起到了很好的示范作用。

潘家昌一生都在拼搏，都在追求。

只有拼搏，才会绽放绚丽火花；只有追求，才会成就辉煌人生。

潘家昌年幼时，因家境困难，只读到小学二年级就辍学了。自小饱尝生活辛酸，历经苦难，好容易历练成一个地地道道的农民。过着日出而作，日落而息的艰苦生活。2000 年，他患了严重的脉管炎，左腿由于严重的血液循环障碍，发生溃疡坏死。作为家里的老大，父亲去世得早，一家人的担子都压在他身上，白天他强忍着疼痛干活，到晚上，就感觉左腿不是自己的了，抱膝而坐，捶胸顿足，号啕大叫，痛不欲生。难忍时，他将头部频繁撞击房屋灰壁（房屋构建墙壁的一种，用竹篾编织，外抹石灰而成），竟然撞了一个大洞，常常通宵达旦不能睡觉。医生多次提醒他：如果不及时治疗，左腿将保不住了。为了全家的生计，他只能忍着痛做农活、打小工。到后来，他的几个脚趾全部坏死了，小腿发青发黑，他背着家人，强忍着巨痛，自己用剪刀先后将 5 个脚趾一个一个地剪掉。医生警告他："潘家昌，如果再不到医院做切除手术，你连命都保不住了！"最后，他被迫接受了截肢手术。那一年，他 34 岁。没有了左腿，成了残疾人，他感觉天塌了下来，甚至有放弃家人、一走了之的念头。

苦难常常逼人绝望而放弃人生。然而更多的是苦难又催人发奋图强。

此时，柔弱的妻子王兴容立即担负起了照顾家庭和潘家昌的重担，她对潘家昌说，不管遇到啥困难，只要有一线希望，就要坚持下去！在她的细心照料和鼓励下，他安装了假肢，走出了迷茫，又重新审视自己，审视自己的处境。他认识到，唯有振作起来，克服一切困难，战胜一切逆境，才有转机。于是，他产生了自己创业的想法。

在原遵义县残联和村委会的关心和帮助下，2010 年，他在老家三合镇成立了"遵义县恒昌祥蔬菜种植专业合作社"，先后流转土地种植 120 亩蔬菜、150 亩大葱，通过三年努力探索，蔬菜、大葱都获得了较好的经济效益，为当地群众提供了较多的就业机会，让他们在家门口就有事做，能增加收入。当时，烤烟在当地发展势头特好，为了提供更多的就业岗位，他又在三合镇刀靶村承包了 600 多亩土地，种植烤烟。他的举动，引起了镇党委、政府、村支两委和烟叶部门的高度重视，都派出工作队员为他服务，帮助他解决困难。从育苗工序算起，翻犁松土、掏箱起拢、大田移栽、除草施肥、打顶抹芽，一直到采摘烘烤、分级扎把，每天都有 80～120 人上工，让当地群众有事可做，有工资可拿，他也因此成为当地的"烤烟大户"。他同时还得到了市、县残联的高度关注和支持，被评为"遵义市十佳自强残疾人"，遵义县电视台还为他拍摄了《荒山变成金宝盆》专题片。当时群众送他外号："铁腿硬汉"！

2015年，播州城区至三合大道开始修建，潘家昌合作社基地流转的土地被征用，他的创业之路暂时被中断。他家的住房同时也被征用，全家也迁入县城。他为他的产业被迫闲下来而感到懊恼，那时，正是他干得得心应手之时。这一闲就是两年，这两年他闲得难受。

2017年，潘家昌主动找到几个志同道合的朋友，开始寻找新的产业发展，上半年考察温氏养殖项目，因投资太大，没有干成。后来找到播州区科技特派员李光明。李光明给潘家昌支了一个金点子：种黄桃。李光明告诉潘家昌，黄桃，不仅口感好，脆而不松，甜而不腻，香味不绝，因肉为黄色而得名。常吃可起到通便、降血糖血脂、抗自由基、祛除黑斑、延缓衰老、提高免疫力等作用，也能促进食欲，堪称保健水果、养生之桃。听完介绍，他很兴奋，当即表示："那就种黄桃。"即便到了知天命之年，他仍然陶醉打拼，当大家看到他一瘸一拐行走在桃林中时，看到他的真腿和假腿在互动中展示出来的和谐，心生敬畏。大家觉得这个残疾人对生活充满了信心，对创业满怀豪情。他坚定的信念激励着他战胜自我、超越自我，在奋力前行中创造辉煌。

2017年7月，正值桃子成熟上市的季节，李光明带着潘家昌到省内其他地区的一些桃产业基地进行考察，全面了解桃子产业的发展情况，分析各类桃子的优劣品质。此次考察，最终使他坚定了目标：种黄桃。在李光明的协助下潘家昌与有资质、有经验的黄桃产业基地业主签订了技术服务合同。

2017年底，潘家昌首先在老家三合镇范围内联系协调土地，四个月时间，他跑遍了三合镇的山山水水，与众多群众交流座谈，但都无功而返，协调流转土地最终没有成功。后来他又到尚嵇镇乌江村联系基地，与村干部、驻村干部开群众会五六次，并由潘家昌个人出资，组织当地村干部和群众15人到外地参观，提高群众的支持度，最终由于特殊原因还是没有成功。

2018年1月初，潘家昌路过新民镇龙丰村，看见村子修建有寨门，寨门栋梁上，镶嵌有"桃源龙丰"四个大字，他不由心动，难道这里有桃林？便到村委会打听，原来新民镇党委、政府在一年前就确立了龙丰村一村一品"丹青新民，桃源龙丰"的定位，就是要在全村发展黄桃产业。真是"踏破铁鞋无觅处，得来全不费功夫！"他环视了龙丰村梁家湾村民组的土地分布，询问了土壤情况，了解了村民的意愿，综合评估，在这里种植黄桃，条件成熟。于是，迅速启动土地流转工作。一周之内，潘家昌种植专业合作社就与龙丰村委签订了130亩的黄桃种植土地流转合同。

种植黄桃需要从事繁重的体力劳动，每道工序潘家昌都亲历亲为。拉枝施肥、开沟排水、梳果套袋，他都带着当地群众干，既让当地群众获得务工收入，又让他们学习掌握技术。他靠着一股子不服输的劲头，咬着牙关坚持，实在累了，就靠在田坎上息一息，实在走不动了，就在桃树边躺一躺。每到夜晚，他都会把假肢取下，用热毛巾擦拭被磨得红肿的膝下皮肉。辛苦的付出，换来了累累硕果。在贵州省农科院专家的精心指导下，在合作社的精细管理下，2019年，130亩黄桃开始挂果。一年栽树，两年开花，三年结果的产业目标提前实现。

2020年，经过两年多的精心管护，桃树生长茂盛，枝繁叶茂，3月桃花盛开，映红了田野，映红了村庄，美不胜收，游人如织。随着季节的变化，桃树挂上果实，5000多株桃树挂果达50%，产量达到40万元。到了7月下旬，桃子逐渐成熟了，金灿灿挂满枝头。

潘家昌热情好客，客人来了，先欢迎品尝，客人购买时，让选择最好的、个大的，同时既卖又送，客人满意，整个桃园采摘如火如荼，热闹非凡。短短20多天，黄桃就销售一空。潘家昌灵活热情的销售策略，让他赢得了消费者的口碑。正是：天上仙宫蟠桃会，地上人间黄桃节；天南地北龙丰聚，桃香景美惹人醉；山清水秀龙飞舞，叶绿蝉鸣桃披红；批发采购兼零售，摘桃游园品生活。

潘家昌并不富有，但他始终牵挂与他同命相连的残疾人。在桃园翻地栽种、除草施肥、看护管理工作中，他首先考虑聘请贫困残疾人或家属到基地务工，现已长期聘用12名残疾人当季节工，每人每天支付80~100元工资，一年累计支出20万余元的劳务工资。同时，流转租用15户残疾人家庭土地，并送树苗给他们共同种植，共同发展。

桃子产业红红火火，农业发展欣欣向荣。

有人说，70年代人不想做农业，80年代人不懂做农业，90年代人不知道农业。这话虽然不全面，但却是基本事实。道出了农业的悲哀与凄凉。农业技术的落后、生产效益的低下、农民生活水平的停滞、大量的农民涌入城市、大片土地的荒芜便是明证。但现在已经是 21 世纪了，多个中央一号文件的出台，已在逐步扭转这种局面。农业改革已跃上崭新的台阶。但看残疾人潘家昌热衷农业、投身农业，让农业放射出耀眼夺目的光芒，让广大的农村田野升起希望的太阳，让农业大放异彩，让广大农村大地成为绿水青山、金山银山，让农业产业成为兴旺的产业，让乡村振兴插上腾飞的翅膀，不能不说这是农业的骄傲、农民的自豪。也许农业产业化就要经历这样一个阶段，就需要有人大胆地走在前面，探索出一条成功之路。而目前像潘家昌这样的农业领跑者已如雨后春笋一般壮大起来。仅桃产业规模就很大。根据贵州省农科院的资料显示，全省桃产业基地面积达 25 万亩。

农村这个广阔的天地，潜力巨大，资源富饶。

农业这个多元的产业，前景广阔，优势凸显。

农民这个庞大的群体，绑上先进的科学技术，迎着党的政策春风，凭着灵活的体制机制，倚仗农业专家的研究试验广泛实践，加上人们的苦干实干，生产绿色生态的优质农产品，抢占广阔的市场先机，就会如虎添翼，近水楼台，后发赶超，大有作为。

潘家昌说，他感谢各级残联给予他无微不至的关爱支持！他自豪他的精品黄桃一天天带动群众一同奔小康！他希望让更多的贫困残疾人与之同行，实现就业有收入，致富奔小康！

潘家昌还有一个梦想——让"桃源龙丰"兴旺发达，让甜蜜黄桃香满播州！这个梦想就是中华民族伟大复兴的中国梦。他一定会梦想成真，成就辉煌人生。

（注：本节开头诗诗意：满树娇艳的花朵红得那么烂漫，仿佛千万根枝条上都燃烧着朱砂，灿烂的桃花烘托出融融春意。天上桃花千年一开花，千年一结果，人间有此美景，就要抓紧时间欣赏。希望桃树开花结果，造福人类。）

第八节　科技特派员深度报道典例

[科技特派员李光明]

一、兴旺产业

2020 年，播州区新增两个产业。播州区科技特派员李光明大胆吃掉两只螃蟹。

2020 年，对李光明来说是一个丰收之年。他建议并指导发展的两个产业同时在这一年结出丰硕的成果，而且成为富民产业、兴旺产业。除了踏实，就是喜悦。

第一是瓜蒌产业。2018 年 9 月的一天，李光明正在鸭溪镇指导脱贫群众怎样对摘了果的果树进行修枝、松土、施肥、杀灭病虫害时，突然接到平正乡团结村党总支部书记王朝海打来的邀请电话，这个新到任没有多久的村总支书记，对自己所面对的省级深度贫困村投入了深情。这里山高石头多、群众收入不高，王朝海深感责任重大，他决心竭尽全力为群众做几桩吹糠见米的事。他很快就想到了李光明。李光明曾是播州区农业局副局长、播州区林业局副局长的科技干部。王朝海想请他到平正乡把脉问诊，寻求增收之道。

李光明欣然前往。这是他最高兴的事。有人信任他，这是给他机会，他必须抓住。

李光明和王朝海一起穿过七湾八坳，爬坡上坎，与山间树木清幽，探询山地土质。渴望发展致富的群众质朴而热情。通过连续两天的详细调研，李光明向王朝海提出了一个"三段"式产业发展的构想，一是"竹笋产业"，二是"瓜蒌产业"；三是"稻 + 产业"。王朝海在脱贫攻坚的最后冲刺时间，临危受命来到省级贫困村平正乡团结村任村总支书记，而且要求他要在2019 年保证团结村脱贫出列。在这个关键时间段，要新上产业是一个很考验人的事。经过充分的调研和慎重的分析，李光明提出了种植瓜蒌产业的思路，他列举了瓜蒌种植的"五大优势"。一是瓜蒌是一个能够当年种植、当年收益的产业；二是瓜蒌是一个持续长效的产业；三是群众容易上手，只要会种瓜类作物的人都能种植；四是团结村当地有野生瓜蒌生长，群众司空见惯，容易接受；五是瓜蒌可入药，具有抗菌、抗癌、延缓衰老等作用，一身都可利用，瓜子、瓜皮、瓜根都是市场畅销的产品，可以说"全身都是宝"。

这年 10 月 2 日是农历八月二十三，是国庆长假第二天，正是谷黄豆熟的时节，王朝海带领村委会全体成员及部分党员以及产业合作社的成员，到贵阳市息烽县参观考察瓜蒌产业基地。回来后，七和缘合作社的七名年轻人率先表示要发展瓜蒌产业。在李光明的策划、指导和安排下，合作社于 11 月 1 日正式启动开工整地。李光明向他们保证，将全程进行技术指导，有求必应。电话、微信随时开通。瓜蒌抽芽、上架、开花、授粉，一个个环节有什么情况，有哪样异常，群众都向李光明咨询，求得正确的解决办法。在一些关键点上，李光明常常自驾车子，爬涉一百几十里山路，去看瓜蒌的生长情况、群众管理到不到位的情况、基地带头人帮助指导农户的情况。他要把基地上有文化有打工经验的年轻人们，培养成科技的"二传手"，让科技在这山高石头多的地方生根、开花，结出致富果。一个科技人员、一个共产党员和贫困地区的群众就这样心心相印，血肉相连。在整个生产季中，李光明不断地深入基地现场指导，确保技术到位。对于公司，李光明特别关注市场，注重收购订单的兑现。在收购的关键期，盯牢收购方，与公司一同到合作社基地现场收购。通过努力，瓜蒌产业在团结村产生了效益，产生了影响力，提振了干部群众脱贫攻坚的信心。目前，瓜蒌产业已成为团结村主导产业之一。

2020 年 6 月 11 日，共产党员示范户沈秀奎算了一笔账。2019 年起，他种了 80 亩瓜蒌，1 亩 250 株，1 株收 10 斤鲜瓜，每斤卖 7 角到 8 角钱。去年 1 亩产 7000 斤至 8000 斤鲜瓜。让他初尝了赚钱的喜悦。他还说，瓜蒌任何一个农民都会种。开种时上一次底肥，中间追一次肥，打一次叶面肥，就坐等收获。除了卖鲜瓜，4～5 年后，等它的肉根长成粗壮的天花粉，1 窝能挖出 20 斤以上，每斤卖 20 多元。1 亩 250 窝，这个账大家都明白。建设组种了 450 亩，大家把账算得精得很。第二年，产量预计增加一倍以上。

2019 年，团结村成功摘帽出列。2020 年上半年，全村 5 个专业合作社带动 455 户 1762 名贫困人口全部脱贫。而这些专业合作社的背后，是科技服务团长李光明坚强的技术支撑。

第二是黄桃产业。这是李光明建议残疾人潘家昌在新民镇龙丰村发展的产业。2018年，潘家昌接受李光明的建议，在新民镇党委政府、村支两委、区残联、区林业局的帮助下，先后到黔南地区的瓮安县多个桃园考察桃子产业，选择种植黄桃。当年潘家昌投入数十万元资金种植了这片桃园，共130亩。

为了壮大产业，解决当地群众就业，增加村集体经济积累，潘家昌注册成立了遵义市播州区潘家昌种植专业合作社。同时，遵义市残联也授予种植基地"遵义市市级残疾人创业就业示范基地"的牌子。从2018年的冬季开始，经过两年半时间，合作社共投入资金130万元，以保证桃园平稳运行。其间，基地为当地十多个残疾人提供了就业岗位，提供了临时工数千个，让当地群众获得30多万元务工收入。

当地群众李德贵说，他从种植桃树开始，就一直在基地上务工，每年大约务工120天，收入10000多元，既能增加收入，又能兼顾自家农业生产，还能照顾家庭。李德贵常说的一句话是："产业建在家门口，就是不一样，方便就业，这是我们农民最大的实惠。"

对于技术方面的问题，潘家昌也很有信心，因为有李光明为他提供的技术支持，在他看来，桃林的生长，质量的提升，关键在管护。排水、施肥、除草、剪枝、梳果等道道工序都要及时跟进，科学操作。从种下幼苗至今，他与区林业部门工作人员一起，摸索出了一套以园养园的种植、养殖模式，就是在桃林下种植绿肥，再饲养大白鹅，打造循环立体式生态种植、养殖体系。

经过两年多的精心管护，桃树生长茂盛，枝繁叶茂，3月桃花盛开，映红了田野，映红了村庄，美不胜收，游人如织。随着季节的变化，桃树挂上果实，4000多株桃树挂果达50%。到了7月下旬，桃子逐渐成熟了，金灿灿地挂满枝头。

2020年8月中旬，正好是黄桃成熟的季节。龙丰村这百亩黄桃挂满枝头，金灿灿，沉甸甸，惹人喜爱。游客们来到树下，自行采摘，带回家，送亲友，品味美好生活。

"这黄桃个大，颜色金黄，让人爱不释手。吃到嘴里，满口甜蜜，口感极佳，家人特别喜欢。今天我是第二次前来购买。爱人吩咐多带些回去。今天计划买20斤。"8月18日，来自播州城区的盛冲先生在桃园里一边采摘桃子，一边说。

"潘先生种植的黄桃甜味纯正，绵软有度，容易咀嚼，甜沁心脾，肉香四溢，感觉特佳。前来品尝的顾客特别多。随着桃子的日益成熟，前来采摘的人越来越多。这几天，满桃园都是人。"与盛冲先生一起进入桃园采摘的新民镇干部刘建义如是说。

这片桃园四面环山，山腰上是群众住房，住房前便是桃园，山脚一口山塘，可谓绿水青山，金山银山。潘家昌及家人每天都把售买点设在堤坝上，在这里搭建了临时帐棚，准备了清水，客人来了，先洗桃品尝，再提着筐子到桃园里采摘，然后提到堤坝上来过秤、付款。客人们行走在桃园里的身影、采摘桃子的姿态，形成了一幅美丽的风景画。桃园美，桃子甜，温馨怡人。

这片桃林，是龙丰村支部引领发展的兴旺产业，采取支部＋协会＋集体经济＋就业的模式，增加群众收入。

潘家昌说："桃子成熟后，镇党委、政府、村支两委特别重视销售，帮助合作社宣传推介、寻找市场，前来采摘的客人一天比一天多，截止到8月20日，已销售约3.5万斤，收入约35万元。预计9月初销售完毕。明年后年进入盛果期，收入可能达到100多万元，效益会明显提高，群众收入将会不断提高，村集体经济将会随之增多，带动效应也会更加突出。但科学管理仍然是前提，我们还要不断地探索种植技术，不断地研究桃子的生长规律，确保桃子产量更高、质量更高。"

潘家昌预期，黄桃产业将会成为增收产业、致富产业。

李光明预期，黄桃产业将会成为生态产业、兴旺产业。

二、科技特派员

在贵州广袤的山乡村落，活跃着这样一群人，他们有的是科研院所、高校讲台的专家，有的是默默耕耘在农业部门的业务骨干，有的是本地的乡土专家。就是这样一群人，有效促进了农业科技进步，加速了农业科技成果转化，形成了服务农村的新模式，成为推动百姓增收致富的生力军。他们就是奋斗在贵州脱贫攻坚的最前沿的科技特派员。

李光明就是其中一人。

2016年，南白镇莲花村村民种了多年的核桃树一直未挂果，李光明看了后，心急如焚。他开始不断自学、请教专家，终于有所成效。帮助村民修剪"开心树形"，第二年，核桃树挂果了。"最多的一棵树上，结了200多个果实，得到消息的那天，我兴奋得一夜未睡。"李光明说。

2017年初秋时节，暑气还未散去，在鸭溪镇的堰坎村，李光明正在指导村民修剪核桃枝。"这个树和人一样，也要开开心心的。"李光明和农户梁安德、冯金开一边摆龙门阵，一边教他们如何为核桃树修剪出"开心形"。

2010年起，播州区（原遵义县）开始大力推广核桃种植，全区种植面积达10万余亩。鸭溪镇堰坎村种植核桃1100亩，漫山遍野的核桃树随风摇曳，让荒山变成了绿野。

可是，地里的核桃树长得又高又壮，但就是不见挂果。今年3月，有村民给李光明反映说种了十年的核桃一直未挂果，李光明看了后，发现是村民管理不善，还有病虫害引起的核桃树不挂果。

李光明给村民培训技术，教他们如何管理，如何修剪，还亲自示范给村民看。并告诉他们，坚持修剪再进行病虫害防治，核桃树一定会挂果的。

他连续在乌江镇核桃村实施核桃防落果病虫防控技术，成果显著。他还积极寻找基地连续四年搞试验，针对核桃结果晚、不挂果、病虫害等问题进行试验，这些难题逐渐被他一一破解。

"年少怀梦学农艺，一生扑在农业上。"这是李光明的真实写照。

三、农技人生40年

如果说每一次科技转化成了成果，李光明就踏实一次、喜悦一次，那他已经踏实、喜悦了很多次。

1980年9月，李光明考入贵州农学院植保园艺系蔬菜专业。毕业后，到原遵义县南白镇农林牧综合站工作。从此，李光明开启了他农业科技的征程。

到遵义县南白镇农林牧综合站后，他为茶农提供生产技术，在龙山村、土坝村，每年培训蔬菜生产技术人员 500 多人次，从各季度蔬菜供需着手，安排好蔬菜茬口，努力应用科技，使全年蔬菜均衡上市。

为了让老百姓吃上反季节的蔬菜，李光明开始在龙山村实施栽培试验示范，进行四季豆延秋栽培，豇豆延秋栽培，试验获得显著成果。在第一季四季豆、豇豆收获完后，立即再播种一季四季豆和豇豆。第二季于 9 月上旬上市，补上了此时无四季豆、豇豆供应的缺口，丰富了蔬菜供应的品种。当时种植的面积达到了 100 亩，除了满足南白地区的需求外，还销往外地。

通过运用周年栽培生产技术、延秋栽培、无土栽培等新技术，李光明一直都在不断探索，通过他的技术指导，帮助村民实现了增收致富。

1992 年，时逢撤区并镇，李光明被调整到苟江农村服务站任站长，苟江是粮油作物生产区，李光明迅速改变技术方向，主攻粮油作物生产技术。

通过调研，他发现当地农民生产技术很传统，生产水平在全县处于中等，要提升技术水平，必须有突破。

一个偶然的机会，他听说，为了玉米增收，当时的遵义县农业局农技推广站曾购进了药名为玉米矮壮素的药，进行药效试验，但由于多种原因，试验工作一度停止。于是，他找到县农业推广站站长，请他将没有试用完的药、没有做完的试验交给他继续做。

后来，李光明拿到了仅剩的 20 支玉米矮壮素，如获至宝，并上山到农户家中做试验。经过严格的技术试验，1993 年 8 月，试验结果令人吃惊，玉米试验最高产量 1378 斤 / 亩，最低产量也达到了 1132 斤 / 亩，而当时全县平均产量只有 750 斤 / 亩。

1994 年，李光明将试验改为示范，示范面积为 10 亩，并将这一示范正式定名为"玉米矮化密植高产栽培技术示范"。这一年，玉米矮化密植高产栽培技术示范最高产量达 1415 斤 / 亩，平均产是 1256 斤 / 亩，比全县平均产量增产 500 斤左右，他的这一技术得到了社会各界的广泛关注。

1995 年底，李光明调往茅栗镇任副镇长，3 年后，担任镇长。到茅栗镇后，李光明一手抓行政工作，一手抓农业科技应用。通过建立"遵义县茅栗镇农业新技术试验示范区""遵义市农业局农业试验示范基地"，大力实施科学种田。李光明与农民一起下田插秧，大胆革新水稻栽培技术，率先在全市、全县将水稻宽窄行栽培法改为水稻单行密植栽培，水稻获得大丰收，亩产大幅提升。